Presenças do Outro

Coleção Estudos
Dirigida por J. Guinsburg

Equipe de realização – Tradução: Mary Amazonas Leite de Barros; Revisão de texto: Ana Cláudia de Oliveira e Eric Landowski; Revisão de prova: Sandra Martha Dolinsky; Índice temático: Marcelo Luiz de Paula Conceição e Marilena Vizentin; Sobrecapa: Sergio Kon; Produção: Ricardo W. Neves e Sergio Kon.

Eric Landowski

PRESENÇAS DO OUTRO
ENSAIOS DE SOCIOSSEMIÓTICA

PERSPECTIVA

Título do original francês
Présences de l'autre

Copyright © by Press Universitaires de France, 1997

CIP-BRASIL. CATALOGAÇÃO-NA-FONTE
SINDICATO NACIONAL DOS EDITORES DE LIVROS, RJ

L248p

Landowski, Eric
   Presenças do outro : ensaios de sociossemiótica / Eric Landowski ;
[tradução Mary Amazonas Leite de Barros]. - São Paulo : Perspectiva,
2012.
   183p. : il.   (Estudos ; 183)

   Tradução de: Présences de l'autre
   Inclui bibliografia
   ISBN 978-85-273-0302-6

   1. Semiótica. 2. Sentidos e sensações. I. Título. II. Série.

12-0955.   CDD: 302.2
               CDU: 316.77

16.02.12 27.02.12
033305

1ª edição – 1ª reimpressão
[PPD]

Direitos reservados em língua portuguesa à
EDITORA PERSPECTIVA LTDA.

Av. Brigadeiro Luís Antônio, 3025
01401-000 – São Paulo – SP – Brasil
Telefax: (0--11) 3885-8388
www.editoraperspectiva.com.br

2019

Sumário

Apresentação IX

PARTE I: IDENTIFICAÇÕES 1

1. Buscas de Identidade, Crises de Alteridade 3
   1.1. Sentido e diferença 3
   1.2. Assimilação *versus* exclusão 5
   1.3. O dado e o construído 10
   1.4. Segregação *versus* admissão 16
   1.5. Identidade e mudança 25

2. Formas da Alteridade e Estilos de Vida 31
   2.1. Escolhas estratégicas 31
   2.2. Princípios de uma dinâmica identitária 37
   2.3. Do jogo de pêndulo aos jogos do entremeio 45
   2.4. O véu e a máscara 53
   2.5. Os espaços do outro........................... 59

3. Estados dos Lugares 67
   3.1. Preparativos de exploração 67
   3.2. Presença para si, presença para o mundo 69
   3.3. Impressões de chegada 73
   3.4. Viajantes e passageiros 77
   3.5. Aqui-agora.................................. 82

PARTE II: PRESENTIFICAÇÕES

4. Moda, Política e Mudança.......................... 91
   4.1. Querer a mudança 91
   4.2. A moda e as modas 93
   4.3. Ausência e presença 99
   4.4. Discurso da mudança 109
   4.5. Práticas de moda 114
   4.6. Modas, modelos, modos de ser 119

5. Masculino, Feminino, Social....................... 125
   5.1. Um olhar ingênuo 125
   5.2. Quando ver é fazer 129
   5.3. O olhar aprisionado.......................... 141
   5.4. Estados de comunicação 147
   5.5. Intimidades 161

6. A Carta como Ato de Presença 165
   6.1. Para uma semiótica das situações 165
   6.2. Regimes epistolares.......................... 167
   6.3. A presença construída 175

PARTE III: REPRESENTAÇÕES

7. Regimes de Presença e Formas de Popularidade 185
   7.1. Um espaço cênico 185
   7.2. A máscara e a persona........................ 189
   7.3. O homem de ação 193
   7.4. O herói mediador............................ 196
   7.5. A vedete e o bufão........................... 202

Bibliografia....................................... 209

Índice Temático 213

Apresentação

O discurso da pesquisa é apanhado em sua própria contradição. Para poder dizer o que busca, ser-lhe-ia preciso já o ter encontrado. Se fosse esse o caso, porém, só lhe restaria calar-se, exceto se se tornasse outro, didático, por exemplo, ou, por que não, promocional. Inversamente, se ele fala, e até, se não pára de falar, é porque seu próprio fim, em parte, continua a escapar-lhe. E, é claro, ao buscá-lo, ele está se buscando. É, portanto, duas vezes uma *ausência* (relativa), a do objeto, sempre a construir ou a reconstruir, e aquela que ele experimenta em relação a si mesmo, que o fundamenta e o motiva.

No entanto, já que assim é a lei do gênero, chega um momento em que ele precisa "se apresentar": nomear-se mostrando-se, situar-se dizendo do que se ocupa, em suma, alegar o que é, como se conhecesse a própria identidade e soubesse exatamente o que faz, enunciando-se: como se fosse transparente ao próprio olhar e já inteiramente *presente* diante de si mesmo. Na falta disso, ele escolhe, então, um título para si: do que o senhor falará? – Da *presença*, justamente. – E em que língua? – Em semiótica.

"Presença", mas do que, ou de quem, e por que uma "semiótica" dessa presença? Porque a única coisa que, sob uma forma ou outra, poderia realmente nos estar *presente,* é o *sentido.* Nunca estamos presentes na insignificância.

Assim é com o *tempo,* que "passa", e que não veríamos nem mesmo escoar se a tensão de uma espera ou, de vez em quando, a irrupção

X
PRESENÇAS DO OUTRO

do inesperado não viesse romper seu curso, constituindo um acontecimento: então, de repente, o "presente" se torna efetivamente presente, porque uma diferença começa a fazê-lo significar.

Porém o que é verdadeiro sobre o *agora* o é também sobre o *aqui*. Claro, "estar" é estar necessariamente em "algum lugar". Estou localizado, e sabem onde me encontrar. Mas estou aí de verdade? A resposta não é dada, pois este aqui poderia ser, para mim, apenas um lugar nenhum, um não-espaço, como aqueles lugares vazios observados pelos antropólogos no cerne da modernidade. Afinal, também minha localidade não é *a priori* senão um lugar de passagem que não poderia *por si só* ter sentido. A menos que, semioticista sem o saber (como Monsieur Jourdain era prosador), eu já tenha instalado nela minhas marcas ou reconhecido meus pontos de referência – uma luz matinal, um perfume, uma disposição das coisas –, isto é, toda uma figuratividade carregada de sentido e que, por isso, se tornou familiar, mas que precisarei saber reinventar se, ao viajar, quiser reencontrar, por pouco que seja, a mim mesmo, onde quer que eu me encontre.

E o mesmo acontece ainda com as relações entre Sujeitos. Na rotina da comunicação que organiza como que por capricho a *não-presença* para o outro, tanto quanto para si mesmo – *"Como vai? – Vou indo, e você..."* –, só uma práxis enunciativa capaz de ressemantizar a expressão das relações inter- ou mesmo intra-subjetivas pode substituir uma forma de presença *do outro* (em geral) para si, de si *para o outro* (este ou aquela em particular) e finalmente de *si para si*.

De resto, se o "discurso" (verbal, claro, mas também o do olhar, do gesto, da distância mantida) nos interessa, é porque ele preenche não só uma função de signo numa perspectiva comunicacional, mas porque tem ao mesmo tempo valor de ato: ato de geração de sentido, e, por isso mesmo, ato de presentificação. Daí essa ambição talvez desmedida: a semiótica do discurso que gostaríamos de empreender – a do discurso *como ato* –, deveria ser, no fundo, algo como uma poética da presença.

Eis, portanto, o motivo do título. Mas, e por trás dele? Por trás do título, um texto que se baseia em outros textos, os da nossa cotidianidade, ela própria tecida por uma infinidade de discursos sociais e de imagens, de usos estratificados e de práticas singulares em cujo entrelaçamento o sentido ora se faz, ora se dissolve.

Tomada emprestada a registros muito diversos – boatos, lugares-comuns ou expressões oficiais, cenas de rua, cartas de amor ou de negócios, relatos de viagem e fotos de moda, artigos de imprensa ou fragmentos literários –, o "corpus" aqui explorado, que também inclui a consideração dos espaços de nossos encontros rotineiros (a praça

APRESENTAÇÃO   XI

pública, o café, o teatro, a sala de visitas, por exemplo), certamente não é homogêneo, e não procura sê-lo – não mais do que o são os caminhos que levam à presença.

Entretanto, se procuramos nos ater ao essencial, há, quanto a isso, três caminhos principais, complementares entre si, que se desenham: peirciano sem o saber? Estas pistas, em todo caso, não serão exploradas na ordem exata que provavelmente teria exigido o filósofo. Seguindo de preferência (por preferência metodológica) os antropólogos e os lingüistas – de Lévi-Strauss a Simmel, de Benveniste a Greimas[1] –, começaremos na verdade por aquilo que se esperaria talvez que viesse em segundo lugar: partindo para a busca do Outro (o segundo, o *alter ego*, o "tu"), antes de nos preocuparmos com o Um (*ego*).

Com efeito, parece-nos necessário colocar em primeiro lugar o regime de alteridade do *não-si*, segundo o qual os sujeitos se identificam reciprocamente (1ª parte: "Identificações"), para poder, apenas em seguida, ir ao encontro do *si* (aquele que diz, e que se diz "eu"), e falar de sua eventual presença para si mesmo (2ª parte: "Presentificações"): a partir daí poderá surgir, enfim, a figura do *Terceiro*. Não, todavia, a de um simples "Ele" situado à distância, mas aquela forma específica do Outro que tem por função enviar ao sujeito sua própria imagem, "representando-o" (3ª parte: "Representações").

Para efetuar esse percurso teórico de uma maneira que nos mantenha tão perto quanto possível de nosso objeto, o Outro e sua presença, esforçamo-nos por nunca perder contato com a dimensão vivida das relações e dos processos analisados, tal como ela se articula na produção ou pela leitura dos discursos e das práticas *em situação*. Porque seria inútil pretender apreender as modalidades da presença, qualquer que seja seu objeto, sem contar com a experiência imediata do sensível, do figurativo ou do passional vinculados ao aqui-agora.

Contudo, a despeito de sua imediatidade, a experiência assim visada não depende apenas do inefável. Sua atualização está ligada à articulação de formas semióticas analisáveis, que se diversificam em função da especificidade de cada um dos níveis em que podemos nos colocar para tentar apreendê-la. Conforme consideremos os procedimentos da Identificação, da Presentificação ou da Representação, não são, com efeito, as mesmas formas que regem a relação com o Outro e

---

1. Cf. Lévi-Strauss, *Anthropologie structurale*, Paris, Plon, 1958; *La pensée sauvage*, Paris, Plon, 1962; G. Simmel, *Philosophie de la modernité*, trad., Paris, Payot, 1989; E. Benveniste, *Problèmes de linguistique générale*, Paris, Gallimard, 1966, 1974; *Le vocabulaire des institutions indo-européennes*, Paris, Minuit, 2 vol., 1969; A. J. Greimas, *Sémantique structurale*, Paris, Larousse, 1966 (reed., PUF, 1986); *De l'imperfection*, Périgueux, Fanlac, 1987; *Nouveaux développements dans les sciences du langage*, Paris, Unesco, 1987.

que dão sentido à sua presença; e tampouco é, na superfície, o mesmo outro cujo modo de presença encaramos em cada caso.

No primeiro caso, a figura do Outro é, antes de mais nada, a do *estrangeiro,* definido por sua dessemelhança. O outro está, em suma, *presente.* Presente até demais, e o problema é precisamente este: problema de sociabilidade, pois se a presença empírica da alteridade é dada de pronto na coabitação do dia-a-dia das línguas, das religiões ou dos hábitos – das culturas –, nem por isso ela tem necessariamente sentido, nem, sobretudo, o mesmo sentido para todos. Por conseguinte, como viver a presença dessa estranheza diante de nós, ao nosso lado, ou talvez em nós (cap. 1)? E, em troca, a que tipos de práticas identitárias o outro – aquele que o grupo de referência define como tal – pode, ele próprio, recorrer para dar sentido à própria "alteridade", e, a partir daí, gerar sua presença "entre nós" (cap. 2)? A menos que, de novo, todas essas relações se invertam, como acontece quando, graças à viagem, a experiência da relação com o Outro assume a forma do encontro repentino com o alhures e o diverso: como, então, *estar ali,* de passagem, e como ainda ser ali "si mesmo" (cap. 3)?

O outro, porém, não é apenas o dessemelhante – o estrangeiro, o marginal, o excluído – cuja presença presumivelmente incomodaria (por definição), mais ou menos. É também o termo que falta, o complementar indispensável e inacessível, aquele, imaginário ou real, cuja evocação cria em nós a sensação de uma incompletude ou o impulso de um desejo, porque sua *não-presença* atual nos mantém em suspenso e como que inacabados, na espera de nós mesmos. Como, neste caso, torná-lo presente? Como "existir o outro" e, juntando-se a ele, substituir pela plenitude de uma imediata e total presença o vazio de sua ausência?

Às estratégias identitárias de ordem social consideradas anteriormente superpõe-se, então, uma nova dimensão da busca de si, que atinge mais de perto a intimidade do sujeito. Desta vez, em vez de olhar para outrem de fora colocando-se diante dele numa relação cara a cara – identidade contra identidade –, o sujeito se descobre, ao contrário, a si mesmo, desde que se torne o outro interiormente presente, ou pelo menos esforçando-se para isso. Um tornar-se, um querer estar – estar com o outro, no andamento do outro – substitui a certeza adquirida, estática e solipsista, de ser si mesmo.

Três tipos de prática servem aqui de exemplos. As práticas de moda, primeiro, nas quais se vê o sujeito se fazer presente a si mesmo por sua adesão a um ritmo exterior que ele faz seu (cap. 4); em seguida, certas práticas de leitura da imagem (publicitária, no caso), nas quais a relação com o Outro assume a forma da relação imaginária com um puro simulacro, de tal modo que o horizonte da presença se confunde com o de um gozo constantemente roçado, porém jamais atingido (cap. 5); finalmente, certa prática da escritura que confina com o poético e que visa, no e pelo próprio ato de criação de formas significantes, ao que poderíamos chamar a presentificação em estado puro (cap. 6). Presença do outro e presença para si confundem-se então com o advento, jamais adquirido por antecipação, do sentido.

Entretanto, é ainda um outro modo de presença para nós mesmos pela mediação da relação com o Outro que procuramos delimitar na última parte, centrada no jogo da representação política. O sujeito de referência, o Nós, será desta vez o corpo social enquanto tal, diante do qual a figura do Outro se encarna tipicamente sob a forma do pronome neutro, do Ele, em geral no plural, que no discurso da cotidianidade designa comumente o lugar do poder: "Eles decidiram... Eles estão recomeçando a... Eles nos tomam por..." Em que medida a sociedade política alguma vez realmente se reconheceu nessa terceira pessoa, figura do grande Outro que nos governa? E hoje, que tipo de arranjo, conciliando distância e adesão, seria capaz de dar sentido ao espetáculo que nos oferecem os que supostamente deveriam nos "representar"?

Qualquer que seja o ceticismo, doravante de bom-tom, perante tais questões, o jogo político – como a vida pública em seu conjunto – continua a se desenrolar induzindo certos efeitos de presença que dependem das modalidades de sua encenação. É, portanto, o que poderíamos chamar modalidade *teatral* da presença que está em jogo neste plano. Entre a impessoalidade do estereótipo e a personalização midiática de algumas figuras conhecidas (e amadas?) por todo mundo, quais são exatamente o lugar e o estatuto – o regime de presença – das "pessoas políticas", e da *política,* em nosso imaginário? É nesta óptica que comparamos alguns dispositivos cenográficos encarregados, se não de nos levar a nos reconhecer no que se representa – no que "eles" representam – diante de nós, no palco do poder, pelo menos de garantir, de nossa parte, um mínimo de presença diante desse espetáculo (cap. 7).

E a semiótica, em tudo isso? Sempre a mesma, dirão aqueles que querem ver por trás deste rótulo apenas uma figura dentre outras (mais invasivas, sem dúvida) do Outro. Porque é próprio do Outro, é seu estatuto no discurso comum do "eu" nunca poder mudar. Mas, e, para os outros, para os simpatizantes e os que estão familiarizados com ela? Pode ser que, ao contrário, os mais ortodoxos quase não encontrem neste livro *sua* disciplina: "Não muito presente", dirão eles, ou, talvez, não inteiramente a mesma?

De fato, a semiótica não sendo para nós uma doutrina, mas uma prática, tentamos praticá-la: falá-la (a palavra de ordem está no aprendizado de segundas línguas) mais que falar dela. Pois bem, como todas as outras linguagens, não só ela está por natureza em devir, mas,

PRESENÇAS DO OUTRO

sobretudo, deve permitir falar de outra coisa que não dela mesma: de textos-objetos, é claro, e de seus contextos, evidentemente, mas também das *práticas reais* nas quais estamos diariamente envolvidos. Por exemplo, dessa prática semiótica em situação, que é precisamente a produção da presença do Outro, como tendo sentido.

Monsieur Jourdain de novo: talvez seja preciso fazer (um pouco) de semiótica para viver, mas não, em todo caso, viver para fazer semiótica! Ou, se preferirem – outra autoridade na matéria –, Roland Barthes, ele que à "lingüística tradicional" opunha uma *"filologia ativa"*[2]. Como se pode adivinhar, é para este lado que gostaríamos que "nossa" semiótica conseguisse se voltar. Seja como for, mais que pretender *dizer o sentido* (tarefa impossível), tratar-se-á agora de observar as condições de sua presença numa série de contextos intersubjetivos, e, portanto, interativos, precisos. Não mais que em outra parte, o sentido não é dado aí. Como se sabe, ele está sempre a se construir. Ou melhor, a se conquistar: a que figuras, a que dispositivos, a que linguagens recorremos para que, pela mediação do Outro, um pouco de sentido, de vez em quando, nos faça subitamente presentes a nós mesmos?

---

2. R. Barthes, *Fragments d'un discours amoureux*, Paris, Seuil, 1977, p. 239.

Parte I

Identificações

Parte I

Fundamentos Básicos

1. Buscas de Identidade, Crises de Alteridade

1.1. SENTIDO E DIFERENÇA

Na língua, sabe-se desde Saussure, só se podem identificar unidades, seja no plano fonológico ou semântico, pela observação das diferenças que as interdefinem: fonemas e semas resultam de relações subjacentes, formando sistema, e não são termos primários definíveis em si mesmos, substancialmente. Do mesmo modo, é o princípio do primado epistemológico da *relação* sobre os termos que está na base do procedimento semiótico, tanto como projeto de construção de uma teoria geral da significação quanto como método de análise dos discursos e das práticas significantes. Porque, para que o mundo faça sentido e seja analisável enquanto tal, é preciso que ele nos apareça como um universo articulado – como um sistema de relações no qual, por exemplo, o "dia" não é a "noite", no qual a "vida" se opõe à "morte", no qual a "cultura" se diferencia da "natureza", no qual o "aqui" contrasta com um "acolá" etc. Embora a maneira pela qual essas grandezas diferem entre si varie de caso para caso, o principal, em todos os casos, é o reconhecimento de uma *diferença,* qualquer que seja sua ordem. Só ele permite constituir como unidades discretas e significantes as grandezas consideradas e associar a elas, não menos diferencialmente, certos valores, por exemplo, de ordem existencial, tímica ou estética.

Não é diferente com o "sujeito" – *eu* ou *nós* – quando o consideramos como uma grandeza *sui generis* a constituir-se do ponto de vista de sua "identidade". Também ele condenado, aparentemente, a só poder construir-se pela diferença, o sujeito tem necessidade de um *ele* – dos "outros" (*eles*) – para chegar à existência semiótica, e isso por duas razões. Com efeito, o que dá forma à minha própria identidade não é só a maneira pela qual, reflexivamente, eu me defino (ou tento me definir) em relação à imagem que outrem me envia de mim mesmo; é também a maneira pela qual, transitivamente, objetivo a *alteridade do outro* atribuindo um conteúdo específico à diferença que me separa dele. Assim, quer a encaremos no plano da vivência individual ou – como será o caso aqui – da consciência coletiva, a emergência do sentimento de "identidade" parece passar necessariamente pela intermediação de uma "alteridade" a ser construída.

Mas tudo indica que este Outro que pressupõe a auto-identificação do Si está hoje, socialmente falando, mudando de estatuto. Outrora ainda distante, ele se instala atualmente entre nós. Não basta mais entender ou mitificar a cultura – o exotismo – do outro, imaginado à distância sob os traços do "estrangeiro"; agora é preciso viver, na imediatidade do cotidiano, a coexistência com os modos de vida vindos de outros lugares, e cada vez mais heteróclitos. Os "selvagens" de antanho transformaram-se em "imigrados", o McDonald veio se instalar na esquina e Walt Disney remodela até na Europa a arte de viver no campo. É neste contexto que se desenvolve doravante, aqui e ali, um discurso social da conquista ou da reconquista de uma identidade concebida como "ameaçada" e que ressurgem práticas de enfrentamento sociocultural de caráter às vezes dramático que acreditávamos ter desaparecido, como se se tratasse de reduzir mais uma vez o dessemelhante – primeiramente o estrangeiro, o "gringo", mas também o "marginal", o "excluído", o "transviado" etc. – a uma posição de pura exterioridade. A uma das perguntas mais ambiciosas feitas neste fim de século no plano político – a do reconhecimento ou da eventual formação de uma "identidade européia comum" – superpõe-se assim outra, menos carregada de ideal, mas ditada pela urgência: que lugar, no interior de si mesma, cada uma das sociedades nacionais envolvidas nesse vasto projeto de unidade político-cultural estará em condições de conceder ao que parece atualmente estar se tornando sua parte maldita: ao Outro, qualquer que seja localmente seu modo de encarnação crítico?

Diante desse tipo de problema, não temos a pretensão de empreender uma detalhada análise empírica de toda a variedade dos discursos e das práticas identitárias que provoca, indiretamente, essa crise de alteridade da qual somos testemunhas. Baseando-nos na observação do caso francês, nossa meta será antes construir um modelo de caráter geral que permita situar umas em relação às outras diferentes formas de articulação possíveis da relação entre o "Nós" e seu "Outro". A questão pode ser encarada a partir de duas perspectivas complementares. Quais são, primeiro, os tipos de configurações intelectuais e afetivas que subtendem a diversidade dos *modos de tratamento do dessemelhante* sobre cuja base, no interior de um espaço social dado, um sujeito coletivo determinado pode organizar a construção, a defesa ou a renovação de sua identidade enquanto "nós" de referência? Quais são, em seguida, para o Outro, isto é, para aqueles cuja diferença o grupo de referência se dedica a rotular, as opções possíveis quanto aos *modos de gestão do Si* – aos "estilos de vida" – concebíveis em vista da assunção ou da transformação da própria identidade cultural? Enquanto, no presente capítulo, vamos explorar os caminhos segundo os quais o Nós constrói seu mundo em torno dele, ao contrário, no próximo capítulo inverteremos a perspectiva tentando, se possível, adotar o ponto de vista do Outro.

1.2. ASSIMILAÇÃO *VERSUS* EXCLUSÃO

1.2.1. *"Como todo Mundo"*

Quem quer que tenha permanecido um pouco na França e mergulhado na rotina diária local (sobretudo em Paris) conhece o sentido desta injunção inevitável, embora meio inesperada num país que, dizem, é o da *douceur de vivre*: "...Você não poderia então fazer como todo mundo?" Formulada em todo tipo de circunstâncias e dirigida ao ignorante ou ao estouvado que se equivoca sobre o que o local e o momento exigem, ela serve como advertência ao desvendar os fundamentos "filosóficos" (no sentido balzaquiano do termo) da segurança própria dos autóctones – caixas de banco ou funcionárias dos correios, chefes de trem e "guardiães da paz", e muitos outros – que, colocados diretamente em contato com o público, a ela recorrem de preferência. Porque, para assumir a triunfante vulgaridade de tal apóstrofe e empregá-la com a autoridade requerida, é preciso ser si mesmo, ou, em todo caso, *achar que é* "todo mundo": o emprego da frase só é possível, em suma, se for associado (e aparentemente, as vocações burocráticas predispõem a isto) um valor *universal* aos usos locais, aos modos de viver, de agir e reagir, de sentir e de pensar que são "os nossos".

Ademais, sob sua forma banalizada e como que anódina, temos aí o princípio de toda uma política, tão cruelmente generosa quanto possível, contanto que o Estado, por sua vez, decida aliar-se a ela e comece a legislar nas mesmas bases, fornecendo assim seu aval e um apoio institucional aos chamados projetos de *assimilação*. Ao mesmo tempo convite e advertência, o discurso que as autoridades administrativas, preocupadas com a clareza, deveriam em semelhante caso dirigir oficialmente aos candidatos à entrada e à instalação no território nacional seria mais ou menos o seguinte: "Sejam bem-vindos todos, de onde

6 PRESENÇAS DO OUTRO

quer que tenham vindo, desde que todos, por mais longínquo que seja o lugar de onde vieram, façam o mais rápido possível um esforço para tornar-se *como nós!*" Supondo-se que a ajuda material e moral oferecida para esse fim pelos serviços sociais aos recém-chegados não baste para permitir-lhes conseguir tal metamorfose desde a primeira geração, pelo menos se pode esperar que o sistema escolar consiga, no mínimo quanto à língua, aos costumes, às crenças, fazer de seus filhos verdadeiros franceses. De fato, se os valores morais, sociais, estéticos e outros que a nação forjou através dos séculos de luta sempre por mais humanismo, refinamento e democracia, têm por definição (com o auxílio do etnocentrismo) um alcance universal, como conceber que aqueles que estamos recebendo hoje, dos quatro cantos do mundo, possam por muito tempo hesitar em adotá-los? Como admitir que eles fiquem presos a particularismos tão bizarros quanto retrógrados, devidos simplesmente a suas origens? Lembramo-nos da exortação que o Marquês de Sade fazia a seus concidadãos em vias de emancipação: "Franceses, mais um esforço se quiserdes ser republicanos!" Hoje, se se quisesse estender a todos os benefícios do espírito das Luzes, seria preciso, antes, dizer: "Cidadãos do mundo inteiro, mais um esforço se quiserdes ser franceses!"

Não é necessário fazer caricatura para ressaltar a ambigüidade das atitudes que, no âmbito desse tipo de discurso e de práticas, determinam a sorte reservada ao Outro, ao estrangeiro, ao dessemelhante. Assimilador, o grupo dominante não rejeita ninguém, e se pretende, ao contrário, por princípio, generoso, acolhedor, aberto para o que vem de fora. Porém, ao mesmo tempo, toda diferença de comportamento um pouco marcada, pela qual o estrangeiro trai sua proveniência, parece, para ele, extravagância despida de razão. Ao contrário do antropólogo, cujo procedimento parte do postulado de que os comportamentos dos grupos humanos, quaisquer que sejam eles – inclusive aqueles dos mais "selvagens" – têm um sentido, ou, em outras palavras, obedecem a uma lógica própria que é possível descobrir e compreender, o Sr. Todo Mundo, por sua vez, considera como adquirida a irracionalidade (se não a perversidade intrínseca) daqueles que pensam e agem em função de visões do mundo diferentes da sua. Quando muito, talvez ele atribua a algumas das esquisitices do estrangeiro um valor estético particular, ligado aos efeitos de estranhamento que elas exercem, justamente em virtude de seu estado de estrangeiro: administrado em dosagem moderada, o exotismo pode efetivamente ter seu encanto, como espetáculo a ser visto no local[1]. Mas entre os elementos – as maneiras de ser e os modos de fazer – que, considerados *in*

---

1. Retomaremos mais adiante (Cap. 3) a questão do Outro concebido não mais como aquele que vem se instalar aqui, "na nossa casa", mas como aquele que, ao contrário, vamos descobrir lá longe, "na casa dele".

BUSCAS DE IDENTIDADE, CRISES DE ALTERIDADE

situ, no próprio solo do estrangeiro, têm a rigor o que é necessário para agradar, na medida em que dão "cor local", são raros os que toleram a exportação; uma vez transplantados para fora do seu contexto, eles simplesmente criam "desordem", e sua incongruência logo os torna insuportáveis[2].

Na verdade, todas as "estrangeirices" do estrangeiro, quer as achemos (conforme o contexto) pitorescas, encantadoras ou execráveis, são aqui objeto de um único e mesmo modo de observação e de avaliação. A atenção se foca pontualmente num pequeno número de manifestações de superfície que nos apressamos seja a supervalorizar, seja a depreciar por si mesmas, sem nos preocuparmos com o lugar que elas ocupam nem, por conseguinte, com o significado que assumem no interior dos sistemas de valores, crenças e ação dos quais fazem parte. Para que isso fosse diferente, seria preciso no mínimo *querer saber* o que, em profundidade, rege as idiossincrasias em questão, seria preciso tentar compreender o sistema que as subtende – aquilo com o que, justamente, ninguém se importa. Conseqüentemente, sendo as atitudes e comportamentos que fazem a "diferença" do dessemelhante vistos, mais ou menos, como puros acidentes da natureza – e não como elementos que assumiriam sentido no interior de uma (outra) cultura –, o Outro se encontra de imediato desqualificado enquanto sujeito: sua singularidade aparentemente não remete a nenhuma identidade estruturada. E é finalmente este desconhecimento – ingênuo ou deliberado – que fundamenta a boa consciência do Nós em sua intenção assimiladora: não só o estrangeiro tem tudo a ganhar ao se fundir de corpo e alma no grupo que o acolhe, mas, além disso, o que ele precisa perder de si mesmo para aí se dissolver como lhe recomendam não conta, estritamente falando, para nada[3].

1.2.2. *Razões e Paixões*

Desta descrição sucinta destaca-se um pequeno número de traços estruturais que, caracterizando as configurações que acabamos de evo-

---

2. Exemplo em si mesmo talvez irrisório, porém revelador: o da tauromaquia. Enquanto a Espanha permanecia "à margem da Europa", era ainda admissível que aí se praticasse a tourada: cada um com seu folclore. Mas se o contexto muda, se os espanhóis querem agora "ser dos nossos", totalmente "europeus" – então será necessário ou que eles renunciem a essa "carnificina", ou então que os outros europeus a *proíbam.* Isso é discutido, parece, nos areópagos de Bruxelas. De tal forma que não só entre os "primitivos", os gostos, as práticas, os ritos que marcam a singularidade do Outro – por mais próximo que esteja – são por definição "bárbaros", "desumanos", intoleráveis.

3. Sabemos que existe na literatura atual uma tendência a usar a palavra "assimilação" para designar um tipo de regime de relações menos grosseiro que o que temos presentemente em vista. Falaremos dele mais adiante, porém, recorrendo então a um termo diferente, "admissão". A escolha dos rótulos, relativamente arbitrária, não é, contudo, o que parece nos importar mais (cf. *infra,* pp. 20-24).

8 PRESENÇAS DO OUTRO

car, remetem a princípios de organização discursiva de caráter mais geral. São eles que nos permitirão dar conta também de configurações aparentemente muito diferentes, mas que não deixam de ter origem na mesma "gramática". É assim que, a partir do dispositivo "assimilador", usado como esquema de referência, vamos ver abrir-se paulatinamente o leque dos casos teoricamente possíveis dentro dos limites de nosso propósito.

Quais são então os princípios de organização elementares que estruturam os discursos e as práticas da assimilação, no sentido considerado acima? Uma das mais marcantes características, a esse respeito, reside no tipo de relação que se faz questão, visivelmente, de manter aí entre duas ordens de motivações possíveis: estamos diante de um conjunto de propostas e comportamentos que se pretendem inteiramente baseados na "razão", com a exclusão de toda consideração de ordem passional. O Sr. Todo Mundo é, na verdade – ou pelo menos pretende ser – um homem sem ódio nem preconceito. Ele não se considera, e não quer que o considerem um daqueles xenófobos exaltados que pretendem que os únicos bons critérios a serem observados para determinar a natureza das relações desejáveis, ou mesmo possíveis, entre Nós e os outros, sejam critérios de sangue ou de cor de pele; ele nem mesmo gosta de ouvir dizer que, além de um certo "patamar de tolerância", as incompatibilidades de costumes ou de humores tornam fatalmente indesejáveis estas ou aquelas categorias de estrangeiros; no plano prático, ele preferiria, tanto quanto possível, não ter que ouvir falar das formas de "auxílio-retorno" previstas para eles, nem dos *charters* que o governo freta para seu transporte. Inimigo de toda espécie de dramatização, ele se limita, em suma, a constatar que os desvios de comportamento dos quais ele é testemunha – em relação a uma normalidade que ele mesmo encarna por construção – não têm consistência, valor nem fundamento e que, por isso, sua erradicação se impõe. Que a perseguição de tal objetivo passa inevitavelmente pela imposição de rudes danos à personalidade dos indivíduos ou dos grupos envolvidos não deixa nenhuma dúvida; porém, este é, a seus olhos, um mal necessário e perfeitamente justificável, já que, em vez de ceder a uma animosidade qualquer dirigida contra o Outro *porque ele é outro* (o que já dependeria de uma configuração diferente), trata-se, ao contrário, por um trabalho metódico e racional, de ir em auxílio daqueles que chegam a sua terra, de ajudar o estrangeiro a livrar-se *daquilo que faz com que ele seja outro* – em suma, de reduzir o Outro ao Mesmo para que, um dia, ele possa integrar-se plenamente no novo ambiente que o acolheu.

Sejam ou não as "razões" desse tipo de discurso pseudo-razões, elas pelo menos comprovam, por parte daqueles que as apresentam, um escrúpulo que, de fato, muitos estarão longe de compartilhar. No lugar de todas essas tergiversações, por que, na verdade, não encarar os fatos? Por que não admitir que o estrangeiro, na realidade, nunca será dos nossos, que jamais poderá sê-lo, que não deve se tornar um dos nossos? Que seu "odor", odioso por definição, deve-se à sua "raça", e que não é, portanto, passível de ser eliminado? Resumindo: que é urgente conter, e mesmo provavelmente, repelir, rejeitar – *excluir* – o estrangeiro, esse eterno "invasor". Tantos *leitmotive* bem conhecidos, conhecidos demais para que seja o caso de insistir neles! E, por outro lado, quanto ao que nos interessa de imediato, pouco importa qual coletividade precisa, definida com base em critérios lingüísticos, religiosos, "raciais" ou outros, se encontra, em função dos locais e das circunstâncias, preferencialmente apontada como intrusa e indesejável. Observemos apenas o fato que, de um discurso com pretensão racional e argumentativa, passa-se deste modo a um discurso do *afeto* puro e simples, e, quanto ao conteúdo, do tema da conjunção possível das identidades àquele de sua indispensável *disjunção*. Com base nesses dois critérios, é, portanto, a partir de agora, uma nova configuração que se esboça, bem distinta daquela que nos serviu de referência inicial; diferentemente do discurso de *assimilação* que se desenvolvia a partir de um desconhecimento, mas "pensado", daquilo que fundamenta a alteridade do dessemelhante, o discurso de *exclusão* procede de um gesto explicitamente passional que tende à negação do Outro enquanto tal. E uma vez acesa, sabe-se até que extremidades pode levar a fúria coletiva de ser Si. Se nada vier contê-la ou, com mais razão ainda, se a própria autoridade política transformá-la em princípio de sua ação, bastará então pouca coisa – não faltariam exemplos, tanto hoje como ontem – para que a idéia de "solução final", sob uma forma ou outra, encontre de repente uma nova atualidade.

Tem-se aí, por conseguinte, duas atitudes – assimilar, excluir – que, num certo sentido, se opõem como o dia e a noite. E, no entanto, de outro ponto de vista, mesmo que as estratégias de exclusão, pelo menos quando se revelam sob suas formas mais exacerbadas, pareçam, sob muitos aspectos, situar-se diametralmente no lado oposto aos ideais apregoados (ou assumidos) pelos partidários da assimilação, adivinha-se entre umas e outros como que uma espécie de afinidade tácita. Não é difícil, com efeito, destacar o núcleo de pressupostos – ou melhor, de preconceitos – que são comuns aos dois casos. Mais que um conjunto de idéias articuladas que constituiriam seu pedestal comum, é essencialmente uma *imagem* que une em profundidade esses dois tipos de configuração: a imagem de um Nós hipostasiado, a ser preservado custe o que custar, em sua integridade – ou melhor, em sua *pureza* original. A determinação de assimilar, com seus aspectos exteriores tranqüilos, como a paixão de excluir, procedem ambas desse motivo único. Segundo dois movimentos orientados em sentidos opostos, centrípeto no que diz respeito ao fim assimilador, centrí-

10 PRESENÇAS DO OUTRO

fugo quanto à fúria de excluir, as duas atitudes correspondem respectivamente, em profundidade, a cada uma das duas partes complementares de uma única e mesma operação: padronização e ingestão do "mesmo", e correlativamente, triagem e eliminação do "outro". Nenhum dos elementos surgidos do exterior e, entretanto, considerados, sem garantia, como sendo talvez assimiláveis, deve escapar aos processos de remodelagem e, mais precisamente, de normalização previstos para assegurar sua completa fusão na massa. Mas também é preciso que existam, corolariamente, mecanismos de localização e de expulsão apropriados para garantir que qualquer elemento que se revele decididamente inassimilável, seja, *ipso facto*, posto de lado[4]. Nos dois casos (ingestão do Mesmo ou excreção do Outro), o que justifica a instalação de todo esse dispositivo é a necessidade, considerada vital, de controlar o conjunto dos fluxos provindos do exterior que poderiam vir a perturbar um equilíbrio interno, uma ordem, uma composição orgânica que se trata, precisamente, de manter, por todos os meios disponíveis, num estado tão estável quanto possível.

Em outras palavras, e para nos restringirmos ao essencial no que diz respeito a essas duas primeiras configurações, face a uma identidade de referência concebida como perfeitamente homogênea e colocada como que devendo ficar imutável, a alteridade só pode ser pensada como uma diferença vinda de *alhures*, e que assume, por natureza, a forma de uma *ameaça*. Como se vê, assimilação e exclusão não passam, em definitivo, das duas faces de uma única e mesma resposta à demanda de reconhecimento do dessemelhante: "Tal como se apresenta, você não tem lugar entre nós".

1.3. O DADO E O CONSTRUÍDO

De um ponto de vista estritamente lógico, esta não é, evidentemente, a única maneira possível de articular uma com a outra a relação entre identidade e diferença, por um lado, e a entre "dentro" e "fora", por outro. Não só a noção de identidade, qualquer que seja o tipo de grandeza à qual a apliquemos, não se superpõe necessariamente a uma concepção simples e unívoca da interioridade da unidade considerada, mas ainda, reciprocamente, para a mesma unidade, não é forçosamente do outro lado de uma fronteira que vem delimitá-la que

---

4. Essas operações de triagem e de transformação foram semioticamente analisadas em detalhe por Fr. Bastide, num campo à primeira vista bastante distante deste que nos interessa aqui: o do tratamento químico da matéria em biologia. Contudo, nada vemos de incongruente em reconhecer sua pertinência também no âmbito dos processos de construção das "identidades" humanas, individuais ou coletivas. (Cf. Françoise Bastide, "Le traitement de la matière", *Actes sémiotiques – Documents*, IX, 89, 1987).

BUSCAS DE IDENTIDADE, CRISES DE ALTERIDADE 11

começa o espaço de sua alteridade. Em nome do que, com efeito, se excluiria *a priori* a possibilidade de encontrar no *exterior* do Si (ou do Nós), isto é, no Outro, uma parte de si mesmo, uma réplica ou talvez uma outra face, insuspeita, de sua própria identidade? E com que base afastar a possibilidade, inversa e complementar, de discernir algo da própria figura do Outro no *interior* do Si? Claro, nem uma nem outra dessas eventualidades – reconhecer-se *no Outro,* ou descobrir-se a si mesmo *como Outro* – eram levadas em consideração no âmbito dos dois procedimentos descritos acima: isso é o que determinava a estreiteza e a rigidez de seus limites, sobretudo por oposição às problemáticas mais ricas e mais complexas que iremos encarar mais adiante. Mas primeiro faremos um breve desvio num plano mais teórico.

1.3.1. *A Produção da Diferença*

Há, efetivamente, na base do conjunto dos comportamentos examinados até agora, uma contradição pelo menos aparente que deve ser levantada para irmos em frente. O problema é esquematicamente o seguinte. No âmbito das duas configurações já analisadas, e qualquer que seja a estratégia adotada – assimilação, exclusão ou dosagem das duas juntas –, o que o grupo dominante se colocava como meta sempre era, como salientamos, manter um certo equilíbrio interno, preservar intata a homogeneidade, real ou suposta, de sua substância por assim dizer fisiológica, quer a apreendamos pelo viés socio-econômico, em termos de níveis e de modos de vida, ou do ponto de vista dos *habitus* (como dizem alguns sociólogos), principalmente lingüísticos, religiosos, jurídicos e políticos, ou ainda, de modo bastante cru, em termos de "pureza" étnica. Aos olhos do grupo assimilador, como daquele que pratica a exclusão, trata-se nem mais nem menos de sua própria identidade: ao tolerar heterogeneidade demais em seu seio, em qualquer dos seus planos, acredita, ele logo não se reconheceria mais a si próprio. Pois bem – e é aí que surge o paradoxo –, essa heterogeneidade atual ou potencial à qual o grupo se opõe com todas as forças, é ao mesmo tempo ele que, sob muitos aspectos, a faz existir, e isso, além do mais, em dois níveis e de duas maneiras diferentes, mas que cumulam seus efeitos: ao mesmo tempo em superfície, produzindo *socialmente* disparidades de toda ordem e, num nível mais profundo, construindo sem cessar, *semioticamente*, a "diferença".

Antes de mais nada, o grupo de referência não parece perceber – ou mais exatamente, talvez não queira enxergar (apesar do aviso dos sociólogos) – que ele mesmo a todo instante, por seu próprio modo de funcionamento tanto social quanto econômico, político, jurídico, educativo ou "cultural", cria distâncias e desigualdades entre grupos sociais – *sociais*, e não simplesmente "étnicos" (o que, aliás, não re-

12   PRESENÇAS DO OUTRO

solveria o paradoxo)[5]. O que equivale a dizer que, se há heterogeneidade, ela resulta tanto do que se passa dentro quanto do que acontece
fora; por conseguinte, é primeiro em seu próprio seio, mais que no
vizinho ou junto a comunidades que provêm de longe, que o corpo
social deveria procurar a que se deve a multiplicação desses casos
"com problemas", que ele encontra tanta dificuldade em reconduzir à
ordem, inventando indefinidamente novos meios de prevenção, de
condicionamento, de inserção, de integração ou de assistência – em
suma, de assimilação –, por não poder (prática e "humanamente")
aplicar-lhes a política de rejeição – de exclusão – da qual alguns são
partidários. Mas há ainda mais coisas. Quando mesmo assim se pudesse fazê-lo, não bastaria, na verdade, remediar por medidas técnicas
apropriadas esse mal social que é a produção interna, quase mecânica,
das disparidades entre grupos para suprimir, nem para resolver o *próprio problema* do "Outro", aquele que nasce social, política e moralmente da crise da relação entre identidade e alteridade. É num plano
diferente que é preciso colocar-se para formulá-lo.

O que separa o grupo de referência dos grupos que ele define em
relação a si mesmo como estrangeiros, como outros ou como transvia-
dos não é, "pura e simplesmente", nem uma diferença de substância pro-
duzida por disfunções sociais, nem mesmo alguma heterogeneidade
preestabelecida em natureza (com o risco de que as disfunções em
questão tenham por efeito acentuá-la) e que, impondo-se como dados
de fato, bastariam para demarcar as fronteiras entre identidades distintas. Na realidade, as diferenças *pertinentes,* aquelas sobre cuja base se
cristalizam os verdadeiros sentimentos identitários, nunca são inteiramente traçadas por antecipação: elas só existem na medida em que os
sujeitos as constroem e sob a forma que eles lhes dão. Antes disso,
entre as identidades em formação, há apenas puras diferenças *posicionais,* quase indeterminadas quanto aos conteúdos das unidades que
elas opõem. Não há dúvida de que o estatuto de um tal vazio semântico é essencialmente de ordem teórica. Postular sua existência permi-
te-nos sobretudo designar o espaço original, de caráter virtual, onde
se articula o próprio princípio de toda diferença particular, entendendo-se que, na verdade, mal articulada, a "pura" diferença posicional,
dificilmente manipulável enquanto tal, tende, para manifestar-se, a
converter-se, no plano empírico – nos discursos e nas representações
que os sustentam –, numa série de oposições *substanciais.* Então, mas
só então, conteúdos específicos vêm se investir nelas, dando paulatinamente lugar, por seleção e combinação de traços figurativos parti-

---

5. A sociedade francesa, como suas vizinhas, escreve Alain Touraine, "é arrasta-
da por uma lógica propriamente social de diferenciação e até de segmentação, ao menos
tanto quanto de integração" ("Vraie et fausse intégration", *Le Monde,* 29 de janeiro de
1992, p. 2).

BUSCAS DE IDENTIDADE, CRISES DE ALTERIDADE

culares, ao surgimento de formas de contornos cada vez mais precisos: no caso, a toda uma variedade de *figuras* do Outro tão diversificadas e, por assim dizer, tão reais quanto numa galeria de retratos – ou num fichário de polícia.

Ainda é preciso, para isso, que uma instância semiótica – um "sujeito" qualquer, individual ou coletivo – se encarregue concretamente de efetuar as operações de seleção e de investimento semântico correspondentes. No caso que nos interessa, é a partir de muitas trocas interindividuais, umas vivenciadas no dia-a-dia em terrenos de encontro concretos (a rua, o local de trabalho etc.), outras pertencentes, antes, ao domínio da fabulação e do imaginário sociais (como os esquemas de interação que propagam a maioria das narrativas de fofocas, matéria para ruminações diárias entre freqüentadores do "bar da esquina"), que o sujeito coletivo que ocupa a posição do grupo de referência – instância semiótica evidentemente difusa e anônima – fixa o inventário dos traços diferenciais que, de preferência a outros possíveis, servirão para construir, diversificar e estabilizar o sistema das "figuras do Outro" que estará, temporária ou duradouramente, em vigor no espaço sociocultural considerado. Para isso, a simples vida "em comum" dos grupos sociais, com as desigualdades, em primeiro lugar, de ordem econômica, com as segregações de fato (por exemplo, em termos de emprego, de hábitat, de escolaridade) que ela gera, e com todas as outras disparidades latentes que ela torna manifestas, fornece uma infinita variedade de traços diferenciais imediatamente exploráveis para significar figurativamente a diferença posicional que separa logicamente o Um de seu Outro. A diversidade das combinações possíveis entre esses traços permite então multiplicar *ad libitum,* por associação e por dosagem (isto é, no modo da bricolagem), as figuras singulares do estranho e do inquietante: silhuetas genéricas e ainda meio fluidas como aquelas do "marginal", do "imigrante" ou do "gringo", ou composições resultantes de arranjos bastante afinados para designar e classificar espécies mais precisas – do "trabalhador-português" (já em vias de integração e que "não incomoda")[6] ao "delinqüente-negro" (à beira da exclusão), passando pelo "desempregado-norte-africano", e assim por diante: estereótipos que, uma vez construídos, só farão, uns e outros, reforçarem-se na mesma proporção do uso repetido que deles será feito. O discurso das mídias, evidentemente, cumpre um papel determinante nisso.

---

6. "A mim não incomoda que um português que vive na França, que põe os filhos na escola mais próxima [...], não me incomoda que ele seja tratado como um cidadão como os outros; digo mesmo que é uma grave injustiça recusar a essas pessoas que trabalham entre nós, que nos trazem sua força de trabalho, o direito de dar sua opinião na vida diária [...]" (F. Mitterrand, 5 de junho de 1992, discurso no Institut d'Etudes Politiques de Paris, *Le Monde,* 7-8 de junho de 1992, p. 7.)

14 PRESENÇAS DO OUTRO

A produção da diferença, como se vê, só pode ser concebida como um processo relativamente complexo que mobiliza pelo menos dois planos. O primeiro é de ordem referencial; em geral, ele é descrito (em função de uma clivagem de ordem filosófica aparentemente a toda prova), seja em termos biológicos, seja em termos sociológicos. Assim, ainda hoje, para uns, o que faz com que o Outro seja "outro" diz respeito pura e simplesmente às leis da genética: a diferença é um fato de natureza; para outros, ao contrário (mais numerosos?), trata-se, antes, de um fato de sociedade: é a diversidade das heranças culturais, dos modos de socialização, das condições econômicas que determina a diversidade dos tipos humanos. Seja como for, justificar assim o surgimento de diferenças "objetivas", de ordem biológica, econômica ou cultural, não basta: é preciso, além disso, que as distinções "constatadas" se tornem, de uma maneira ou de outra, *significantes*. É isso que possibilita a passagem para um segundo plano, propriamente semiótico, onde, como acabamos de notar, certas diferenças reconhecidas no plano anterior (mas não todas) acham-se finalmente tratadas à maneira dos traços distintivos do plano da expressão de uma língua, isto é, consideradas como o equivalente de tantas oposições "fonologicamente" pertinentes com vistas à construção de um universo de sentido e de valores[7].

1.3.2. Bricolagem e Terminologia

Uma das características comuns às duas novas configurações que vamos agora abordar reside justamente no fato de que, diferentemente das duas anteriores, ambas problematizam, explicitamente, essa dimensão *semiótica* da produção da alteridade: mesmo que o mundo que nos rodeia nos pareça espontaneamente um universo articulado e diferenciado, nem por isso há, entre "Nós" e o "Outro", *fronteiras naturais* – há apenas as demarcações que construímos, que "bricolamos" a partir das articulações perceptíveis do mundo natural[8].

Ora, começar a admitir que o fato de o Outro ser "diferente" não significa, necessariamente, que o seja no absoluto, mas que sua diferença é função do ponto de vista que se adota, é já criar a possibilidade de outros modos de relação com as figuras singulares que o encarnarão.

---

7. É em termos comparáveis que tentamos, em outra obra, explicar a produção dos *efeitos de sentido* vinculados à diferença entre as faixas etárias (E. Landowski, "Continuité et discontinuité: vivre sa génération", *La société réfléchie*, Paris, Seuil, 1989; trad. port., "Continuidade e Descontinuidade: Viver sua Geração", *A Sociedade Refletida*, São Paulo, Educ-Pontes, 1992, pp. 45-56).

8. Sobre a noção de "mundo natural", em sua relação com o fazer "cultural" (isto é, semiótico), cf. A. J. Greimas e J. Courtés, *Sémiotique. Dictionnaire raisonné de la théorie du langage*, Paris, Hachette, 1979, vol. I, pp. 233-234; trad. port., *Dicionário de Semiótica*, São Paulo, Cultrix, 1983, pp. 291-292.

Nesta perspectiva, o Outro não poderá mais ser pensado como o simples representante de um alhures radicalmente estrangeiro, do qual, salvo se lhe ordenarem que volte para lá (exclusão), ele teria que (assimilação obrigatória) se desligar completamente; ao contrário, ele se tornará, em certa medida, parte *integrante*, elemento *constitutivo* do "Nós", sem com isso ter que perder sua própria identidade.

Batizaremos respectivamente como *segregação* e *admissão* as fórmulas correspondentes, sem ignorar, mais uma vez, o quanto a escolha desses rótulos pode parecer arbitrária e discutível. Nossa finalidade, na verdade, não é descrever ou justificar um léxico, mas (para retomar termos já introduzidos acima) construir uma gramática, um modelo teórico capaz, se possível, de cobrir toda a diversidade dos modos de relação conceitualmente consideráveis entre um grupo qualquer e o que ele dá a si mesmo como seu Outro. Dentro desta óptica, o que importa são evidentemente as *descrições estruturais* que se podem dar de cada uma das configurações que se esboçam sucessivamente, assim como da maneira pela qual elas se articulam ou se opõem umas às outras para formar uma rede de diferenças inteligíveis, e não as *denominações léxicas* que lhes sobrepomos com a única finalidade de falar delas mais comodamente.

Claro, nenhum dos termos usados – "segregação", "assimilação", "exclusão", nem mesmo "admissão" – é "inocente". Cada um deles tem sua história, cada um deles é marcado pelos empregos que deles foram feitos nos discursos sociais, políticos, filosóficos ou outros, que fixam seu valor, e não podemos pretender abstrair totalmente as cargas semânticas que disso resultam[9]. Porém não procuraremos, ainda

---

9. Esta é a razão pela qual, por exemplo, o termo relativamente neutro "admissão" foi preferido ao termo "agregação". Como se verá na seqüência, o segundo, contudo, poderia ter sido tão conveniente quanto o primeiro para designar o que visamos, sem contar que teria tido a vantagem de combinar com o termo "segregação". Em contrapartida, ele nos pareceu decididamente associado de maneira demasiado exclusiva, pelo uso, em francês, à idéia de "concurso de recrutamento"! Inversamente, no que precede, é porque o termo "assimilação" é, para nós, hoje, imediatamente "falante" (talvez o seja um pouco demais, como já observamos) no contexto que nos interessa aqui que o conservávamos de preferência àquele de "inclusão", que, no entanto, em todo rigor lógico, não podia ser mais conveniente para designar o contrário da "exclusão". Daí a seguinte organização esquemática:

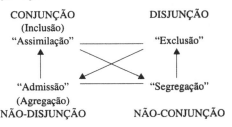

16 PRESENÇAS DO OUTRO

assim, esclarecer, numa perspectiva de análise léxica, o detalhe dos efeitos de sentido dos quais esses diferentes vocábulos são atualmente portadores nem, menos ainda, decidir o que poderia ser seu sentido "verdadeiro" adotando um procedimento normativo. Na falta de coisa melhor, nós os emprestamos, simplesmente, do vocabulário comum para servir de metatermos que nos permitam designar objetos teóricos construídos, isto é, realidades que, por definição, não coincidem necessariamente com o que os mesmos termos designam enquanto lexemas da língua natural.

1.4. SEGREGAÇÃO *VERSUS* ADMISSÃO

Isto posto, que conteúdos colocamos sob cada um desses metatermos e, para começar, sob o de *segregação*? Reconhecer o Outro, a despeito de sua diferença e de sua aparente estranheza, como parte integrante de si, e por isso mesmo, aceitá-lo ao seu lado, bem pertinho de si – em sua casa –, assim se poderia enunciar paradoxalmente, talvez até escandalosamente à primeira vista, a fórmula básica comum ao conjunto dos sistemas de discursos e de práticas que convencionamos agrupar sob este rótulo.

1.4.1. Ter sido Unidos, e Separar-se

Muitos exemplos mereceriam ser analisados sob este ângulo, desde as miúdas práticas sociais de *marginalização* "suave" até as opções mais extremas – como aquelas, pretensamente "teorizadas", do *apartheid* –, passando por todas as formas históricas do *gueto*. Sem negar que estamos tratando aí de realidades muito diferentes umas das outras e que, principalmente no plano ético, levantam, cada uma delas, problemas específicos, pode-se, no entanto, afirmar que, num nível muito elementar, o que os separa consiste menos em uma diferença de natureza do que em uma gradação.

Diferentemente, com efeito, das políticas de assimilação e de exclusão que, por construção, têm por finalidade derradeira operar, seja, a primeira, uma perfeita conjunção das identidades, seja, a segunda, sua completa disjunção, os dispositivos segregativos jamais respondem à perseguição de objetivos tão unívocos e, em suma, tão simples, pelo menos em seu princípio. Para isso, eles se originam de uma posi-

---

Os dois eixos horizontais figuram respectivamente relações de contrariedade e de subcontrariedade, as flechas oblíquas relações de contradição, as flechas verticais relações de "atração" ou de tensão em direção ao pólo complementar (cf. sobre este último ponto, *infra*, pp. 27 e 49, e, de maneira mais genérica, sobre a própria construção desse esquema, A. J. Greimas e J. Courtés, ob. cit., pp. 29-33 e 362-363).

BUSCAS DE IDENTIDADE, CRISES DE ALTERIDADE   17

ção lógica por demais instável –, no caso, a da *não-conjunção*, posição que se pode definir como situando-se a meia distância entre as fórmulas do tipo conjunção-assimilação, doravante consideradas inaplicáveis ou inapropriadas (o Outro aparecendo decididamente diferente demais para que sua integração propriamente dita ao grupo seja imaginável), e aquelas do tipo disjunção-exclusão, também encaradas, por outras razões, como inaceitáveis (por mais tentadoras que possam parecer sob certos aspectos). Daí o estado de tensão, as ambivalências, e, em última análise, os dilaceramentos característicos dessa configuração em equilíbrio precário entre dois pólos contrários, mais ou menos como aqueles arranjos matrimoniais chamados de "separação de corpos", onde a interrupção da maioria das relações maritais entre esposos nem por isso leva à suspensão completa dos vínculos conjuntivos do matrimônio, ao passo que o processo disjuntivo do divórcio ofereceria legalmente essa possibilidade.

Baseando-se evidentemente no horror das misturas entre unidades consideradas como distintas, as atitudes segregativas têm, de fato, por princípio, ficar, se é que se pode falar assim, *menos* disjuntivas do que seria possível em teoria, ou mesmo na prática. Aqui, não há "solução final" – não há exclusão absoluta, a não ser, talvez, como horizonte dos mais longínquos, como virtualidade rejeitada (ou como desejo recalcado?) cuja aplicação não se quer, e nem mesmo se pode encarar seriamente. Do mesmo modo que antigamente toda aldeia tinha seu "idiota", as famílias, hoje, têm seus "velhos" e a sociedade, seus grandes enfermos: claro, eles são mantidos meio à parte, mas daí a relegá-los uns à casa de repouso, outros ao asilo ou ao "hospital para aidéticos", resta um passo decisivo a dar, que, para muitos, não é sequer *concebível*. Embora haja modos e modos de separar e de "segregar" e uns possam parecer-nos mais inofensivos, outros francamente bárbaros (pois todos os graus são possíveis, entre, por exemplo, o fato, "anódino", de esnobar seu vizinho fazendo-o sentir gentilmente que, por alguma razão, ele não poderia fazer parte do círculo dos íntimos, e aquele, considerado "desumano", de delimitar, pela lei ou pelo costume, zonas geográficas, profissionais, ou outras reservadas a esta ou àquela classe de párias), todos eles manifestam, em profundidade, aquela mesma ambivalência que tentamos caracterizar entre *impossibilidade de assimilar* – e, portanto, de tratar o Outro realmente "como todo mundo" – e *recusa de excluir* (no sentido estrito).

Mas então como explicar essa "recusa", ou essa *retenção* que faz com que o grupo dominante, em vez de, cinicamente, eliminar como puder esse Outro que o "incomoda", lhe reserve, apesar de tudo, em seu país, em sua cidade, em sua casa, seu lugar, ainda que este seja, é claro, o menos invejável de todos? É, parece-nos, como sugere a comparação com o caso do "casal separado", que a problemática das relações entre o Si e o Outro nutre-se essencialmente, na presente confi-

PRESENÇAS DO OUTRO

guração, da referência a um *antes*: houve um tempo (histórico ou mítico, pouco importa) em que os dois elementos da relação *se encontravam conjuntos*, e o que os discursos e práticas da segregação manifestam, ou mesmo nos contam, é precisamente esta conjunção *que está se desfazendo*. Menos que de um estado, trata-se então de um processo: processo de desintegração ou de fissão que tende a fazer explodir uma unidade original, real ou suposta, sem que, todavia, as forças centrífugas que são seu motor tenham ainda conseguido chegar ao final. Porque outras forças se opõem a elas. Na verdade, tudo se passa como se, à maneira das duas semi-esferas constitutivas do "par" platônico, as partes em vias de separação "se lembrassem" de seu estado de fusão anterior e sentissem, em relação a ele, uma espécie de nostalgia[10]. Ademais, esse "outrem", cuja alteridade "eu", sujeito de referência, creio descobrir de repente e do qual, por esta razão, começo a me separar, não fazia até agora parte senão de mim mesmo, pelo menos do "meu mundo" e da "minha vida"? Mesmo havendo se tornado em parte irreconhecível – estranho porque doravante cada vez mais estrangeiro –, ele continua, no entanto, de certo ponto de vista, a representar uma parte inalienável de "minha" própria identidade[11].

A reminiscência do Mesmo se reconhecendo mediante a figura do Outro – por mais mal amado ou execrado que este seja – tem assim por efeito, se não "excluir a exclusão" para sempre, pelo menos retardá-la, e algumas vezes de maneira muito duradoura: aqui, o pior não é – ou, pelo menos, não parece – sempre certo[12]. A análise de sistemas discriminatórios concretos mostraria ao mesmo tempo a di-

---

10. Na origem, o corpo dos homens tinha a forma de uma bola inteiriça, de força e vigor extraordinários. Para torná-los mais fracos aumentando seu número, Zeus seccionou cada um desses corpos em dois. "Assim desdobrada, nos ensina Aristófanes, como cada unidade sentia falta de sua própria metade, a ela se acoplava [...]. Assim, foi desde um tempo muito distante que se implantou no homem o amor que ele tem por seu semelhante, o amor reunificador de nossa primitiva natureza." Platão, *O Banquete,* 189-192 (discurso de Aristófanes).

11. Talvez seja isso o que nos dizem também, a seu modo particular mas bastante explícito, os ritos do carnaval em que o grupo social se representa a si mesmo sob os traços do seu "Outro". Não se trata aí somente de inversão de valores, nem mesmo de simples "reconhecimento" do Outro (a quem, por um dia, se dá parodicamente a palavra). O jogo vai mais longe se se admite que o travestimento carnavalesco, mais do que analisar-se como um gesto transitivo que consistiria em imitar, em mimar do exterior esta ou aquela figura da alteridade, implica sobretudo um ato reflexivo: como cumprir, mesmo que seja ludicamente, o papel do Outro senão experimentando a si mesmo como outro? Exteriorizar aquela parte de alteridade que está em si não seria viver a experiência de que o Outro não está inteiro fora, mas que ele está também no próprio interior de si?

12. Cf. por exemplo, sobre este ponto, o livro de Elisabeth Gille, *Le mirador. Mémoires rêvées* (Paris, Presses de la Renaissance, 1992), relato dedicado à vida de Irène Nemirovsky (mãe da autora), figura literária e mundana da Paris dos anos 30, antes de morrer num campo de concentração.

BUSCAS DE IDENTIDADE, CRISES DE ALTERIDADE

versidade das formas possíveis de tal reminiscência, e os limites de seu alcance no plano prático. Num sistema como o das castas da Índia, se é permitido evocar de maneira tão rápida uma realidade antropológica tão complexa, o que ninguém – mesmo que pertença às castas mais elevadas – pode "esquecer", é que também as castas mais baixas são parte integrante do "sistema". Aliás, talvez alguma "semelhança de família", ligada a uma longínqua origem comum, ou ainda a recordação de provações passadas, vividas solidariamente, venha nuançar a percepção da alteridade do Outro e atenuar proporcionalmente a severidade das discriminações das quais ele é objeto. E, claro, na maioria das vezes, a estes elementos de ordem subjetiva virá se sobrepor a consciência das vantagens objetivas, de ordem funcional, que o grupo dominante sabe poder tirar, em termos de divisão do trabalho e de trocas, por exemplo, da presença, ao seu lado, de um povo de ilotas inteiramente à sua mercê – desde que (como para qualquer outro bem patrimonial) ele seja utilizado com um mínimo de prudência: como se diz, à maneira de um "bom pai de família"[13].

Sobre tais bases, o *status quo* de desigualdade pode até adquirir uma espécie de legitimidade, não só do ponto de vista do grupo que o impõe, mas também aos olhos dos próprios indivíduos que são submetidos a ele, as vítimas se transformando, quer queiram quer não, em quase-cúmplices. E, em última instância, na ausência de tudo isso, talvez o grupo dominante ainda saiba reconhecer, até nos mais irrecuperáveis de seus párias, pelo menos as marcas de sua irredutível pertença ao gênero humano! Em contrapartida, basta que este último vínculo também desapareça das memórias, e terá passado o tempo de se perguntar se o *modus vivendi* de estatuto e de encantos tão ambíguos que dele dependia, já não anunciava, na realidade, e desde o início, o dia de horror em que o mais forte, decididamente cansado de ter que se reconhecer na imagem detestada do mais fraco, seria inelutavelmente levado a desencadear sobre ele sua fúria destrutiva.

Talvez seja útil precisar aqui que o fato de descrever, como fazemos, em termos positivos (no sentido metodológico do termo) a lógica subjacente aos regimes do tipo segregativo não equivale, de modo algum, a "aceitar" as práticas, espontâneas ou institucionalizadas, que representam suas traduções sociais concretas. Quer nos

13. Desse ponto de vista, se fosse preciso incluir nessa construção também o discurso e as práticas do "machismo" enquanto modo particular de tematizar a diferença sexual, é certamente aqui que eles teriam menos dificuldade de encontrar seu espaço, ainda que, evidentemente, a questão não se coloque, na base, nos mesmos termos que os problemas ligados aos tipos de clivagens socioculturais que nos interessam especificamente (cf. sobre esse assunto, G. Simmel, "Ce qui est relatif et ce qui est absolu dans le problème des sexes", em *Philosophie de la modernité*, ob. cit., pp. 69-112; S. de Beauvoir, *Le deuxième sexe*, Paris, Gallimard, 1949, reed. "Folio", 1976, Introdução, pp. 11-32).

20 PRESENÇAS DO OUTRO

coloquemos no plano político ou no plano moral, é evidente que são por natureza inaceitáveis não só toda e qualquer colocação em gueto (no sentido estrito do termo, isto é, em particular, sem falar do *campo,* que, como se terá compreendido, pertence a uma outra categoria, a da exclusão), mas mesmo as pequenas colocações cotidianas em quarentena, pelas quais um grupo social determinado marginaliza e, se for o caso, persegue um outro, a pretexto, por exemplo, de "inadaptação" ao modo de vida ambiente, de "desvio" (sobretudo no plano dos comportamentos sexuais) ou de "periculosidade" avaliada em termos de segurança e de polícia ou, como é de novo o caso hoje, de higiene e de saúde públicas (do fumo à Aids, o regime segregativo traduzindo-se nesse caso sob a forma benigna e discreta do cordão sanitário e do preservativo onipresente). Porém, por si sós, nem a indignação nem a revolta contra tais discriminações substitui a análise, e não poderiam, portanto, bastar.

1.4.2. *Terem sido Separados*

Poderia ser, todavia, que, ao termo desse percurso, se deixasse entrever algo como uma reconciliação entre o *possível* (logicamente dedutível de uma axiomática, como aquela que nos guia desde o início) e o *aceitável* (definido a partir de uma ética das relações entre os sujeitos). De fato, quanto mais ia se impondo a distância crítica em relação às três configurações anteriormente analisadas, tanto maior a tentação de aderir finalmente sem restrição àquela cujo exame vai, agora, permitir-nos ao mesmo tempo esgotar as últimas virtualidades do nosso modelo e talvez, no final das contas, ir ao encontro da grande questão na ordem do dia: como pensar hoje uma identidade (européia, por exemplo) comum? Como fazê-la viver amanhã?

A esse possível de um quarto tipo (na ordem de nosso cálculo semiológico) já atribuímos um nome – *admissão* –, mas nenhum conteúdo ainda. Portanto, resta defini-lo: para fazê-lo, no estágio em que estamos, basta quase operar por dedução a partir do que antecede. Assim, tal como a segregação, ao mesmo tempo que dependia da não-conjunção, supunha, entretanto, a reminiscência de uma "mesmidade" (de ordem conjuntiva) apta, no contexto então considerado, a pôr um freio em fortes tendências (de ordem disjuntiva) à "exclusão", a admissão, por sua vez, enquanto forma geral, dependerá da *não-disjunção* e só poderá ser viável como regime de relações intersubjetivas entre indivíduos ou entre comunidades com base na reminiscência contrária: aquela de *haverem sido separados*, de terem sido – ou pelo menos de acreditarem, com ou sem razão, que o foram – capazes de viver "cada um por si", como "estrangeiros" uns aos outros, única garantia capaz de contrabalançar, desta vez, a tendência à redução pura e simples dos "outros" aos "uns"; em outras palavras, a sua "assimila-

BUSCAS DE IDENTIDADE, CRISES DE ALTERIDADE 21

ção" recíproca[14]. Enquanto a fórmula anterior se apresentava como um meio de evitar o pior, na medida em que, por mais duramente segregativa que fosse na prática, comportava, apesar de tudo, um princípio de resistência opondo-se à dominação completa das pulsões sociais centrífugas, a que abordamos agora pode conduzir, se não ao melhor dos mundos, pelo menos a uma certa forma de coexistência mais feliz, na medida em que, ao favorecer por princípio a aproximação entre identidades distintas, isto é, orientando-se globalmente no sentido de um movimento centrípeto, ela também contém o princípio contrário, aquele de uma resistência aos efeitos derradeiros desse movimento – à laminagem das diferenças, à redução do múltiplo e do diverso ao uno e ao uniforme.

Claude Lévi-Strauss é quem nos lembra: "Cada cultura se desenvolve graças a seus intercâmbios com outras culturas. Mas é preciso que cada uma delas oponha alguma resistência a isso". Porque, se "é a diferença das culturas que torna seu encontro fecundo [...] esse jogo comum provoca sua progressiva uniformização"[15]. Aqui, de novo, como se vê, encontramo-nos em presença de um equilíbrio instável, e ainda mais porque as forças antagônicas das quais este equilíbrio é a resultante não são ambas da mesma natureza: face a um processo que tende a impor seus efeitos sobre o modo da *necessidade* – pois, quer queira, quer não, a multiplicação dos intercâmbios por si só, por mais desejável que seja, "*provoca*", escreve o nosso autor, a uniformização –, "*é preciso*", se quiser limitar os efeitos desse processo, uma *vontade* que, por definição, não proverá mais da "força das coisas", mas deverá emanar de alguma instância que exerça a função de sujeito: cabe a cada uma das culturas postas em contato (e, ao mesmo tempo, resguardadas as proporções, em perigo) saber, e, antes de tudo, querer "resistir".

Estando entendido que esta exigência visa ao conjunto dos parceiros que entram assim em relação e que ela impõe a todos uma espécie de dever de vigilância, em cuja falta cada um deles perderia pouco a pouco o que constitui sua especificidade e, provavelmente, sua própria qualidade de sujeito, resta saber mais precisamente de onde, para cada um deles em particular, se espera o perigo principal: resistir, mas a quê, ou a quem, exatamente, e de que maneira? Ora, nesse tipo de situação que nos interessou mais especialmente até aqui, onde o encontro assume a forma de um confronto cotidiano – corpo-a-corpo –

14. Ressaltemos, a este propósito, que o "quadrado semiótico" introduzido acima (p. 15, n. 9) não é uma grade paradigmática congelada. Seu principal interesse é, ao contrário, indicar, entre posições definidas que servem de pontos de referência, a presença de zonas de tensão e de vias de passagem que induzem a transformações possíveis, necessárias ou prováveis; em outras palavras, esse modelo dá uma representação esquemática de uma sintagmática e de uma "dinâmica" da mudança.

15. Cf. Lévi-Strauss, *De près et de loin*, Paris, Seuil, 1990, respectivamente, pp. 207 e 206.

entre, de um lado, os membros de um grupo majoritário que ocupa por definição (mesmo que a contragosto) a posição do hospedeiro, e, do outro lado, uma população heteróclita, fragmentada num número indefinido de grupos minoritários, ou então de indivíduos esparsos, vindos de outros lugares e considerados demandantes, é claro que a dissimetria das posições e dos papéis que implica por si só tal estrutura torna completamente desiguais as respectivas chances de sobrevivência das especificidades culturais próprias a cada uma das identidades coletivas opostas.

Para os grupos minoritários "acolhidos", o perigo é evidente: será aquele, talvez ainda evitável, da expulsão, ou aquele outro, muito mais difícil de contornar (porque inerente à própria dissimetria dos dados do confronto), de uma absorção efetiva pela massa, de um paulatino desaparecimento pelo apagar das diferenças. Evolução quase inelutável porque, para muitos membros dos grupos abrangidos, o consentimento, mais ou menos forçado, em uma verdadeira mudança de identidade cultural parecerá provavelmente representar a melhor chance, talvez mesmo o único meio de garantir, pelo menos a título pessoal, sua sobrevivência no ambiente que o acolheu. Se a expressão – hoje meio desgastada – "crise de identidade" ainda pode ser aplicada adequadamente a alguma coisa, é a este caso.

Porém, sem dúvida acrescentariam alguns, no final das contas, o mesmo problema de ordem existencial se coloca, e algumas vezes de maneira quase dramática, para o outro parceiro da relação também, isto é, para os membros do grupo majoritário em cujo lar "o Outro" vem se instalar. De fato, de acordo com um ponto de vista bastante difundido, mas que não deverá nos deter por mais de um instante, nosso objetivo sendo agora precisamente ultrapassá-lo, a parte mais lesada não é aquela cujo partido as boas almas tomam por princípio... Daí o insistente retorno das reações de defesa já repertoriadas, umas reconhecíveis como a expressão direta do medo da miscigenação (qualquer que seja o plano no qual se produz), pois, explicar-se-á, não pode em grau algum o corpo social se deixar desnaturar ou contaminar – o que motiva naturalmente o sonho de exclusão; as outras menos brutais, porque mais bem racionalizadas, que equivalem em definitivo a confiar nas capacidades de assimilação que o corpo social demonstrou ao longo da história, sem que isso diminua em nada a necessidade, hoje, de uma política de salvaguarda na matéria, consideradas a intensificação e a diversificação dos fluxos migratórios...

1.4.3. Reunir-se: Reminiscência e Resistência

Agora, adivinha-se, nem uma nem outra dessas opções – nem esse excesso de temor nem esse arsenal de precauções face a um Não-si colocado como uma ameaça – poderia satisfazer os defensores da "admissão", se se aceitasse designar deste modo a atitude daqueles que, partindo ao contrário do postulado de que a relação entre o Nós e o Outro não é e nem pode ser pura exterioridade, consideram de pronto a alteridade do Outro como um dos elementos *constitutivos* da identidade do Nós – de um Nós considerado, por sua vez, como um sujeito coletivo indefinidamente *em construção*. Mas, neste caso, o que é exatamente "admitir"?

Evidentemente, semelhante atitude implica primeiro um gesto de abertura, de aceitação, de curiosidade, talvez de "amor" pela diferença que faz com que o Outro, justamente, seja outro. Geralmente objeto de desconfiança, se não de repulsa, o Outro se torna, aqui, pela primeira vez desde o início de nosso trajeto, um pólo de atração para o qual nos voltamos em razão de sua própria alteridade. Entretanto, como muitos outros fenômenos de atração, um movimento desses comporta em germe seu próprio fim. Com efeito, de tanto os parceiros se aproximarem, empurrados para isso por sua "simpatia" recíproca, de se conhecerem melhor e de melhor se entenderem, de tanto descobrirem que o que os diferencia e, à primeira vista, os opõe, os torna ao mesmo tempo complementares e lhes abre novas possibilidades de ação, chegará quase inevitavelmente um momento em que eles, primeiro distintos e separados, mas que entram desse modo em relação e logo em contato, aspirarão fundir-se e tenderão a confundir-se numa nova totalidade. O fato de esse momento ser, num certo sentido (já que há atração mútua), a própria meta da relação – daí seu lado eufórico –, não evita que ele ponha praticamente – e este será o lado disfórico – termo a isso. A prova disso é que se, por uma ou outra razão, as unidades que se consideraram num determinado momento unidas e, por assim dizer, indistintas, se desunem, nunca mais serão, em seguida, completamente as mesmas relações que "antes" que as reunirão, se for o caso de, mais uma vez, elas se encontrarem. Embora a história permita às vezes tais reencontros, nem por isso ela se repete.

Compreender-se-á nessas condições que, quando as unidades em questão têm o estatuto de sujeitos autônomos, e se apegam a sua respectiva identidade tendo-se mutuamente em estima pelo que são, elas possam ter preocupação, e, às vezes, interesse em retardar o momento dessa pequena ou grande catástrofe (no sentido matemático do termo) que constituiria sua fusão. Pois bem, para isso, não bastará que os parceiros saibam resistir mutuamente um *ao outro,* nem que fosse somente para deliberadamente manter sua "reserva de si". Na verdade, é também, é sobretudo frente a *si mesmo* que será preciso que cada um deles tenha a força de "manter-se". Porque, se se trata de fazer viver, entre Si e o Outro, uma relação efetiva de Sujeito a Sujeito, será preciso, de ambas as partes, não ceder nem ao desejo de um total abandono de si mesmo perante o Outro – o que equivaleria a renunciar à própria identidade, com o risco de logo ser para o outro apenas um objeto –,

24 PRESENÇAS DO OUTRO

nem ao desejo de uma posse total do Outro, que do mesmo modo só poderia chegar a coisificá-lo, despojando-o daquilo que o faz verdadeiramente outro – ao mesmo tempo *autônomo* e *diferente* –, isto é, precisamente, daquilo que o torna "atraente".

Afinal, o que o equilíbrio frágil dessa configuração impede de tolerar, psicológica e moralmente, é o desleixo, o *laisser-aller*. Mas o que é, no fundo, ser desleixado senão *esquecer*? Esquecer a si mesmo enquanto Sujeito; esquecer que o Outro compartilha a mesma qualidade; esquecer que se é *dois*[16]. Daí a maneira pela qual "resistência" e "reminiscência" chegam aqui a conjugar-se, a primeira pressupondo a segunda como sua condição de possibilidade e sua mais segura mola: "manter-se" em relação ao Outro, como "manter-se" perante si mesmo, será *lembrar-se* que de uma parte e de outra se foi, que ainda se é, e que não se pode deixar de ser *Sujeitos,* irredutivelmente distintos e autônomos, por mais potente que seja o movimento que impele no sentido da suspensão de todas as reservas, da abolição de todas as fronteiras que ainda separam as identidades[17]. No plano dos comportamentos explícitos, as marcas dadas, por meio de cada um dos parceiros, de seu "respeito" tanto em relação a si mesmo quanto em relação ao Outro são, nesse contexto, uma maneira de reafirmar, se necessário, a adesão comum ao princípio da não-confusão das identidades, ao mesmo tempo como condição e como finalidade do contrato de "admissão". Nessa base, as dissimetrias estruturais de que falávamos há pouco certamente não desaparecem – milagres não existem! O que desaparece, em compensação, é a aparente fatalidade de seus efeitos de sentido. Num mundo de Sujeitos, todo mundo, por definição, é *Sujeito* do mesmo jeito e no mesmo grau, qualquer que seja a natureza das diferenças que singularizam uns com relação aos outros.

Embora admitindo que tal esboço de sintaxe possa, por certos aspectos, parecer remeter mais ao universo interpessoal de *Nous deux,* publicação mensal sobre relações amorosas conhecida por seu idealismo, que a uma visão um pouco realista das relações entre sujeitos coletivos, acreditamos que ele seja, contudo, *mutatis mutandis*, suscetível de trazer um esclarecimento útil numa problemática das relações – passionais, também, em grande parte – que se tramam no confronto entre "culturas" ou, mais concretamente, entre grupos sociais que diferem pela língua ou por crenças, costumes ou simplesmente gostos, ou

16. "O sonho do amante", escreve Sartre, "é exatamente identificar-se com o objeto amado conservando ao mesmo tempo sua identidade: que o outro seja eu, sem deixar de ser outro" (*L'être et le néant,* Paris, Gallimard, 1943, p. 640). Nesse caso, não seria a admissão, portanto, senão um sonho – "um sonho de assimilação não destrutiva" (*idem*, p. 639)?

17. Cf. R. Musil: "A lembrança de que eles eram dois caía como um grão de incenso no doce fogo do amor e nele se dissolvia: aqueles instantes em que eles não eram um talvez fossem os mais belos" (*L'Homme sans qualités,* III, 35, "Le voyage au paradis").

tudo isso junto. Também nesse tipo de questão, o melhor é, muitas vezes, como se diz, o inimigo do bem: nesse caso, as relações "melhores" – as mais adequadas a promover de uma parte e de outra a liberdade, a paz e o desenvolvimento – não são necessariamente as mais estreitas. Ao contrário, há boas razões para achar que também entre as culturas, a *não-disjunção* (base do regime de admissão) talvez seja, afinal, preferível à conjunção (e, portanto, à assimilação recíproca); ou, o que é equivalente, que o próprio *processo* de sua aproximação tem chances de ser, para elas, mais gratificante, em muitos planos, que o estado fusional que poderia ser seu remate; ou ainda – em termos políticos, já que a discussão está atualmente na ordem do dia nesse continente – que entre as nações nas quais se encarna a singularidade das ditas culturas, a *confederação* vale mais que a (com)fusão (ou "federação").

1.5. IDENTIDADE E MUDANÇA

Se procurarmos ter uma visão global do caminho percorrido, a primeira constatação que se impõe é que o conceito de identidade que nos serviu de ponto de partida não é mais inteiramente o mesmo na chegada. Há, efetivamente, pelo menos duas maneiras possíveis de conceber o que é ser "si mesmo".

De acordo com a concepção à qual nos referimos ao começar, e com a qual era possível contentar-se enquanto se tratava de descrever as práticas de assimilação ou de exclusão, um sujeito não pode, no fundo, apreender-se a si mesmo enquanto "Eu", ou "Nós", a não ser negativamente, por oposição a um "outro", que ele tem que construir como figura antitética a fim de poder colocar-se a si mesmo como seu contrário: "O que eu sou é o que você não é". E, claro, nesse caso o sujeito que diz Eu, ou o que diz Nós, é um sujeito que "sabe" ou que, pelo menos, *crê saber* o que vem a ser o Outro. Ele não precisa, no mais, estar muito informado sobre isso nem ir procurar bem longe: para fundamentar sua própria certeza de ser Si, a única coisa que lhe importa, a única "verdade" da qual precisa se assegurar é que o Outro é "outro", e que o é categoricamente: natureza *versus* cultura, bestialidade *versus* humanidade, Eles *versus* Nós, todos esses pares de contrários se equivalem, para falar da mesma relação de exclusão mútua. Daí, no plano das estratégias discursivas características desse tipo de configuração, o privilégio concedido – não somos os primeiros a ressaltar isso – ao uso do estereótipo, não como descrição do Outro, mas como meio expeditivo de reafirmar uma diferença[18].

---

18. Cf. D. Cefaï, "Petite phénoménologie du lieu commun", em E. Landowski e A. Semprini (eds.), *Le lieu commun, Protée* (Universidade de Quebec), 27, 1994, pp. 35-39.

É de acordo com este esquema simplista que procedia o Sr. Todo Mundo (ou a Senhora, *political correctness oblige*) para colocar diante de si mesmo a figura caricatural do "estrangeiro", espécie de espantalho feito com materiais pegos ao acaso, reunião barroca de antivalores, como se se tratasse simplesmente de atemorizar-se a si mesmo. Restaria evidentemente entender melhor o que torna possível, talvez mesmo necessária, a construção de simulacros que apresentam um caráter tão grosseiramente exagerado. A explicação não seria que, construindo daquela maneira a própria imagem em negativo, o grupo social se fornece pura e simplesmente um meio cômodo de resolver o problema de sua *própria* identidade *antes mesmo* de o ter colocado? Postular categoricamente a finitude do Outro, pretender saber o que ele é em sua "essência" e, para caracterizá-lo, contentar-se com a justaposição de uma série de clichês que fazem sobressair seus "vícios" ou suas "más-formações", tudo isso provavelmente só faz sentido para quem se satisfaz com uma visão simplista da própria identidade. Em outras palavras, para assumir uma representação de outrem tão desprovida de consistência, é preciso que o Nós que se compraz em reconhecer aí seu próprio reflexo invertido não seja ele mesmo, a seus próprios olhos, senão uma espécie de fantoche mal articulado, modelo de todas as virtudes, é claro, mas não menos privado de carne e de vida real. Isso é pouco, mas, no caso, que mais pedir? Se ser si mesmo não significa nada além de gozar da satisfação de ser "Si e não o Outro", então tanto faz, efetivamente, aumentar o contraste, com o risco de comparar, de ambas as partes, apenas identidades sem espessura, imagens pré-fabricadas, congeladas para sempre em sua radical diferença.

Entretanto, por outro lado, ser si mesmo não é apenas ser, ou afirmar-se "outro que não o Outro". É, ao mesmo tempo, um pouco mais que isso. No mínimo, é também, simplesmente, "existir" (mais que não ser), é ser "alguém" ou "algo" (mais que nada) ou, em todo caso, ter a sensação de sê-lo. É "viver" dando, se possível, um sentido ao que se faz com sua própria vida ou, senão, tentando entender o que a própria vida faz de nós. É tentar captar o mínimo de coerência que dá sentido e unidade ao devir que faz com que cada um seja, individual ou coletivamente, o que é. Por mais frágil e vaga que seja essa intuição, ela fundamenta para o sujeito a possibilidade de um outro modo de construção de sua identidade, e, por isso mesmo, abre caminho, tanto no plano cognitivo quanto no plano prático, para outros tipos de atitudes e de relações perante outrem. Seu poder libertador se deve ao fato de ela fornecer um ponto de apoio a partir do qual cada um, se quiser, pode tentar pensar e gerir sua própria identidade enquanto *positividade*, ou, em outras palavras, sem ter mais que, para fundamentá-la, passar necessariamente pela negação do Outro. Então, e somente então, a partir desse ponto de ruptura (de ordem "epistemológica", como deve ser),

BUSCAS DE IDENTIDADE, CRISES DE ALTERIDADE 27

desaparecem os sintomas da crise de alteridade e começam de fato a colocar-se os problemas de uma autêntica *busca de identidade:* "Eu sou o que você não é, sem dúvida, mas não sou somente isso; sou também *algo* mais, que me é próprio – ou que talvez nos seja comum". "Algo", mas o quê? É, em definitivo, para essa pergunta que o grupo social buscava uma resposta ao atualizar as duas configurações examinadas em último lugar, "admissão" e "segregação".

Acabam então as certezas de um Nós pleno, imóvel, transparente e satisfeito consigo mesmo e começa, em compensação, o questionamento de um Nós inquieto, em construção, em busca de si mesmo em sua relação com o Outro. Em vez de se acharem determinadas por antecipação, as relações intersubjetivas terão, a partir desse momento, de ser constantemente redefinidas na própria medida em que o estatuto dos sujeitos estará como perpetuamente em devir. É preciso lembrar que a segregação *tendia* à exclusão, mas não se resolvia nela; do mesmo modo, a admissão *tendia* à assimilação, ao mesmo tempo que resistia a ela. A presença ou a ausência desse tipo de tensões é que constitui o ponto de cisão decisivo. Por conseguinte, aqui, das duas uma: ou o grupo de referência se considera a si próprio como uma totalidade já constituída cujo único fim é perseverar tal qual no seu ser, e ele se esforçará, nesse caso, em neutralizar, por uma série de *transformações estacionárias,* as pressões externas ou mesmo internas, que poderiam ter por efeito alterar o que ele pensa ser por essência[19]. Ou, ao contrário, o grupo admite que sua identidade só se constrói graças a uma série aberta de *transformações dinâmicas* que, mudando-o, tornam por si só possível o estabelecimento, sempre provisório, de uma relação justa com o Outro. Seja que ele tenha que reconhecer, presente no fundo de si mesmo, uma parcela de Alteridade, seja que ele descubra que, em parte, sua própria identidade lhe vem do Outro, o sujeito, em semelhante caso, nunca *é* ele mesmo, mas *torna-se* ele – desde que aceite mudar.

É a essa permeabilidade e a essas mediações entre os contrários que se deve a precariedade dos dois regimes de relações sobre os quais insistimos mais – o que poderíamos chamar de sua *irresolução,* por oposição às soluções categóricas que consistem seja em assimilar, seja em excluir. E é também, como acrescentaríamos, o que faz sua riqueza comum, não fosse o fato de que se um desses regimes, ativando as relações entre sujeitos, abre a todo instante novos possíveis, o outro,

19. Claro, pelo simples fato de integrar (assimilação) ou de repelir (exclusão) elementos, o grupo, num certo sentido, se *transforma* a si mesmo; ele faz variar, quantitativamente, sua própria massa; mas qualitativamente – e está aí, por hipótese, o essencial –, se os processos de assimilação ou de exclusão se desenvolverem em boa e devida forma, ele não terá mudado. Perder (ou ganhar) um pouco de peso não é criar para si uma outra identidade.

28 PRESENÇAS DO OUTRO

congelando segregativamente as posições, fecha, ao contrário, pouco a pouco, quase todas as saídas. As identidades em relação acham-se transformadas nos dois casos, mas em duas direções contrárias: ou mutuamente empobrecidas por seu retalhamento, ou mutuamente enriquecidas pela própria busca da "boa distância" (a expressão é ainda de Claude Lévi-Strauss) entre parceiros que se admitem um ao outro como diferentes e autônomos.

Se quiséssemos agora reformular o que antecede em termos um pouco mais teóricos, emprestados da semiótica do discurso e da ação, seria possível mostrar que o que diferencia entre si as estratégias identitárias passadas em revista remete essencialmente a uma série de variações relativas ao que se chama, em lingüística e em semiótica, a categoria do *aspecto*, isto é, à maneira pela qual o discurso põe em perspectiva seu objeto, ao mesmo tempo no eixo do tempo e em seu ambiente espacial. Num primeiro estágio, só encontramos discursos que, empenhando-se em definir de maneira essencialista – e por isso mesmo, acrônica – as figuras respectivas do Mesmo e do Outro, não pareciam poder produzir identidade a não ser esforçando-se por neutralizar a temporalidade. Em contrapartida, os mesmos discursos superarticulavam a dimensão espacial estabelecendo, entre o Nós e seu Outro, fronteiras suficientemente estanques para impedir – em princípio – toda "contaminação", se não mesmo toda comunicação. "Cada um em sua casa": calcar estritamente a delimitação dos territórios nas diferenciações preestabelecidas entre identidades não seria o melhor meio de evitar "histórias" com os vizinhos? E também de escapar à própria História, uma história que, naquele universo de pensamento, só podia ser encarada num modo catastrofista (no sentido usual do termo, desta vez), como a brusca passagem de um determinado estado – hoje, estar si mesmo "em sua casa" – a seu contrário: amanhã, achar-se "invadido", e logo, desnaturado.

É completamente diferente a visão "aspectualizada" que nos reteve em seguida e mais longamente. A convocação de essências de caráter acrônico cedeu lugar ao surgimento de existências menos factícias, a uma vivência cuja significação só se deixava entrever na perspectiva de um tempo não mais parado, mas que dura. Ora se acelerando, ora diminuindo a marcha, o tempo então assumiu a forma de um escoamento ritmado por variações incessantes, orientadas para direções contraditórias que afetam a distância entre os sujeitos (as tendências centrífugas vindo contrabalançar as pulsões centrípetas, ou inversamente). Ora era um *ser conjunto* que se estraçalhava (aspecto "terminativo"), e o sujeito ou o grupo de referência perdia aí um pouco de sua substância, separando-se de uma parte de si mesmo: figuras da segregação. Ora, ao contrário, era uma *colocação em comum* com o Outro que se esboçava (aspecto "incoativo"), e a identidade do Nós de referência se achava como que redefinida em expansão: figuras da admissão. Claro, para que tais variações, nas quais o quantitativo se acha modulado pelo qualitativo, sejam registráveis, é preciso, primeiro, que os sujeitos que elas afetam sejam eles mesmos (quer se trate de indivíduos ou de grupos) perceptíveis enquanto *unidades discretas,* suficientemente diferenciadas umas das outras para serem logicamente "identificáveis". Porém essas unidades são, ao mesmo tempo, de um outro ponto de vista, *massas compactas* cujo peso qualitativo se modifica a todo instante em função das variações que o tempo da relação que as une impõe à distância que as separa. Vista sob este ângulo, a problemática da identidade não se origina somente de uma lógica da diferença e do descontínuo; ela pede, sobretudo, o desenvolvimento de uma semiótica do contínuo, do "devir" ou, como se diz às vezes hoje, da *instabilidade.*

2. Formas da Alteridade e Estilos de Vida

A Lua é um mundo como este, a quem o nosso serve de Lua.

Cyrano de Bergerac, *L'autre Monde, Histoire Comique des États et Empires de la Lune.*

2.1. ESCOLHAS ESTRATÉGICAS

Sendo das mais variadas as estratégias às quais um sujeito, individual ou coletivo, pode recorrer para configurar e gerar sua própria "identidade" ante a figura complementar que ele se dá como representação do "Outro", acabamos de destacar um pequeno número de princípios de organização elementares relativos à construção da relação Nós/Eles, visando dar conta, teoricamente, de sua diversidade. O próprio fato de falar, a este propósito, de *estratégias,* indica em que plano nos situamos: não naquele de um questionamento de ordem filosófica que concerniria ao estatuto do Sujeito enquanto entidade definível de maneira geral e abstrata, mas no de uma problemática das relações intersubjetivas vivenciadas, tais como se manifestam em um conjunto de discursos e de práticas empiricamente observáveis. Ora, não é necessário estar particularmente desiludido para saber que tudo muda quando se passa de um ao outro desses planos. No primeiro, tratando-se de filosofia política, o Si e seu Outro não poderiam ser considerados de outro modo senão como duas unidades que se defrontam numa relação de simetria e de igualdade perfeitas: em direito, todo indivíduo é Sujeito inteiro, igual ao outro, seu semelhante, qualquer que seja ele. A coisa é muito diferente no segundo plano, o das práticas sociais, quando se encaram as relações entre sujeitos *em situação.*

Nesse plano, as definições apriorísticas de ordem transcendental não bastam mais: superpõe-se a elas ou as substitui a referência a de-

32   PRESENÇAS DO OUTRO

terminações que têm por efeito introduzir entre os sujeitos, transformados em atores sociais, toda espécie de disparidades que se podem descrever em termos de estatutos, papéis e posições relativas, que interdefinem os indivíduos ou os grupos e os diferenciam uns dos outros. Porque, mesmo que todo mundo seja em princípio "sujeito" do mesmo modo, cada um se apresenta na realidade, tanto para outrem como para si mesmo, como pertencente a "sua" categoria sócio-profissional, a "seu" meio étnico ou cultural, a "seu" grupo lingüístico ou confessional – e, é claro, além do mais, a sua faixa etária, a sua geração, a seu sexo, e assim por diante –, de modo que, em definitivo, na medida em que esses diferentes critérios de referência tendem a superpor-se uns aos outros e, na maioria das vezes, a reforçar mutuamente seus efeitos, alguns membros da comunidade chegam muito naturalmente a passar por "um pouco mais" sujeito que outros – como se, ao cumularem as marcas sociais convencionalmente consideradas mais positivas, eles encarnassem por si sós o tipo mais acabado do grupo considerado, ao passo que os outros não passariam de imagens falhas, ou mesmo em negativo, desse grupo.

É óbvio que constatar esse gênero de dissimetria não poderia ser social, política e eticamente totalmente inocente, e, epistemologicamente falando, tampouco pode se dar sem nenhum problema. Fica claro, com efeito, que se os critérios em questão, ou pelo menos as classificações que deles resultam, parecem aceitáveis aos olhos daqueles que a eles recorrem, isso não resulta de uma necessidade qualquer de caráter objetivo, mas somente da força do uso, que "naturaliza" os recortes assim obtidos, e as significações que lhes são associadas. Contudo, é no apoio de preconceitos dessa natureza, que têm por efeito valorizar sistematicamente a posse de certos atributos sociais, herdados ou adquiridos, que se baseia mais comumente a consciência e, mais ainda, o orgulho identitário dos grupos que, no âmbito de uma determinada sociedade, consideram-se como os que constituem o "Nós" de referência. Nesta qualidade, seriam eles os únicos detentores do direito de serem plenamente eles mesmos, por oposição aos indivíduos ou às comunidades particulares que suas diferenças assinalam (com graus de estranheza infinitamente variáveis) como tantos avatares previsíveis do "Outro", do anti-social ao caipira, do transviado ao marginal, do gringo ao puro e simples estrangeiro, ou ainda, em outros planos – e o vocabulário na matéria sendo o que é – do "deficiente" ao "bicha".

2.1.1. *Do Um ao Outro, e Volta*

A questão, colocada sem dúvida de modo meio ingênuo, é então saber como, em contrapartida, aqueles que se encontram categorizados como tais constroem, por sua vez, a própria identidade. Em que medi-

FORMAS DA ALTERIDADE E ESTILOS DE VIDA

da, de que modo, o sistema de estereótipos identitários fixado pelo grupo "de referência" (ou aquele que se considera como tal) deverá servir, também, de referência a eles, que esse "Um" designa como seu "Outro"? Por um lado, entendemos que um grupo social que goze localmente de uma posição econômica, cultural ou política dominante, e que tenha uma espécie de auto-imagem idealizada, tenda a definir negativamente a alteridade daqueles que ele não reconhece como sendo seus, e isso na proporção daquilo que constitui, de seu ponto de vista, seu grau de não-conformidade em relação à normalidade que ele crê encarnar. Mas se invertermos a perspectiva, por que aqueles que são rotulados, e ao mesmo tempo rejeitados dessa maneira interiorizariam precisamente a mesma norma? É preciso que eles se considerem o negativo do grupo que os discrimina?

A hipótese que vai nos guiar é que, qualquer que seja a perspectiva que se adote, a do grupo que se coloca e se comporta como ocupante natural e legítimo – por assim dizer, como proprietário – do espaço social considerado, ou aquela dos "outros" cuja imagem ele projeta à sua volta, nenhuma das posições de que falamos nunca é, para nenhuma das partes implicadas, inteiramente dada por antecipação nem, *a fortiori*, fixada de maneira imutável. Na verdade, nada de radicalmente necessário as fundamenta. É claro que, sociologicamente falando, a coexistência entre pessoas ou coletividades se insere no âmbito de situações de fato que têm toda a aparência de estados de coisas baseados na natureza ou herdados da história e, por conseguinte, de realidades "incontornáveis". Assim, sem que praticamente eu possa fazer nada contra isso, minha língua, meu sotaque, minha nacionalidade, minha educação, minhas "idéias", eventualmente minha religião – ou pior, meu ateísmo – e, em geral, todos os meus modos de ser, adquiridos em contato com o meio em que vivo, fazem por si sós de mim o que eu *pareço*, isto é, pelo menos para os outros, o que eu *sou*: aqui, alguém "como todo mundo" ou quase, e, noutro lugar, se estou viajando, um "parisiense" reconhecível ao primeiro olhar, ou então, indo mais longe, o retrato ambulante de um daqueles estranhos "franceses" que parecem caricaturas de seu país, ou ainda, simplesmente, um "branco", como mil outros, se vou mais longe. É impossível escapar a esses rótulos; e, no entanto, eles só correspondem a *uma* maneira possível – a mais amplamente difundida, talvez, e, contudo, toda contingente – de *construir* o simulacro do outro (e, se for o caso, aquele no qual reconhecer-se a si mesmo, se não houver outro jeito).

Com efeito, a extrema abrangência social dessas categorizações não suprime o fato de que elas só existem enquanto tais como produtos de uma "semiotização", pela "cultura", de certas diferenças selecionadas de modo relativamente arbitrário entre a infinidade daquelas que podemos considerar seja como originárias social ou historicamente da "natureza das coisas", seja como ditadas pela própria "natureza". Somente na base desse postulado muito geral, ditado por uma epistemologia da significação, é que podemos, a nosso ver, empreender a construção de uma problemática de caráter operatório que abranja as relações e as estratégias identitárias entre indivíduos ou entre grupos sociais. Num determinado contexto espaço-temporal, do mesmo modo que um Nós de referência só pode constituir-se enquanto tal configurando de maneira específica a alteridade dos terceiros dos quais ele pretende se diferenciar, do mesmo modo o Outro – o estrangeiro, o excluído, o marginal –, sem que por isso seu caso se origine necessariamente da paranóia, só poderá (re)conhecer a si mesmo e assumir sua própria identidade (re)construindo por sua própria conta a figura do grupo que o exclui ou marginaliza, ou, se for o caso, perante o qual ele faz questão de marcar sua "diferença" e suas distâncias. Neste sentido, mesmo que a primeira dessas instâncias – aquela que "exclui" – sirva de referência quase inevitável para a segunda e tenda, por isso, a parecer como dada, sua primazia nada tem de absoluto: em todo rigor, "uma" nunca é senão a "outra do seu outro", isto é, também ela, uma figura *construída*.

2.1.2. O Partido do Possível

Para explorar essas figuras do Si e do Não-si e dar conta das estratégias das quais elas são, de uma parte e de outra, num tal jogo de espelhos (ou, mais tecnicamente, de pressuposições recíprocas), ao mesmo tempo a condição e o resultado, não deixa de ser necessário, heuristicamente, adotar um *ponto de vista,* aquele do "Um" para começar, e depois aquele do "Outro", ou o inverso, sabendo aliás que, chegado o momento, teremos que pô-los diretamente frente a frente, a fim de observar as compatibilidades e as incompatibilidades que regem suas relações.

Na medida em que a análise estrutural permite remontar aos princípios de construção das figuras e das práticas privilegiadas por cada uma das partes que se confrontam, deveria então ser possível analisar as modalidades precisas (da complementaridade à contradição) segundo as quais as estratégias identitárias dos grupos ou dos indivíduos implicados, respondendo-se umas às outras, geram caso a caso configurações intersubjetivas específicas: ali os choques mais violentos, acolá a mais estreita cooperação entre os "Uns" e os "Outros", passando por todos os graus e formas de amizade ou hostilidade imagináveis entre esses extremos. Explicitar o jogo dos elementos semióticos que determina, em sua "fatalidade" aparente, o nível de tensão e o teor, eufórico ou disfórico, de tais encontros – aqui sua serenidade real ou de superfície, ali seu trágico declarado ou latente –, este é nosso objetivo final.

Entretanto, por razões de ordem metodológica, mais que tentar adotar o ponto de vista metadiscursivo de um observador que, à

FORMAS DA ALTERIDADE E ESTILOS DE VIDA

maneira de um árbitro, pretenderia colocar-se numa posição perfeitamente neutra, como que acima do confronto, parece-nos preferível procurar apreender seus efeitos de sentido abraçando tão perto quanto possível o próprio ponto de vista das partes que aí se encontram envolvidas. Após haver destacado acima as articulações elementares que fundamentam a diversidade dos discursos e das práticas do "Sr. Todo Mundo" – encarnação do grupo de referência ora plácida, ora inquieta, e, muitas vezes, tanto num quanto noutro caso, inquietante –, procuraremos aqui, ao contrário, passar para o outro lado do espelho, isto é, adotar a perspectiva de *em frente*. Tratar-se-á, portanto, da perspectiva dos excluídos e marginais de toda espécie, uns infelizes, outros satisfeitos por sua diferença real ou suposta, e para quem a figura a construir como a do Outro (em frente ao qual colocar sua própria identidade) só pode se constituir como uma representação do grupo dominante no exterior do qual precisamente eles se sabem, se acreditam ou se sentem rejeitados, quer eles queiram ou não sê-lo.

Como no capítulo anterior, o objetivo será construir, a partir de um mínimo de traços e relações interdefinidos, um modelo – uma "gramática" – capaz de dar conta da maior diversidade possível de discursos e, sobretudo, de práticas identitárias. Porém, desta vez, por razões relativamente contingentes, deve ser feita uma nova escolha entre dois conjuntos de discursos e práticas que, ainda que em princípio pertinentes, ambos, para nosso propósito, abrem taticamente perspectivas de análise distintas, levando-se em conta o tipo de atores – coletivos ou individuais –, e correlativamente, de experiências humanas que eles implicam respectivamente. O primeiro desses conjuntos, que deixaremos na verdade de lado, pareceria, entretanto, impor-se a nós. Tratando-se de inventariar e de descrever a rede de alternativas que, no âmbito de uma relação por hipótese dissimétrica, se oferecem àquela das partes que o outro tende a isolar em virtude de sua pretensa singularidade, e que busca em contrapartida reverter de algum modo sua negatividade, colocada pelo outro, em positividade (pelo menos para si mesmo), poderíamos, com efeito, sem a menor dificuldade, encontrar um material cuja amplitude e riqueza são – ai de nós! – inesgotáveis nos discursos e práticas de muitas e muitas comunidades lingüísticas, confessionais, étnicas ou outras, diversamente perseguidas, ontem ou hoje, num ou noutro continente, por causa de não-conformidade. É esse tipo de material, sem dúvida, que *deveríamos* analisar. Porém, no estado atual, *podemos* fazê-lo, podemos ousar tomá-lo por "corpus"?

Nossa resposta, negativa, deve-se a que, por um lado, trata-se aí de testemunhos e, sobretudo, além disso, de experiências de caráter tão dramático que não se pode pensar em dissertar sobre elas de maneira leviana, e que inclusive a simples definição de uma abordagem metódica suficientemente desprendida em relação a elas, seria extremamente problemática e difícil de construir. Ora, por outro lado, nos-

36   PRESENÇAS DO OUTRO

sa meta, aqui, é – pois, ao que saibamos, isso ainda faz falta – propor um modelo conceitual que dê conta da multiplicidade dos *possíveis* em sua mais ampla extensão, independentemente das apreciações morais que eles demandam, e não dizer o desejável ou denunciar o inaceitável fazendo coro, não se sabe em nome de que autoridade, com os intérpretes midiáticos dos sonhos ou das indignações que estão no ar do tempo[1]. Esta é a razão pela qual parece-nos mais judicioso situar-nos, nem que seja provisoriamente (o tempo de instalar os elementos de uma problemática geral), num outro terreno, que, sem restringir o leque de posições e atitudes consideráveis em teoria, não seja "humanamente" – isto é, política e eticamente – sensível demais.

Os discursos e práticas da *mundanidade,* desde que se dê a este termo um sentido suficientemente amplo, parecem-nos oferecer, com relação a isso, um terreno de escolha. Dependendo gramaticalmente do mesmo tipo de modelos que aqueles aplicáveis às estratégias identitárias postas em prática entre grupos em luta para a definição de seus estatutos recíprocos, eles não põem diretamente em jogo nem a identidade nem a sobrevivência das *coletividades* humanas enquanto tais, mas se apresentam, antes, como a tradução de estratégias individuais, e definem, desse ponto de vista, o que podemos chamar de *estilos de vida.* No que se segue, é neste plano que nos situaremos, portanto, essencialmente. A análise metódica dos problemas suscitados pelo confronto entre o indivíduo, em sua irredutível singularidade, e o grupo que se impõe como seu meio de pertinência social "natural" (ou que as circunstâncias lhe impõem como seu meio de adoção) – aquele no cerne, à margem ou fora do qual a escolha de um estilo de vida determinado contribuirá para situá-lo – permite apreender em termos relativamente desdramatizados uma sintaxe homologável em seu princípio àquela que organiza a diversidade das estratégias pelas quais, num outro plano, as comunidades políticas, sociais, religiosas ou outras geram, umas em relação às outras, sua identidade cultural modulando a expressão das diferenças que se supõe individualizá-las, quer se trate, para elas, conforme os casos, de assumir ou de renegar essas diferenças, de mascará-las ou de exacerbá-las.

---

1. Gênero teórico bem francês, mas que não confundimos, é preciso ressaltar, com a análise metódica e crítica dos procedimentos concretos, sobretudo argumentativos, da discriminação. Cf., por exemplo, sobre este último ponto, Fr. Ost e M. van de Kerchove, *Bonnes mœurs, discours pénal et rationalité juridique,* Bruxelas, Publications des Facultés Universitaires Saint-Louis, 1981; P. Fabbri, "Il Magreb delle culture mediterranee", em O. Calabrese (ed.), *L'Italie aujourd'hui,* Paris, Casa Usher, 1985; J. L. Fiorin, *O Regime de 1964,* São Paulo, Atual Editora, 1988; Cl. Calame, "Pratiques discursives de l'asile en Suisse", *Revue Suisse de Sociologie,* 1, 1989; M.-Th. Fögen, "Inimicus humani generis", *Die Enteignung der Wahrsager,* Frankfurt, Suhrkamp, 1993; B. S. Jackson, "The construction of Jewish identity in the Israel Supreme Court", *International Journal for the Semiotics of Law,* VI, 17, 1993.

FORMAS DA ALTERIDADE E ESTILOS DE VIDA   37

2.2. PRINCÍPIOS DE UMA DINÂMICA IDENTITÁRIA

Um pouco como os planetas aos quais, em função de sua massa respectiva, o equilíbrio entre forças gravitacionais – umas centrífugas, outras centrípetas – impõe trajetórias precisas em sua rotação em torno do Sol, vamos ver gravitarem em torno de uma figura social que desempenha ao mesmo tempo o papel de pólo de atração e de repulsor, diferentes tipos de sujeitos cuja distância em relação a um ponto de referência comum se pode calcular caso a caso, e cujos percursos específicos parecem em grande parte previsíveis. Destacar a dinâmica que comanda esses percursos será, até certo ponto, cercar a própria identidade – o modo de ser – dos sujeitos em questão, aqui considerados como unidades por definição em movimento.

2.2.1. *Por uma Zoossociossemiótica*

A partir do momento em que decidimos privilegiar a esfera da mundanidade como terreno de observação inicial, o ponto de referência ao qual relacionar as unidades cuja mobilidade queremos apreciar se impõe por si mesmo: ele se identificará com a figura típica do "gentleman", ou, se preferirem, do perfeito *homem do mundo*.

Espécime humano que às vezes pode ser encontrado *in vivo*, embora pertença a uma daquelas espécies cujos efetivos se rarificam, ou simples *tipo ideal* se não encontra localmente um corpo onde se encarnar, o que chamamos aqui *l'homme "du monde"* é um indivíduo que se caracteriza essencialmente por seu senso de *adequação:* sabe oferecer a todo instante as marcas de uma perfeita adesão às normas do grupo ao qual pertence. Melhor: nesse quadro, ele manifesta um tal à-vontade que quase poderíamos nos perguntar se, mais do que curvar-se aos usos, não é ele, na realidade, que os inventa e que dá o tom fornecendo, por seus comportamentos, suas "boas maneiras", seu constante a-propósito no discurso e no porte, a ilustração em carne e osso (ou o *exemplum* imaginário) daquilo que os ideais, ou pelo menos os *standards* éticos e estéticos do grupo considerado são capazes de produzir de "melhor". Todavia, a forma de excelência que leva a reconhecer nele a capacidade de fazer exatamente, e melhor do que quem quer que seja, *o que se faz* em cada circunstância em seu meio não tem por resultado colocá-lo "acima" das pessoas do seu mundo. Em seu princípio, o que o faz sobressair no plano mundano não é da ordem da singularidade e da exceção individual; tem a ver, ao contrário, precisamente com o valor superlativamente exemplar de sua *normalidade*. Figura paradoxal, ele sabe melhor que ninguém ser, em seu mundo, como todo mundo, comportando-se não, com certeza, de maneira banal, mas pelo menos como todos, entre seus pares, deveriam, ou, melhor ainda, sonhariam saber comportar-

38 PRESENÇAS DO OUTRO

se[2]. Neste sentido, como um Sol no céu dos Estados e Impérios da Lua, se ele brilha, se ilumina os corpos que o rodeiam, contribuindo assim para determinar seus périplos, não é, em absoluto, irradiando do alto, mas agindo por sua presença no próprio *centro* do sistema.

É, portanto, com relação a ele, ou antes, com relação à posição central que lhe confere seu estatuto – claro que todo relativo – de figura "exemplar", que vamos poder localizar, em distâncias variáveis no espaço social que ele polariza, uma série de figuras também emblemáticas em suas respectivas maneiras de se orientarem por referência a ele, assinalando-se assim, em virtude mesmo de sua acentralidade, como tantas encarnações originais e distintas do "Outro". E já que é próprio dessas figuras *mover-se* em relação a esse centro tomado como ponto de referência, nosso objetivo será precisamente compreender os princípios que presidem suas respectivas evoluções, consideradas as propriedades do espaço no interior do qual cada uma delas segue, e, se for o caso, calcula sua própria trajetória. Assim, pouco a pouco, conheceremos melhor o *esnobe,* que vê na silhueta do *gentleman* (ou de quem, para ele, faz as vezes do *gentleman*) um modelo a seguir, e não aspira senão a juntar-se à "elite" que ele encarna a seus olhos – mas cujos esforços para chegar a essa posição são, contudo, evidentes demais para não trair sua verdadeira origem, que remete a um outro lugar; do *dândi,* disposto a tudo, ao contrário, para se diferenciar e se desligar – se "disjuntar" – da mesma sociedade; do *camaleão*, cuja habilidade consiste, muito discretamente, em se fazer passar por alguém que já pertence ao mesmo mundo, embora, na realidade, ele jamais tenha se disjunto do universo – totalmente outro – de onde ele provém e para onde, secretamente, ele sabe (ou imagina) poder um dia retornar como um dia se volta para casa; enfim, do *urso,* este solitário – louco ou gênio – a quem ninguém senão ele próprio pode indicar a direção a seguir e que, uma vez a caminho, não se desviará, haja o que houver, de sua própria trajetória, com o risco de deixar que se rompam, pouco a pouco, a maior parte dos vínculos que o mantêm conjunto à sua esfera de pertinência[3].

2. Com relação a isso, tudo está dito na fala final do filme de Jean Renoir, *A Regra do Jogo* (1939), pelo menos se nos lembrarmos do tom do general que a pronuncia: "Não, não, não, não, não! Esse La Chesnaye tem classe, e isso anda raro, meu caro Saint-Aubin, creia em mim, isso anda raro!" Sobre o paradoxo da proeza enquanto prova de uma "normalidade", ou, o que equivale ao mesmo, sobre o da conformidade às normas enquanto condição de uma "excepcionalidade", cf. E. Landowski, "Rhétorique de la prouesse sportive", *Cahiers de Lexicologie,* 19, II, 1971.

3. Voltaremos em breve, mais explicitamente, aos critérios de ordem "juntiva" (conjunção, disjunção, e suas negações) que subtendem a distribuição das posições aqui esboçadas (*infra,* pp. 50-52). Ressaltemos simplesmente, no momento, que eles é que garantirão a possibilidade de pôr diretamente em correspondência o presente modelo com aquele proposto na primeira parte deste trabalho, ele também articulado a partir desta categoria sintática elementar (cf. cap. 1, p. 15, n. 9).

Não daremos demasiada importância às denominações, mais ou menos fixadas pelo uso, que acabamos de tomar emprestadas aos registros da metáfora zoossocial e da anglomania pois, é claro, fora do "mundo" também (do *grand monde,* como se diz) é que se pode reconhecer, com outros nomes, um sistema de *posições* e de *percursos* do gênero evocado – e, evidentemente, é essa homologia estrutural previsível entre vários microuniversos sociais que mais importa para nós. Todo meio produz efetivamente seu próprio tipo ideal de homem "realizado", imagem aceita em relação à qual cada indivíduo, membro atual ou potencial do grupo, pode ser classificado ao mesmo tempo posicionalmente, conforme a distância maior ou menor que parece separá-lo do modelo de referência, mas também, e sobretudo, tendencialmente, levando-se em conta a orientação dos comportamentos, propositais ou não, que ele adota em situação e que têm a todo instante por efeito seja aproximá-lo, seja afastá-lo mais ainda do tipo "ideal" localmente recebido.

Se, para completar esses dados, admite-se quanto ao mais que, por um lado, as manobras do esnobe e do dândi têm como motivo comum uma vontade de "ascensão" que pressupõe a visão de um espaço social organizado como uma *superposição* de níveis desigualmente valorizados, ao passo que os comportamentos do camaleão e do urso implicam antes a *justaposição* num mesmo plano (e a comparação) de mundos, de formas de vida e, em geral, de morfologias heterogêneas entre si, assim como em relação a uma forma de referência, podemos então figurar o conjunto de percursos em questão com o auxílio do seguinte gráfico:

40 PRESENÇAS DO OUTRO

Como se vê, o esnobe é um migrante social que, partindo *de baixo,* só pode – se tudo correr bem – elevar-se. Mas ele só se elevará, no máximo, até a altura da "média": exatamente até o nível a partir do qual o dândi, pegando de certo modo o bastão, prosseguirá, por sua vez, a ascensão. Porque, para ele – orgulho ou vaidade – é preciso alçar-se *acima* do lote comum, inclusive ou em primeiro lugar acima do *"beau monde",* essas pessoas "bem" que se vigiam umas às outras precisamente para estarem seguras de que cada uma fique em seu lugar, nem baixo demais nem, sobretudo, alto demais. Por outro lado, caminhando mansamente sobre o eixo horizontal, o camaleão faz sua aparição nesse contexto – pode-se dizer, "em nossa casa" – com a inocência de um humilde viajante: ele chega *de longe* e traz visivelmente em si as marcas de seu exotismo; mas, já que não tem escolha, logo ele saberá adaptar seu aspecto às normas do meio ambiente de maneira a ser aceito nele do modo menos exigente em relação a outrem: fazendo-se passar despercebido. Ao que finalmente se combina, sobre o mesmo eixo – da parte do urso –, a inobservação grosseira (ou talvez irônica) dos costumes locais, uma maneira inveterada de perturbar ou de questionar os hábitos mais ancorados, ou, pior ainda, uma presença tão forte de toda a sua pessoa que ela passa a ser, com o tempo, pesada, tudo isso tomado em conjunto valendo-lhe sua paulatina colocação à distância, mas também, em contrapartida, pode-se supô-lo, o tempo disponível para explorar outros horizontes, *além* dos "nossos" – mesmo que seu exílio e suas descobertas sejam, talvez, puramente interiores, como os sonhos de uma suave loucura.

2.2.2. *A Intenção e o Cálculo*

É na metáfora de uma cosmografia – "cômica", evidentemente – que nos fiamos para construir, até aqui, nosso "espaço" social. Temos de sublinhar, a essa altura, um primeiro limite dessa imagem. Ocorre que, diferentemente dos corpos celestes, que retiram sua identidade da órbita própria deles, da qual jamais se afastam, nossos animais sociais, ao mesmo tempo que, sem dúvida, obedecem a certas leis que comandam sua gravitação, possuem, por sua vez, pelo menos parcialmente, o domínio dessas leis, e por isso estão em condições, se o desejarem, de desviar-se de seu roteiro, de mudar de órbita e, por isso mesmo – até certo ponto –, de "identidade".

De fato, na encruzilhada dos percursos que acabamos de esboçar, todos os pontos de chegada são ao mesmo tempo outros pontos de partida possíveis para algum outro "viajante" ou, por que não, para o mesmo. O esnobe, tendo alcançado seus objetivos, talvez se transforme em dândi com a esperança de subir ainda mais alto – ou talvez, ao contrário, redescobrindo as virtudes da "autenticidade", retome o caminho de seu modesto (mas fraterno) ambiente de partida; do mesmo

FORMAS DA ALTERIDADE E ESTILOS DE VIDA

modo, nada indica que o camaleão, cansado de mudar de libré em função dos hábitos ou dos modos locais, não decida um dia transformar-se em urso – ou, ao contrário, retornar para seu outro mundo, aquele do qual tinha saído.

Nessas condições, é claro que o espaço do Sr. Todo Mundo, que gostaria tanto de ser considerado o centro do mundo (como se em nenhum outro lugar fosse imaginável encontrar-se em boa companhia) e que nós mesmos colocamos, metodologicamente, mais ou menos como tal, perde inevitavelmente um pouco de substância e de prestígio. Em última instância, na perspectiva de nossos viajantes que passam, esse centro está sujeito a aparecer apenas como uma espécie de zona de trânsito eventual, como um cruzamento um pouco incerto, quase um vazio ou uma simples "caixa-preta" – em suma, como um *simulacro*. Mas, na verdade, é quase uma constante que o *lugar geométrico* de um espaço seja tão-somente um ponto virtual: mesmo vazio, é ainda ele que dá um sentido às trajetórias que se cruzam ao atravessá-lo.

Em todo caso, postular que essas trajetórias são analisáveis em termos de estratégias é, no mínimo, admitir que suas orientações não são puramente aleatórias. Quer elas tendam num sentido ou em outro, quer induzam, como as do urso ou do dândi, uma diferenciação crescente em relação às figuras da normalidade como as definem os critérios do meio e do momento ou, ao contrário, como no caso do esnobe e do camaleão, conduzam para mais conformidade, todas elas procedem, pelo menos, de uma certa *intencionalidade* – consciente ou não, assumida ou não, segundo os casos – e até, eventualmente, de um verdadeiro *cálculo* por parte dos indivíduos ou dos grupos envolvidos.

O elemento intencional de base, que vai nos fornecer um primeiro princípio de explicação para a diversificação dos percursos que vemos se desenhar, põe em jogo a tensão entre duas concepções possíveis e antitéticas das condições de emergência e do próprio modo de existência dos sujeitos enquanto "indivíduos". Esquematicamente, a questão é a seguinte: a descoberta de si mesmo como instância dotada de uma identidade definida estaria subordinada ao reconhecimento, pelo sujeito, de seu modo de pertença e de participação no grupo do qual ele representa um elemento? Responder afirmativamente a essa pergunta seria o mesmo, para retomar uma expressão de Benveniste, que postular que a aparição do "si" pressupõe como sua condição necessária o sentimento do "entre-si"[4]. Em outros termos, segundo essa perspectiva, nenhum indivíduo poderia se reconhecer e se realizar

---

4. É. Benveniste, *Vocabulaire des institutions indo-européenes*, Paris, Minuit, 1969, vol. I, p. 321. Cf. também "Jogos Ópticos", *A Sociedade Refletida*, ob. cit., pp. 85-102, onde a mesma noção é utilizada para a construção de uma problemática das relações entre espaços públicos e privados.

42 PRESENÇAS DO OUTRO

como tal a não ser procurando primeiramente se conhecer e se assumir *enquanto membro de uma coletividade primeira* que o engloba e que o define, com a possibilidade sempre aberta de tentar ulteriormente livrar-se dela (por "anticonformismo"). Ou, ao contrário, caberia a todos e a cada um captar-se reflexivamente como um puro "eu", *como uma totalidade auto-suficiente* constituída independentemente de sua eventual integração num grupo qualquer de pertença, e que, no limite, só poderia se expandir, como singularidade absoluta e originária, erguendo-se contra a pressão uniformizante de seu ambiente?

Em resumo, será preciso conceder ao sujeito individuado a consistência e a autonomia de uma instância primeira – de um primitivo, no sentido lógico do termo – cuja socialização teria como efeito desnaturar, ou será preciso ver nele apenas uma instância segunda, derivada, refletindo na superfície estruturas sociais que tornam possível sua emergência e determinam também, conjunturalmente, sua forma? Evidentemente, não é de modo algum necessário ser filósofo diplomado para adotar uma "filosofia" determinada relativamente a essa alternativa: assim, ver-se-ão uns, em suas práticas mais cotidianas, a procurar sua salvação de preferência pelo alinhamento ao coletivo – e se adivinha que, no quadro de nossa tipologia, esta será a opção não apenas do esnobe, mas também, de uma outra maneira, a do dândi –, os outros apostando ao contrário (mais heroicamente?) na procura obstinada e no livre cumprimento deles mesmos pela afirmação de um estilo de vida autenticamente pessoal, à maneira aberta de nosso urso ou, mais indireta, do camaleão. Os "estilos de vida" são, desse ponto de vista, em primeiro lugar, *projetos* de vida atualizados, e por isso primeiramente *escolhidos* com base numa intencionalidade, articulada ou difusa, que os funde, e que em troca eles manifestam, ensinando assim aos sujeitos, mediante seu fazer e seu devir, o que eles "são"[5].

Quanto ao elemento de cálculo, ele se deve a que, a essa primeira alternativa, que coloca o sujeito diante dele mesmo e o obriga a estatuir pelo menos implicitamente sobre a questão de seu *ser* – como "ser o que se é"? – se superpõe uma segunda, relativa à gestão de seu *parecer* diante dos olhares daqueles que o cercam e que, inevitavelmente, o observam, preocupados em saber a que se ater no que concerne a ele, e aplicados por isso em decodificar os sinais de sua "identidade". Pois "ser" é também, necessariamente, ser "para o outro", é ser visto, avaliado, sondado e, finalmente, classificado *em algum lugar,* em função de certas categorias que organizam o espaço social, ou seja, em geral, das coordenadas definidas pelo grupo de referência, seja qual for, aliás, a posição (interna, marginal ou externa) dos sujeitos, individuais ou coletivos, suscetíveis de se colocarem em posição de observadores.

---

5. A problemática do *devir* como descoberta do sujeito por ele mesmo será retomada mais adiante, a propósito da moda (cap. 4).

FORMAS DA ALTERIDADE E ESTILOS DE VIDA

De novo, é preciso, portanto, escolher: o que deixar aparecer, ou o que mostrar de si? À diversidade dos estilos de respostas possíveis para essa pergunta corresponde um segundo princípio de diferenciação entre as quatro figuras de nossa tipologia.

2.2.3. *Retóricas do Cotidiano*

De um lado, com o urso e o camaleão, que, mais que os outros, são ainda, como o indicam seus nomes, simples "animais" sociais, é evidentemente o "natural", um *querer-ser* definido exclusivamente por referência a si mesmo – àquilo que "o animal tem no ventre" – que prevalecerá: sendo, tanto um como o outro, o que o destino fez deles, eles continuarão, a despeito de tudo, a ser sempre o que são, ainda que por duas vias diferentes: o primeiro, sem se preocupar a mínima com o olhar, indiferente ou curioso, aprovador ou desaprovador, de outrem; o segundo, administrando habilmente as aparências de modo a nada deixar transparecer de sua alteridade intrínseca relativamente ao meio ambiente. Entretanto, se o urso avança com o rosto descoberto enquanto o camaleão se mascara, eles conseguem ambos chegar, no fundo, ao mesmo objetivo: ser "si-mesmo" e, custe o que custe, perseverar em seu ser, realizar seu próprio programa, "viver *sua* vida".

O esnobe e o dândi, por oposição, têm pelo menos em comum esse traço eminentemente "humano" de viverem só *em função do outro*. Enquanto no urso e no camaleão o *ser* precede o parecer e rege as modalidades de sua gestão, no esnobe e no dândi, é a encenação do *parecer* que precede o ser e que o constitui. Para eles, a relação com outrem prevalece sobre a relação consigo mesmo e é um *querer-parecer*, definido por referência a um contexto social preciso, que os determina. Mas evidentemente, cada um tem seu estilo, e até sua figura de estilo preferida, encontrando-se a retórica assim promovida à posição de regra de vida: enquanto o esnobe pratica o culto do lugar-comum, o dândi cultiva o paradoxo, cada um atuando conforme ambições mundanas à primeira vista diametralmente opostas. Seja, no caso do esnobe, a impaciência de se integrar a um grupo de adoção distinto, por definição, de seu meio de extração original, cujos traços mais marcantes ele se empenhará em contrafazer escrupulosamente e cujos estereótipos se empenhará em reproduzir de modo a *parecer não diferir* (ou diferir o mínimo possível) do tipo *standard* que ali se impõe – a ponto de terminar por se tomar a si mesmo por alguém daquele belo mundo, por alguém que "é dele" de verdade (ainda que ele seja o único, dentro como fora, a estar convencido disso); e no caso do segundo, o do dândi, a obsessão, inversa, de se desmarcar e, portanto, até um certo ponto, de se excluir de seu próprio meio, calculando para isso a dose de singularidade necessária e suficiente para *parecer diferir* dos seus, de seus semelhantes, isto é (segundo o que ele pretende)

44 PRESENÇAS DO OUTRO

do "comum" – até se persuadir a si mesmo, dessa vez, que por nature-za ele constitui verdadeiramente uma exceção, ainda que, em última instância, apenas ele mesmo fosse tocado por isso. Seja como for, obs-tinação em se tornar adaptado – isto é, como "o outro" –, ou precon-ceito contrário de não fazer coisa alguma como "todo mundo", é nos dois casos o *como* que comanda.

Certamente, tudo é relativo, e há grandes possibilidades de que as atitudes convencionais que o esnobe julgará dever adotar com vistas a *se banalizar* aos olhos do grupo social ao qual ele sonha pertencer – e por referência ao qual ele se adstringirá a controlar até a expressão de seus mais íntimos estados de alma[6] – apareçam ao contrário, observa-das à distância (e em particular pelos membros de seu meio originá-rio), como perfeitamente extravagantes. As preciosas ridículas estão, de resto, aí para testemunhá-lo: quanto mais estreito o círculo ao qual o esnobe, verdadeiro trânsfuga social, aspira a se integrar, mais arbi-trários, mais excêntricos parecerão, ao olhar dos terceiros, os sinais de conivência – as senhas e os ares entendidos – que ele terá de exibir a título de marcas de sua nova pertença e, correlativamente, mais forte será sua exclusão, em relação ao resto do vasto mundo. Para quem não pertence à roda dos íntimos ou ao círculo dos iniciados, nada haverá de mais singular, e mais singularizante, que aquilo que, entre si, dá justamente a impressão de ser natural.

Mas a mesma constatação vale também, em sentido inverso, para os paradoxos e a "originalidade" calculada do dândi, ele cuja mais cara preocupação é, ao contrário, tornar-se inconfundível entre os seus. Diferentemente do esnobe, que por definição não dispõe, de início, dos atributos requeridos para sua integração no meio em cujo seio ele visa se alçar (mas que possui outros, suficientes para excluí-lo dele e dos quais procura, por conseqüência, se desfazer), o dândi, ou aquele que é suscetível de tornar-se um, é necessariamente um sujeito que – seja por tê-las herdado, seja por ter sabido adquiri-las – desfruta de início das qualidades específicas pelas quais se reconhece a "classe" de um homem de *sua* classe: ele se encontra, de pronto, no próprio lugar aonde o esnobe quereria um dia chegar, a do "homem do mun-do". E é a partir daí, entre seus pares – entre as pessoas "distintas" das quais ele faz parte –, que ele quereria ainda se *distinguir:* como? Pre-cisamente, na falta de ser por si mesmo uma personalidade excepcio-nal, isto é, já um pouco "urso" (mas não o é quem quer), "bancando o dândi", isto é, em primeiro lugar, por ser o mais simples, cultivando deliberadamente, apenas o que é preciso, as "más" maneiras – as do "Outro" –, aquelas, por definição "aberrantes", "extravagantes" ou

---

6. "O verdadeiro esnobe", observa Paul Valéry, "é aquele que teme confessar que se entedia quando se entedia; e que se diverte, quando se diverte" (*Mélange*, Quebec, Gallimard, 1941, p. 148).

FORMAS DA ALTERIDADE E ESTILOS DE VIDA 45

"escandalosas" que correm normalmente fora do círculo ao qual ele pertence. Um pouquinho de vulgaridade sabiamente afetada pode então passar pelo supra-sumo da distinção.

2.3. DO JOGO DE PÊNDULO AOS JOGOS DO ENTREMEIO

Cabe dizer que o círculo se encerra e que, no interior de um universo fechado por construção, só estaríamos diante de um número finito de signos destinados a mudar de valor toda vez que mudam as posições relativas daqueles que, de um lado, os exibem ou que, do outro, os decifram? O "outro mundo" – o mundo do Outro – em suma, é apenas, como a lua, um mundo "como este", *a quem o nosso serve de lua?* Ou então é preciso – e de que modo se pode – integrar nesse contexto o *opaco,* o *complexo,* o *equívoco?*

2.3.1. Opacidades: O Espaço

Para compreender as modalidades da produção social das identidades, adivinha-se com efeito que uma lógica puramente relativista, fundada na simetria e na reversibilidade, não basta. As posições respectivas certamente fazem mais que se interdefinir e se intercambiar como num jogo de soma zero. Intuitivamente, sente-se que há "alguma coisa" – de que será preciso tentar dar conta – que vem se imiscuir à maneira de uma fatalidade nessa bela ordem racional e que falseia de vez o jogo, ali instalando a dissimetria e a não-reversibilidade. Talvez essa desordem seja apenas a forma necessária do que se chama o "sentido": uma orientação, uma tensão para novas formas, induzindo seja um suplemento, seja perdas de significação, mas provavelmente jamais a simples volta ao mesmo, inclusive sob uma forma deslocada ou invertida.

Uma primeira razão disso é sem dúvida que, enquanto numa certa escala as figuras inventariadas se apresentam como elementos que evoluem harmoniosamente no interior de um sistema de posições estáveis, polarizadas em relação a um centro comum, tudo de repente se apresenta de outro modo se encararmos essas mesmas figuras numa escala diferente, e em particular, se tentarmos apreendê-las como formas disponíveis não mais simplesmente para a constituição dos "estilos" individuais, mas para a modelagem das identidades coletivas. Pode-se já prever que elas nos aparecerão então como animadas por movimentos muito mais complexos no interior de um espaço provavelmente menos *homogêneo* que aquele que nos demos até o presente – um espaço em que os elos entre elementos poderiam, por exemplo, distender-se quando alhures eles se estreitariam de novo, e em que nenhuma posição central privilegiada estará talvez em condições de servir de referencial único ao conjunto dos movimentos a serem leva-

46 PRESENÇAS DO OUTRO

dos em conta. A própria noção de "identidade" não se encontrará então, por sua vez, requestionada? Pois num campo gravitacional que, por hipótese, não seria mais uniforme – numa sociedade (no limite) sem "gravidade" –, a partir de que sentimento de si, e do outro, um "Nós" poderá portanto se construir? Tantas perguntas que no momento só podemos manter em reserva.

Entretanto, uma outra intuição impele também no mesmo sentido. Com efeito, é provável que o espaço social "real", enquanto espaço de interação no seio do qual os sujeitos se percebem, se conhecem e se reconhecem uns aos outros, não tenha tampouco a *transparência* que lhe atribuímos implicitamente. Não apenas porque os mesmos objetos ou as mesmas configurações mudam o aspecto em função do ponto de vista a partir do qual os observamos. É também, mais radicalmente, porque o "poder ver" não é jamais dividido uniformemente entre os participantes: como se a própria luz (esse elemento sem o qual ninguém poderia identificar a posição de outrem nem, inversamente, procurar dar uma imagem determinada de si mesmo) não fosse em nenhum caso a mesma para todos. Assim, os "Outros" – não os mais distantes, mas os que ficam aí perto, à margem –, supondo-se que eles vêem (ou que sentem) que não são exatamente o que "deveriam ser", como, do lugar onde estão, poderiam captar exatamente o que *deveriam tornar-se* se quiserem encontrar um dia seu lugar admitido entre aqueles mesmos que sua estranheza contraria, isto é, "entre nós"?

Por qual milagre eles conseguiriam se introduzir e se fazer aceitar nesse universo aparentemente próximo, mas cujas leis mais íntimas, não ditas como se deve, lhes escapam por construção, precisamente quando são elas que definem o gênero de "pequenos nadas" – um sotaque, um porte, um estilo desbocado – que bastam quase por si sós para alimentar no dia-a-dia o ostracismo do grupo? Não seria preciso que já, de uma certa maneira, eles fossem um pouco daqui para que lhes fosse possível penetrar realmente, e em seguida praticar, com a "naturalidade" que por definição é requerida, nosso "estilo de vida"? Na falta disso, de que adianta fingir? Alguns sinais de conivência pontuais não poderiam enganar duradouramente ninguém, e menos que qualquer outra pessoa os juízes bem informados que são por excelência os membros do meio chamado de "acolhida". Nesse sentido, o "marginal" – o *verdadeiro,* aquele que mal sabe que o é – poderia ser definido primeiro como uma espécie de cego social: no pior dos casos, ele não vê (não pode ou não quer ver) que os outros, os videntes, o olham; e na melhor das hipóteses, ele apenas entrevê, mas de modo difuso, o que, eles, por sua vez, vêem demasiado bem dele.

Ao que se acrescenta o fato de que se o jogo da busca identitária sempre se faz, como já o sugerimos, ao mesmo tempo sob o olhar de dois observadores distintos – o grupo *ab quo* e o meio *ad quem* –, essas duas instâncias não têm, evidentemente, o mesmo peso. Objeti-

FORMAS DA ALTERIDADE E ESTILOS DE VIDA

vamente primeiro, isto é, quantitativamente, haverá na realidade sempre uma que, localmente, tenderá a esmagar a outra com sua massa, quer a avaliemos em termos demográficos, econômicos ou qualquer outro; ora, o número em si mesmo, como se sabe, tem também seu papel na emergência do valor, e este talvez seja o motivo pelo qual nunca se faz parte inocentemente de uma minoria[7]. E subjetivamente também, dificilmente se concebe como as duas instâncias em questão poderiam ter o mesmo "peso qualitativo". Um sujeito colocado entre duas culturas nem sequer tem, com muita freqüência, nenhuma *medida comum* que lhe permita comparar com distanciamento o que representa para ele o universo familiar que ele deixa, mas ao qual ele continua, *volens nolens,* a pertencer, e o que pode lhe oferecer o meio ainda mal conhecido para o qual ele se dirige, ou *a fortiori* o solo estrangeiro – com uma língua, costumes, uma paisagem, um ritmo novos a serem aprendidos – onde ele ainda não encontrou seu lugar, mas ao qual, por hipótese, ele já começa, contudo, bem ou mal, a se identificar ao menos um pouco. Remetendo a sistemas de valores entre os quais é preciso aparentemente escolher na medida mesma em que tudo neles parece se opor, esses dois mundos, este, "ao longe", de onde ele vem e aquele, "aqui", do qual ele está se aproximando são para ele, propriamente dizendo, incomensuráveis.

Todas essas restrições convergem em definitivo a uma mesma interrogação: pode-se ainda dizer nessas condições que haja um "sujeito"? Pode-se ainda dizer que ele "escolhe" seja o que for, a começar por seu estilo de vida, suposta manifestação de sua "identidade"? Levando em conta sua posição de partida, na qual ele nada pode, a determinação do que ele "é" – que não poderá se deixar captar senão como um devir a se revelar por suas condutas efetivas – não seria ela antes função do acaso dos encontros que ele terá no dia-a-dia em seu caminho, independentemente de eventuais projetos próprios, portanto puramente contingente e amplamente imprevisível?

2.3.2. Complexidades: A Postura

Mas a aventura do sujeito, e sobretudo o sentido que ela toma para ele enquanto experiência intersubjetiva vivida, podem ser encarados segundo uma perspectiva um pouco diferente, talvez mais fecunda. Com vistas a defini-la, vamos primeiramente determinar as coordenadas da situação.

---

7. Para uma abordagem semiótica das implicações qualitativas da quantidade, cf. J. Fontanille (ed.), *Le discours aspectualisé*, Limoges-Amsterdã, PULIM-Benjamins, 1991 (sobretudo o Prefácio e o capítulo "Aspectualisation, quantification e mise en discours"), assim como A. J. Greimas e J. Fontanille, *Sémiotique des passions. Des états de choses aux états d'âme,* Paris, Seuil, 1991, pp. 207-230.

Após ter construído uma série de figuras e de trajetórias-tipos, acabamos na realidade de organizar os próprios princípios de sua desconstrução retirando virtualmente toda competência dos seres em carne e osso que ali supostamente se projetam. De fato, se o "Outro", cujas posições e cujos percursos acreditáramos inicialmente poder captar por um pequeno número de configurações interdefinidas, se encontra finalmente perdido num espaço social fundamentalmente heterogêneo e descentrado onde, por falta de coordenadas estáveis, não *pode* claramente se situar – se ademais, na falta de um mínimo de transparência, todo *saber* certo lhe escapa tanto relativamente às coisas e às pessoas que o cercam, como a propósito da imagem que dá de si mesmo em seu contexto –, se, enfim, por falta de um metassistema axiológico que lhe permitiria escolher entre universos de valor que nada parece ligar entre eles, ele não está mais em condições de decidir o que, em definitivo, ele *quer*, então, com que tipo de suporte estamos lidando para a constituição de uma "identidade"? De novo com um simples "simulacro"? *E pur, si muove!* Por mais despojado, por mais desorientado que ele seja, o Outro se move, contudo, ainda. Ele vive, ele respira, ele joga, ele avança ou recua, ele se mexe. Mas então, de acordo com que leis? Pode-se, em outras palavras, imaginar uma segunda ordem de princípios que, sem nem por isso invalidar a mecânica elementar descrita mais acima, viriam pelo menos a torná-la mais complexa enquanto for necessário.

O melhor meio de avançar com a esperança de encontrar alguma resposta é talvez, nesse estágio, voltar um instante um pouco mais atrás. Antes de nos interrogarmos sobre a maneira como "o Outro" (conforme ele se faça de urso, camaleão, esnobe ou dândi) assume, mascara, renega ou exalta a alteridade que supostamente o define, dedicamo-nos, mais acima, a dar conta da diversidade das posturas a partir das quais o *"Um"* – Sr. Todo Mundo – se pensa a si mesmo, em função da maneira como apreende e, por conseguinte, como trata a alteridade, real ou suposta, daqueles que lhe servem para construir por diferença sua própria identidade. Ora, nessa ocasião, uma distinção de alcance geral, que poderia de novo nos ser útil, se desprendera, semioticamente falando, entre duas grandes famílias de sujeitos[8]. A primeira reagrupava os espíritos que, para fazer significar o mundo, se contentam em operar com termos simples e unívocos, definidos com base em oposições categóricas. O Si e o Não-si sendo então concebidos como contrários que não admitem entre eles nem conciliação nem coincidência de espécie alguma, tudo o que o Um podia nesse caso dizer a seu Outro se resumia na alternativa entre, de um lado, um discurso de *assimilação* radical: "Torne-se igual ao que nós somos, e

8. Cap. 1, seção 1.5.

FORMAS DA ALTERIDADE E ESTILOS DE VIDA   49

você terá seu lugar entre nós", e, de outro, um discurso de *exclusão* pura e simples: "Volte para o lugar de onde você veio, pois nunca você será igual a nós".

Mais sutil, a família de espírito não adverso, mas complementar, caracterizava-se por práticas sociossemióticas, por um "discurso" e estratégias intersubjetivas, e em geral por um conjunto de posturas frente a si mesmo assim como diante do outro, articuladas sobre o emprego de termos mais complexos e mais instáveis: no caso, sobre a exploração das posições que, na organização dos termos de uma categoria semântica, correspondem a essas zonas de transição ou de passagem *entre os contrários* que, tecnicamente, se designam como o espaço dos "subcontrários"[9]. Daí, por comparação com as soluções estanques do tipo precedente, uma série de atitudes mais equívocas que implicam a redefinição do lugar e do estatuto da *alteridade*. A primeira consistia, por parte de uma coletividade, em reconhecer *em seu próprio seio* a existência de uma certa parte de estranheza, e até de anormalidade; esse componente perturbador, o grupo, certamente, não deixa, em geral, de pô-lo à parte – mais ou menos – mas, e aí está o essencial, *sem por isso* chegar a excluí-lo propriamente pois, num dispositivo "segregativo" desse tipo, o "estranho" permanece efetivamente considerado, e tratado, como um elemento que ainda faz parte da totalidade. Mas o grupo pode também, segundo um movimento inverso – o da "admissão" – ser levado a descobrir, *no outro* (o estrangeiro, o vizinho, o viajante de passagem) os elementos de uma complementaridade benéfica, algumas vezes até indispensável à plena expansão de sua própria identidade, *com a condição todavia* – e aí também, é essa restrição que constitui o ponto essencial – que não se venha a, por força de atração e de aproximações mútuas, deixar se fundirem as duas entidades assim postas em contato, pois isso resultaria, no fim das contas, em reduzir o Outro ao Mesmo, em outras palavras, em assimilá-lo.

O interesse das atitudes de segregação e de admissão assim definidas reside para nós na possibilidade que elas criam de uma superação, embora precária, por essência, dos constrangimentos categoriais. Aqui, o grupo de referência escolhe e tenta manter um equilíbrio frágil *entre* os dois pólos contrários que a assimilação e a exclusão representam, soluções extremas sempre possíveis, e por construção infinitamente mais simples que não importa qual fórmula de compromisso, mas agora repudiadas – pelo menos "enquanto isso durar". Da tensão inerente a toda posição que procura assim se manter no entremeio resulta, em particular, no caso presente, o caráter incerto, aleatório, e

---

9. Cf. A. J. Greimas e J. Courtés, *Dicionário de Semiótica*, ob. cit., entrada "Estrutura Elementar", pp. 162-164.

portanto, sempre relativamente ameaçador, das situações nas quais, correlativamente, o *Outro* se encontra colocado, quer se trate da definição de seu estatuto, ou até de suas chances de sobrevivência no meio considerado: no momento simplesmente "segregado", ele corre o risco a todo instante de exclusão; hoje "admitido", isto é, valorizado precisamente por sua diferença, pode acontecer muito bem que o convoquem amanhã a se alinhar pela normalidade local – em outros termos, a se deixar assimilar – ou a partir. No equilíbrio improvável de um tal sistema, onde a exceção se torna de algum modo a regra, mas uma regra provisória, retratável, inteiramente submetida à vontade daquele que a institui, o pior, como se diz, nem sempre é seguro. O melhor tampouco.

2.3.3. Equivocidades: O Encontro

Ora, não existe razão alguma para se esperar que as práticas semióticas do *Outro* sejam menos equilibradas, menos instáveis ou menos equívocas que aquelas das quais o Um se mostra capaz quando, para além das operações simples a partir dos contrários – *conjuntar* (assimilação) ou *disjungir* (exclusão) –, ele resolve articular seus comportamentos em termos mais complexos, isto é, a partir dos subcontrários da mesma categoria, obtidos pela negação dos precedentes: *não mais conjuntar* (mas não ainda disjungir): "segregar" – ou *não mais disjungir* (mas não ainda conjuntar): "admitir".

Desse ponto de vista, chegou o momento de traçar um paralelo, em relação à categoria geral da "junção", entre as duas séries de opções estratégicas que construímos até o presente separadamente, sendo, porém, claro que apenas adquirem todo o seu sentido ao enfrentar-se: seja, de um lado, as "políticas" do "Um" e, do outro, os "estilos" do "Outro":

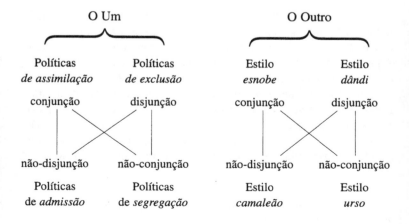

Uma vez traçados esses dois diagramas, sem dúvida o mais natural seria passar imediatamente de sua simples justaposição para sua superposição, a fim de examinar de que modo eles se combinam, e isso tanto mais porque o "casamento" não parece, no caso, constituir problema algum. Por exemplo, o "esnobismo", essa escolha de promoção pela conformidade tão característica do recém-chegado em vias de se metamorfosear em arrivista, "cola" às maravilhas com seu homólogo do diagrama da esquerda: responde perfeitamente ao projeto de *assimilação* concebido pelo meio de acolhida. Inversamente, o "dandismo" do Outro, essa exacerbação da diferença sistematicamente procurada – até o artifício se for preciso –, não fornece, para as pessoas do lugar, o pretexto ideal para o desenvolvimento de seus discursos de *exclusão*? Ou ainda, a parte incurável e secreta de nostalgia que persegue o "camaleão" – ele que, sem, de forma alguma, destoar no contexto tão estranho (para ele) onde está entrando, não esquece nem jamais renegará "a identidade outra" (se assim se pode dizer) que permanece a sua no pano de fundo – não constitui, no final das contas, a melhor garantia para uma política de *admissão* bem-sucedida, isto é, que não descambe de uma vez na assimilação? Enfim, a singularidade irrecuperável do "urso" não é, para os que têm cotidianamente de suportá-la – de "engoli-la", diriam de fato os interessados –, um dado de experiência suficiente para mantê-lo à parte, encerrado em suas reservas ou, por que não, em sua torre de marfim, à margem, mas não excluído – ao contrário, quase protegido, pois pode haver também uma *segregação* "dourada"!

Mas naturalmente o acaso nem sempre favorece tanto as coisas. Se é possível que ele coloque, por vezes, em relação parceiros que, para o melhor ou para o pior, parecem de antemão feitos "um para o outro" em razão da compatibilidade estrutural entre seus respectivos programas, acontece também, e mais freqüentemente sem dúvida, que ele prepare surpresas emparelhando as figuras menos predispostas a "se entenderem". Para dizer a verdade, todavia, as surpresas em questão não são totalmente imprevisíveis, pelo menos em seu princípio. O mesmo procedimento que acaba de nos servir para esboçar os quatro grandes tipos possíveis de regimes de entendimento entre o Um e seu Outro permite, com efeito, também definir formalmente os princípios básicos de uma grande variedade de tipos de *configurações conflitantes* nas quais, dessa vez, as posturas e as estratégias identitárias se oporão sistematicamente entre elas. Tecnicamente, do mesmo modo que se podem prever as configurações que resultam da *concordância* entre os programas respectivos dos parceiros que se defrontam (um e outro estando conformados a se determinar segundo o *mesmo* princípio juntivo: visão "conjuntiva" ou "disjuntiva" de uma parte e de outra), é muito simples calcular também sistematicamente os efeitos de sentido que resultariam da não-concordância entre os princípios utili-

52 PRESENÇAS DO OUTRO

zados por uma parte e pela outra, isto é, de sua *contrariedade* (por exemplo, as atitudes "conjuntivas" do Um se chocam com o estilo "disjuntivo" do Outro), seja de sua *contradição* (do tipo conjunção *versus* não-conjunção), seja ainda de sua *complementaridade* (conjunção *versus* não-disjunção)[10].

Evidentemente, como em todo cálculo desse tipo, o interesse dos resultados depende tanto, se não mais, do tipo de unidades que se manipulam quanto da validade formal das operações efetuadas. E é aí que as coisas correm o risco de se complicar. O que pretendemos calcular, são, como dissemos, os efeitos resultantes da convergência ou da divergência entre os princípios juntivos empregados por cada uma das partes. Ora, esses princípios não constituem, em si mesmos, determinações que se possam considerar como simples e unívocas. Efetivamente, não se trata aí de dados que caracterizariam cada um dos parceiros independentemente das circunstâncias de seu encontro com o outro, mas ao contrário de determinações que se constituem somente *em situação* e se transformam *no próprio âmbito da interação*. Pouco nos importa saber se este ou aquele sujeito é "por essência" adepto da disjunção – ou de outra coisa (supondo-se que qualquer psicologia, ainda a inventar, permita sabê-lo); o que conta, em compensação, é o fato de que, em tal contexto preciso e em função de tais condutas particulares, o sujeito considerado possa eventualmente – e talvez mesmo deva em certos casos – *parecer como tal* a seu parceiro, pois é a partir da "leitura" que será assim feita de seu comportamento que o outro regrará sua própria conduta a seu respeito – e reciprocamente, claro, segundo um processo recursivo teoricamente até o infinito.

Em outros termos, os princípios juntivos que supostamente caracterizam diferencialmente as estratégias identitárias dos actantes, e que nossa álgebra deveria tomar como variáveis, não são elementos de primeiro grau que só teríamos de pôr em relação a fim de calcular o que podem produzir as diferentes combinações possíveis entre eles; eles representam, ao contrário, já eles mesmos tantas resultantes do correlacionamento dos actantes, de modo que o único cálculo verdadeiramente pertinente a ser feito aqui seria um cálculo – pelo menos – no segundo grau. Assim, mesmo que sejam, sem dúvida alguma, seres individuais ou coletivos *em carne e osso* que, para ser o que são, se guerreiam ou, algumas vezes, coabitam em paz, não são, propriamente dito, diretamente eles que decidem sobre a forma dessas relações, mas antes a gramática imanente no jogo dos simulacros que enviam uns aos outros.

Certamente, mesmo nesse plano, a intenção conta, e o cálculo é possível – mas o erro e o equívoco também.

---

10. Sobre esse processo de cálculo, cf. A. J. Greimas, "Pour une théorie des modalités", *Du sens*, II, Paris, Seuil, 1983, pp. 82-90; sobre um exemplo de aplicação à análise de interações, cf. *A Sociedade Refletida*, ob. cit., cap. IV, pp. 85-102.

2.4. O VÉU E A MÁSCARA

Entre o grande número de *casus belli* possíveis num tal quadro, vamos nos limitar a examinar brevemente dois deles, a título de ilustração do tipo de resultados brutos e, sobretudo, a partir daí, do tipo de problemas que o modelo permite circunscrever quando o utilizamos enquanto método de abordagem da questão identitária.

2.4.1. Conflitos de Interpretação

Imaginemos, para começar, um tipo de configuração em que, por hipótese, o programa "conjuntivo" do Um seria, num dado momento, confrontado com o estilo "disjuntivo" do Outro, ou pelo menos – considerando-se a desmultiplicação dos níveis de pertinência que acabamos de notar – na qual os comportamentos ou as atitudes do segundo pareceriam ao primeiro dever ser interpretados como dependentes do estilo em questão. Basta, para reconstituir o encadeamento de peripécias no interior do qual esse tipo de fórmula poderia encontrar sua aplicação concreta, imaginar, por exemplo, uma situação na qual um observador de boa vontade (e o Sr. Todo Mundo o é por definição) fosse levado a descobrir que as esquisitices de seu vizinho – seu traje estranho, seus horários, sua música, as pessoas que freqüentam sua casa, os ritos que ele observa ou, por que não, os odores de sua cozinha –, que ele até então se esforçara (a contragosto, evidentemente) por suportar atribuindo-os a seu lado urso, animal por natureza sem cerimônia e grosseirão (estilo não-conjuntivo), eram apenas, na realidade, as provocações calculadas de uma espécie de dândi do pior mau gosto (estilo disjuntivo).

Tal *recategorização* da figura do Outro, quer dê continuidade a alguma mudança efetiva na maneira como sua diferença se manifesta, quer se deva apenas a uma mudança de ponto de vista por parte daqueles que o observam, não poderia deixar de ter efeitos (aqueles em todo caso bem reais) sobre seu regime de existência no quadro da sociedade de acolhida. Que o Outro seja diferente, dirão as pessoas instaladas, ainda passa – nos limites de tempo e de espaço que se decidiu conceder-lhe, é claro –, se realmente sua "natureza" (ou sua "cultura") o exige, mas por que seria preciso aceitar as marcas de sua diferença se se verifica que ele, ao exibi-las, procura apenas *tornar-se outro* mais do que o é na realidade!? Simples substituição entre duas maneiras possíveis de interpretar o parecer do Outro, mas que basta para pôr fim num certo *modus vivendi* (no caso, de tipo segregativo) e para criar um novo, completamente diferente: ou a assimilação, com a condição de que o excêntrico aceite "entrar na linha", ou então a exclusão, se ele persistir em suas "provocações". Pois, anódinas ou não, as mesmas condutas desviantes do tipo indicado, que podem a rigor ser admitidas pelo grupo dominante enquanto acredita poder referi-las ao próprio ser daqueles que elas têm como efeito marginalizar, tornar-se-ão de súbito absolutamente "intoleráveis", contanto que alguma coisa possa levar a supor que elas procedem talvez de um projeto deliberado, por parte do Outro, de *se afirmar* outro, de criar de algum modo ele mesmo sua diferença, e portanto sua "marginalidade". Nada ali que não esteja perfeitamente na ordem das coisas previsíveis, uma vez admitido que nenhuma manifestação da diferença jamais é "suportável" ou "insuportável" em si, mas se torna assim segundo o que ela supostamente *significa,* isto é, em função do que o Um crê poder ali ler do Outro.

É assim que pode, por vezes, instaurar-se na praça pública, entre pessoas de bem, um debate social dos mais estranhos e, contudo, suscetível de mobilizar as mais altas instâncias, verdadeiro *processo de intenção* relativo nem sequer ao tratamento que convém reservar ao Outro em função do grau de diferença que ele manifesta, mas à questão, de certa forma prejudicial, da "autenticidade", ou ao contrário do caráter "fingido" de sua própria *alteridade:* o *véu* que aquela estudante usa, sinal de uma pertença religiosa que a distingue de suas colegas, será a marca exterior de uma fé realmente "sincera"? Ou se trata de uma insígnia postiça exibida (talvez até sob a influência de algum manipulador) para reativar enfaticamente uma diferença já morta ou em vias de se apagar? É claro que fazer semelhantes perguntas, isto é, introduzir a suspeita no modo de relação que o Outro mantém *relativamente a si mesmo* (enquanto ele é outro), é já estatuir sobre seu ser negando-lhe de antemão, e por puro golpe de força, a possibilidade de se escolher livremente tal como ele é. Desse ponto de vista, um lugar à parte deveria certamente ser reservado, no âmbito de uma problemática geral da identidade, a uma semiótica da *suspeita* enquanto técnica de desestabilização do dessemelhante: de fato, como negar mais radicalmente ao Outro sua identidade – como melhor humilhá-lo e despersonalizá-lo – a não ser colocando, ou até insinuando que a alteridade que o faz ser o que ele é não passa, no final das contas, de um blefe? – Contudo, por uma espécie de retorno igualmente previsível, a operação pode produzir um efeito exatamente inverso de seu objetivo, isto é, a assunção de uma alteridade que o sujeito reivindicará tanto mais alto quanto mais se procurar justamente negá-la a ele. Pois questionar alguém em sua identidade é ao mesmo tempo *provocá-lo* a ser ele mesmo, é incitá-lo e quase forçá-lo a se escolher decididamente outro, sendo claro que, por definição, é sempre a identidade *do Outro* que o Um decreta suspeita.

Do mesmo modo, segundo exemplo de encontro explosivo, simétrico relativamente ao caso precedente e que exploraremos um pouco mais de perto, o que acontecerá se o Sr. Todo Mundo, assimilador por princípio (em outros termos, mais uma vez, adepto da "conjunção",

FORMAS DA ALTERIDADE E ESTILOS DE VIDA 55

pelo menos enquanto permanece de bom humor), perceber um dia que, em vez de estar lidando, como julgara de início, com seu Outro-depredileção, isto é (por simples afinidade estrutural), com um migrante social do tipo esnobe – ele também em busca de conjunção –, está na frente, digamos, de um *camaleão,* ou seja, de um animal que, ao parecer buscar a assimilação, obedece "na realidade" ao princípio da nãodisjunção entre os espaços, as temporalidades e as identidades?

A resposta está em Molière: é a cena da desventura e da cólera de Orgon ao descobrir a "tartufice" de Tartufo. Diante do perfeito representante das pessoas de bem que é aquele digno Sr. Orgon (ele do qual se pode dizer que se ele peca, é, no pior dos casos, por excesso de inocência), o papel atribuído ao Outro, a Tartufo, é o do impostor por excelência, do hipócrita, do velhaco em tudo o que pode haver de mais desagradável, de vil. Todavia, se o Outro – se Tartufo – fosse apenas isso, essa comédia teria dado lugar, desde o início, a tantas controvérsias? Na verdade, para fazer igualmente justiça aos dois principais protagonistas da peça e captar o sentido global de seu encontro emblemático, seria preciso ao menos distinguir, aqui uma vez mais, embora a coisa, como acabamos de ver, seja delicada, entre o *cálculo* (diante de outrem) e a *intenção* (diante de si mesmo). Por isso, assumiremos por um momento o papel do advogado do diabo: o Outro, ainda que "um Tartufo", permanece ainda defensável? Mesmo formulada num plano geral, a pergunta se coloca na verdade não no abstrato, mas no interior de um tipo de dispositivo preciso, de caráter fundamentalmente polêmico, e até político, que se poderá por conseguinte reconhecer também em outras cenas que não aquela, fictícia e, em certo sentido, artificial, do teatro. A fórmula básica desse dispositivo é a seguinte: diante dos objetivos *assimiladores* do Um, o Outro responde pela *dissimulação.*

Vista por esse ângulo, a peça de Molière vale como uma ilustração particular de um tipo de confrontação interidentitária de alcance extremamente global, e a questão que se coloca é então saber se um "camaleão", em geral (pois existem diferentes subespécies deles), pode ou não ter uma *moral.*

2.4.2. *Morais da Contrafação*

Vejamos primeiramente o que se dá no caso de sua encarnação molièresca. No caso, o "inocente", Orgon, não é simplesmente um tipo humano que depende de uma psicologia de caráter universal e intemporal. Esse bravo homem é, de fato, na sociedade de seu tempo, o homem de um *partido*: o do rei. Num momento oportuno, *"para servir seu príncipe ele mostrou coragem"* (ato I, cena II), e é explicitamente em *"recompensa"* desse *"zelo"* (ato V, cena VII) que o *"soberano poder"* terá *in extremis* a graça de intervir para, ao mesmo

56 PRESENÇAS DO OUTRO

tempo, salvá-lo das conseqüências de sua ingenuidade diante de Tartufo e dispensá-lo da sanção de seu erro perante o próprio Príncipe[11]. Ao contrário, Tartufo, personagem de origem obscura, à primeira vista representa, em sua perversidade, apenas ele mesmo. Temperamento abjeto, indivíduo sem honra, calculista motivado pela concupiscência e pelo chamariz do lucro, ele aparece como um *caso* singular – uma monstruosidade. Segundo essa óptica, aquela que nos ensinaram nossos livros escolares, a condenação que ele merece só poderá ser sem apelação.

Mas a lição é, talvez, mais complexa e mais rica. Examinando o caso mais atentamente, Tartufo não é, no fundo, também ele, o homem de um "partido"? Partido inominável, sem dúvida: o dos espíritos fortes (contra o clã dos devotos) ou, como se quiser, o dos tratantes (contra todo o povo das pessoas de bem), em todo caso, partido em guerra contra aquele, dominante, que Orgon representa, e finalmente, sobretudo, pois é isso que o perderá, contra o rei. Nessa perspectiva, o personagem, por mais celerado que seja, adquire imediatamente uma nova envergadura. Face a seu anfitrião e à ordem que ele representa, ele pertence *positivamente* a um *outro* mundo, o dos reprovados – por construção –, do qual tudo sugere que ele extrai sua identidade verdadeira, e talvez cuja honra ele defende à sua maneira. Maneira, evidentemente, matreira, mas provavelmente não há outra que lhe seja oferecida na posição que lhe atribui a construção da intriga, ela mesma dependente do contexto histórico da peça enquanto tal (de suas "condições de produção", como dizem os sociólogos da literatura). Nesse caso, se essa comédia deve realmente ter um sentido, de que modo se contentar de ler ali a fábula, certamente explícita mas decididamente por demasiado trivial, do dissimulado, punido por ter abusado de um homem honesto? Não se deve, antes, reconhecer entre as linhas a afirmação – fadada ao fracasso e à infâmia, mas "soberana" também ela em seu princípio, e simbolicamente reivindicada não apenas por Tartufo em pessoa, mas em nome do Outro em geral – de um *poder ser si mesmo*, atrás, ou melhor, pela própria máscara que o Outro empresta *a seu Outro*, aqui portanto a Orgon e seus semelhantes?

Há os que se disfarçam por divertimento, outros que se mascaram por astúcia. Tartufo simula, diremos, essencialmente por *derrisão,* e assim agindo, além da parte evidente do cálculo, ele realiza uma intenção mais fundamental, radicalmente polêmica, que não depende em si mesma nem do jogo nem do interesse, mas compromete seu próprio ser diante do outro, apesar do outro, contra o outro. *Tartufo*: não – ou em todo caso não apenas – a comédia do impostor e de seu

11. Pois Orgon conservou imprudentemente, sob a forma de uma "importante caixinha" de documentos, e "desprezando o dever de um súdito", o "culpado secreto" de um caso comprometedor aos olhos da lei (ato V, cena VI).

FORMAS DA ALTERIDADE E ESTILOS DE VIDA

otário, mas também, ou primeiramente, a *tragédia* do Outro, esse anti-herói por definição, esse "impostor" por construção na medida em que, em definitivo, se ele toma de empréstimo às pessoas honradas, a Orgon e aos seus, a máscara de sua identidade, é que eles mesmos de uma certa maneira o propõem a ele, ou até o impõem negando-lhe a possibilidade, ou o direito, de ser o que ele em si mesmo é: "outro", em suma. Igualmente, enxergadas do interior e não mais na perspectiva externa de sua vítima, as *contrafações* do impostor são outras tantas maneiras de ser, de ser *contra*, que longe de trair toda a verdade, dizem, ao contrário, para aqueles pelo menos que querem ouvir, a única talvez que conta, e que é a verdade de uma outra pertença identitária[12].

Em contextos muito diferentes mas dependentes do mesmo tipo de configuração intersubjetiva, onde a relação entre o Si e o Não-si – entre Nós e Eles – se organiza também numa base fundamentalmente conflitante, é de uma maneira formalmente análoga que um certo número de outras práticas identitárias com caráter igualmente enganador por princípio, ou por necessidade, se justificam. As do *espião*, por exemplo, sobre o qual se pode dizer, sem nenhum paradoxo, que quanto melhor ele mascara sua verdadeira identidade, tanto melhor na realidade ele a afirma, ou, o que é equivalente, que quanto mais ele se torna semelhante a seu outro – seu adversário (e melhor ele "se infiltra" no território dele) – mais ele difere dele e melhor serve ao *Outro,* isto é, à "potência", verdadeiramente "estrangeira", à qual ele pertence. A menos, evidentemente, que, de tanto imitar aqueles que ele tem por missão permear, ele acabe por se identificar com eles de verdade, em outros termos (na linguagem da honorável profissão), por "virar casaca", ou se desdobrar, ou ainda – para enriquecer nossa própria terminologia animalesca – por se metamorfosear, de camaleão que ele era (réptil indefectivelmente fiel a suas origens, isto é, a si mesmo) num verdadeiro macaquinho doméstico, essa caricatura demasiado humana do esnobe, capaz de renegar tudo para agradar aos mestres que ele adota, a fim de que eles o alimentem. Ora, a tentação de bifurcar desse modo não deve ser negligenciável, pode-se imaginá-lo, uma vez que nada separa as duas formas de simulação – a primeira, que permite ao sujeito manter e até reforçar sua não-disjunção de seu espaço *ab quo*, da segunda, que se oferece a ele, ao contrário, como meio de se colo-

---

12. "Toda simulação que não repousa numa verdade superior e que é apenas uma mentira nua e crua é grosseira, imperfeita, e descoberta pela primeira pessoa que aparece. Só pode ser eficaz, e agir sobre outrem, o subterfúgio que não merece seu nome e que é apenas a expressão de uma verdade viva, não absolutamente do domínio da realidade, mas acompanhada por sintomas materiais de que precisa para ser reconhecida e apreciada pelos homens" (Thomas Mann, *Les confessions du chevalier d'industrie Félix Krull*, Paris, Albin Michel, 1956, p. 32).

58 PRESENÇAS DO OUTRO

car em conjugação com o espaço *ad quem* – a não ser um pequeno salto qualitativo, praticamente imperceptível do exterior, e portanto, num sentido, bem fácil de efetuar. E, aliás, efetuá-lo pode trazer em certos casos, pelo que se diz, tantas comodidades no plano prático! Mais razões para passar, se houver oportunidade, de um lado para o outro, ou melhor, para simular ao mesmo tempo a lealdade aos dois lados. Dupla pertença cinicamente fingida ou verdadeiro "desdobramento da personalidade", então começa talvez a verdadeira traição, e com ela a desonra, e a "imoralidade", da contrafação: *então,* mas em todo caso não *antes*[13].

Ocorre de modo comparável, num outro plano e num contexto histórico bem determinado, com o caso dos marranos, judeus pretensamente convertidos após a Reconquista – outra variante do camaleão em sua pureza trágica –, cuja "hipocrisia" encontra, estruturalmente, sua definição estratégica e, eticamente, o princípio de sua legitimidade no fato de que ela representa para ele o único e derradeiro recurso para a preservação de sua identidade e de sua fé. A sofisticada e mentirosa relação de sentido à qual o Outro confia sua sobrevivência nesse caso apenas responde à brutalidade radical da relação de forças imposta pelo Um. Onde está, onde começa portanto, uma vez mais, a "imoralidade"? Ou, antes, quem sai primeiro do quadro da "moralidade"? Incluindo a avaliação axiológica, é claro que em tudo isso, nem as estratégias de qualquer dos protagonistas nem suas significações na perspectiva do outro são jamais unívocas nem determinadas de antemão e como que unilateralmente; elas se constituem apenas mediante um jogo de interpretações mútuas sem fim, onde apenas o parceiro mais forte na interação pode ter – por algum tempo e de modo inteiramente contingente – a "última" palavra.

Tratando-se de superpor os dois diagramas acima, não se poderia, portanto, limitar-se a fazê-lo por simples translação como esboçamos inicialmente[14]. Seria preciso, sobretudo, confrontá-los não só permutando sistematicamente seus termos segundo o procedimento mencionado mais acima[15], mas também integrando ali um outro cálculo, de tipo veridictório, mais aberto ainda, tão aberto que se pode até hesitar sobre a possibilidade prática de efetuá-lo. No entanto, nada poderia ser menos entregue à casualidade que as estratégias fundadas na troca das falsas aparências: tudo, inclusive os efeitos do acaso (ou da fanta-

---

13. Para uma análise aprofundada das restrições semióticas (e não psicológicas) que presidem à aventura identitária – inclusive nos planos ético e metafísico – do "agente duplo", é preciso ler o clássico na matéria: V. Volkoff, *Le retournement*, Paris, Julliard, "L'Âge d'Homme", 1979; cf. também P. Fabbri, "Nous sommes tous des agents doubles", *Le genre humain,* 16-17, 1988 (*La Trahison*).

14. *Supra*, pp. 50-52.

15. Cf. p. 52, n. 10.

FORMAS DA ALTERIDADE E ESTILOS DE VIDA

sia), faz sentido ali, e se torna parte integrante dos dados calculáveis da interação, nem mais nem menos que os "golpes" deliberadamente montados pelo adversário. O face-a-face entre agentes transforma-se assim num jogo *significante em todas as partes* no interior de um contexto semioticamente saturado. Parece então possível pensar que, longe de estarmos lidando necessariamente com uma deriva incontrolável dos simulacros, a proliferação dos níveis de sentido poderia, em definitivo, por saturação da sintaxe, se encerrar como um circuito fechado sobre si mesmo: assim, o deciframento analítico dos jogos de simulação (identitários ou outros) mesmo os mais complexos não seria de forma alguma destinado de antemão a se esgotar numa regressão infinita[16]. Hipótese tranqüilizadora – ou inquietante, não se poderia afirmar ao certo –, mas que não basta para tornar tal cálculo menos desmedido (e talvez utópico). Em todo caso, um procedimento semelhante nos levaria longe demais para que seja viável adotá-lo no âmbito do presente trabalho, tanto mais que nos resta, aliás, um caminho bastante longo a percorrer para captar a gramática que comanda *do interior* os comportamentos – equívocos ou não – do segundo dos parceiros em jogo.

Por isso, mais que procurar calcular dedutivamente toda a gama dos efeitos de sentido que poderiam corresponder aos diferentes tipos de encontros possíveis entre nossos diferentes tipos de figuras, nós nos ateremos, para continuar e para terminar, ao procedimento abrangente escolhido no início.

2.5. OS ESPAÇOS DO OUTRO

Levando em conta a diversidade das configurações cujo princípio acabamos de reconhecer, a questão que se coloca não é, pois, saber se é ou não preciso atribuir ao Outro uma "complexidade" de grau igual àquela que manifesta o grupo de referência que ele enfrenta. O problema que permanece, em compensação, é conceber uma maneira adequada de dar conta das estratégias dele, e isso tanto quanto possível em termos comparáveis (embora não necessariamente idênticos) àqueles que, precedentemente, nos ajudaram a seguir os percursos identitários do Um.

2.5.1. Descentramento

Ainda seria preciso para isso estar seguro de que nossa própria maneira de olhar não se constitui em obstáculo à compreensão. E de

---

16. Sobre a hipótese do fechamento "em circuito" da sintaxe veridictória, cf. Per Aage Brandt, "Les paliers de la véridiction", *Nouveaux Actes Sémiotiques*, 21, 1995.

novo, esse é um problema de *espaço*, ou mais precisamente, de posição e de ponto de vista, a começar por aqueles que adotamos para apreender e descrever o que "se passa". Ora, se reconsideramos a fórmula programática que nos fixamos de início – tomar o ponto de vista "do Um", depois aquele "do Outro" –, não podemos, no ponto em que chegamos agora, deixar de ver que de fato o programa que ela definia não é exatamente aquele que seguimos.

Com certeza, depois de ter examinado num primeiro momento as estratégias do Nós de referência, mudamos de ponto de vista focalizando a atenção sobre as de seu Outro. Mas pode-se verdadeiramente dizer por isso que fizemos nosso *seu* ponto de vista? – Nada é menos seguro. Pois, mesmo procurando explicações suscetíveis de tornar claras as orientações que esse Outro adota – ou melhor, mesmo tentando compreender de dentro a causa das ambivalências inerentes a certos percursos que ele efetua –, na realidade observamos tudo isso de um ponto de vista que, mais que o seu, era apenas, na melhor das hipóteses, aquele de um terceiro colocado a boa distância – alguma coisa como o ponto de vista de Sirius –, ou, na pior das hipóteses, aquele de um metassujeito implicitamente colocado no *centro* do espaço social considerado, nesse ponto de interseção virtual para o qual tudo converge (ou a partir do qual tudo diverge) que colocamos no início como lugar geométrico de toda essa construção, e que, apesar de nós, não perdeu talvez nada de seu estatuto de referencial privilegiado, embora o tenhamos esvaziado de sua substância atribuindo-lhe, depois, o estatuto de um puro simulacro.

Sabe-se que, na física, esse tipo de aporia é hoje superável. Também o seria em nosso domínio? É epistemologicamente concebível passar de uma física das partículas (sociais) baseada no esquema de uma "relatividade restrita" do tipo ilustrado de modo bem simplificado pelo gráfico da p. 39, organizado em torno de um ponto focal estável (quer o consideremos como fixo ou como animado, por sua vez, por um movimento de translação regular), a uma outra semiótica das relações intersubjetivas, que, inspirando-se, ainda que de muito longe, no princípio da relatividade "generalizada", fosse realmente capaz de dar conta dos pontos de vista do Outro? Bem consciente de quão irrisório seria esse paralelo entre disciplinas, se fosse tomado ao pé da letra, podemos, contudo, entrever uma pista que, de um modo geral, vá na direção desejada[17].

Os espaços intersubjetivos que manipulamos ou que tentamos imaginar aqui não têm todos, de fato, as mesmas propriedades. Aque-

---

17. Para uma primeira localização das repercussões que a teoria das duas "relatividades" poderia acarretar sobre a construção de uma teoria semiótica, cf. J.-L. Excousseau, "Objectivité et subjectivité en physique", *Actes Sémiotiques – Documents*, VII, 66, 1985.

FORMAS DA ALTERIDADE E ESTILOS DE VIDA   61

le que utilizamos mais acima e que, é preciso reconhecê-lo, se parece estranhamente com o do Sr. Todo Mundo, apresenta-se em realidade como uma simples *tela de fundo* sobre a qual viriam se destacar unidades discretas, em movimento certamente, mas que ocupam cada uma, a cada instante, um lugar determinado, "seu" lugar. Assim concebido, esse espaço não tem praticamente existência a não ser enquanto manifesta, ou figura, a *distância* que separa e autonomiza umas das outras as unidades que o percorrem. Um pouco à maneira do vazio interestelar, ele não tem, portanto, em si mesmo, por assim dizer, nenhuma espessura: daí essa transparência e essa homogeneidade aparentes que, mais acima, já púnhamos em dúvida (depois de as termos pressuposto). Quais poderiam ser, então, por contraste, as características do "outro espaço", as do espaço social tal como o vê e o vive o Outro, se é que podemos encará-las efetivamente de *seu* ponto de vista: compacidade? heterogeneidade? elasticidade? anisotropia? abolição ou, ao contrário, infinitização das distâncias?

Como a ginástica que implica tal descentramento é muito delicada, remetemo-nos a uma espécie de testemunho direto. O exemplo escolhido nos aproximará dos problemas com os quais o Outro é confrontado enquanto sujeito *coletivo* quando deve determinar seu estilo de conduta diante do grupo dominante. Ele terá ao mesmo tempo o interesse de nos obrigar a pensar uma certa prática da marginalidade que, enquanto experiência de uma alteridade concretamente vivida, parece remeter a uma *espacialidade outra,* a uma topografia e a uma cinética identitárias que apresentam um grau de complexidade levemente superior ao que encontramos até aqui. Isso posto, nada mais fácil que encontrar o tipo de fauna que nos servirá como testemunha. Não há para isso necessidade alguma de nos perdermos em algum distante subúrbio! Ao contrário, curiosamente à primeira vista, para encontrar a categoria de "marginais" em cujos princípios de construção espacial próprios desejaríamos penetrar (enquanto fundamentos de estilos de vida "à parte"), é em direção ao coração da capital que precisamos nos dirigir[18]. O ponto de encontro preferido por eles situa-se com efeito precisamente na encruzilhada de todas as mundanidades artísticas e intelectuais locais, ou seja – pois estamos em Paris –, no Centro Georges Pompidou.

Ali na praça, sobre o "átrio", cruzam-se a cada noite sem se confundirem dois universos que *a priori* não se esperaria ver justapostos: a nata da *intelligentsia* de um lado, sua vanguarda, que, habitando a dois passos na margem esquerda, só precisou atravessar o Sena para chegar; e de outro, vindo não se sabe bem como, do lado de lá do "periférico", o que o Terceiro Mundo deposita em torno da capital de

18. A questão do modo de presença do sujeito no espaço do Outro será retomada no capítulo seguinte, por assim dizer, sob o ângulo inverso, saindo da "capital".

62 PRESENÇAS DO OUTRO

mais improvavelmente recuperável. Menos que o traje ou o penteado – uma vez que hoje a procura da "elegância" se resolve em seu contrário e produz o indiferenciado –, é a maneira de utilizar o espaço que à vista d'olhos distingue as duas populações: enquanto a primeira, composta por indivíduos isolados ou pequenos grupos, atravessa a praça, a segunda a *ocupa*, formando uma massa. Assim, apesar da incomodidade do pavimento feito de pequenos paralelepípedos desiguais (mas que têm por missão nos lembrar a centralidade geográfica e histórica do lugar), a "gente fina" anda apressadamente para a única e estreita porta de entrada do edifício. Pois, para as pessoas que estão a par de tudo, as coisas sérias, é claro, acontecem no interior, no calor das pequenas salas, e não se deve atrasar quando se trata, como é aqui a palavra de ordem, de pós-modernidade. Ora, naquele momento, fora, ao ar livre, e melhor ainda se o ar for ameno, o "outro" mundo, o que nos interessa, já está – na verdade, está há horas – contando uns aos outros histórias em todas as línguas, algumas das quais absolutamente impossíveis de identificar, dedicando-se a diversos tipos de trocas, cujos segredos não é absolutamente necessário tentar desvendar, cantando ocasionalmente, ou tamborilando, mas sem pretensão nem ardor excessivos, em suma, agindo cada um por sua conta "como em casa", enquanto se oferecem vagamente, apesar de tudo, em espetáculo uns aos outros.

2.5.2. *Como em Casa*

Diante dessa cena esquematicamente reconstituída a título de *corpus* a analisar, com quem então estamos lidando? Do lado da porta de entrada não se coloca nenhum problema de leitura: é o desfile das coqueterias e afetações normais nesse lugar – um lugar quase tão prestigioso quanto um colégio de filosofia, espécie de colônia implantada na margem direita para onde emigram os belos espíritos no cair da noite. De modo que, com um pouco de sorte, em meio da onda dos esnobes comuns que se apressam em direção aos altares da cultura, ter-se-á algumas noites prazer em reconhecer – destacando-se do gesto assim como pelo tom da voz e um passo mais medido – um autêntico dândi, algumas vezes dois, formando um par, algumas vezes até um pouco mais, logo agarrados ao interior do templo: talvez eles mesmos venham a ser um dia os grandes padres. Mas esperando a próxima dessas aparições, temos o tempo todo de nos voltar e olhar nos arredores: então, diante de nós, essa multidão heteróclita, poliglota, espalhada por todos os lados, aparentemente sem destinação e que, de fato, permanecerá ali praticamente até a aurora, como qualificá-la nos termos de que dispomos? – Ursos, camaleões, dândis, ou o quê? De fato, sentimos que nenhuma de nossas etiquetas convém perfeitamente, como se aqueles "marginais" não jogassem realmente o jogo.

FORMAS DA ALTERIDADE E ESTILOS DE VIDA

E é talvez isso, justamente, que, antes de nos colocar problema no plano analítico, desloca instintivamente o próprio *Sr. Todo Mundo*. Nós o compreendemos, de resto. Não só eis um bairro inteiro, arrumado há pouco com grande cuidado (e muitos custos) como um desses espaços vitrinas, onde a cidade procura oferecer de si mesma a melhor imagem, que se encontra presentemente monopolizado, desfigurado pelos "invasores", mas sobretudo – pois é mais grave –, são de uma vez perturbados profundamente os próprios princípios de uma sadia geometria urbana, dessa geometria euclidiana (ou pelo menos newtoniana) que funda a leitura "normal" da cidade e o reconhecimento mútuo das identidades que ali coabitam. Seria passável ainda se se estivesse diante de verdadeiros ursos: de fato, essa multidão dispersa à vontade, de uma ponta a outra da praça, assemelha-se sob certos aspectos a esses animais, com sua perfeita sem-cerimônia e essa indiferença quase inacreditável diante dos olhares perplexos, surpresos, ou até francamente reprovadores das pessoas comuns que por ali passam. Mas os verdadeiros ursos provêm pelo menos de nossas montanhas, o que, aqui, não é visivelmente o caso. Pois o que coloca esses grupos à margem da sociedade não se deve ao fato de transgredirem os cânones de uma normalidade que, ao mesmo tempo que é "a nossa", seria (ou deveria ser) também a sua, mas que eles teriam decidido rejeitar (ou até teriam "esquecido", como o filhinho da mamãe deixa um dia de lado as boas maneiras aprendidas em casa); na realidade, sua estranheza remete *positivamente* a uma outra normalidade, que por definição "nos" é estranha: à normalidade *deles*, a de seu universo por assim dizer importado ou reconstituído aqui em bloco.

Por outro lado, dado que, visivelmente, não procuram de forma alguma esconder essa radical alteridade, nem mesmo atenuá-la por um mínimo de discrição, o simples bom senso parece impedir somente perguntar se, na falta de coisa melhor, essas pessoas não pertenceriam por acaso à categoria dos camaleões. Mas tampouco se poderia considerá-las como dândis, pois mesmo admitindo que talvez algumas delas acrescentam voluntariamente um pouquinho ao exotismo ou ao folclore, nada permite generalizar e dizer, globalmente, que fabricam (artificialmente) nem sequer que exploram (cinicamente) sua "diferença", que a exibem como espetáculo para se valorizarem a si mesmas por provocação. Não, mais uma vez, essas pessoas são "o que são" – ingenuamente (concedamos a elas pelo menos isso!) – e contentes aparentemente por sê-lo. O que, ao mesmo tempo, as situa também nos antípodas do gênero esnobe, que suporia, já que estão em Paris, que procurassem se fazer passar (e se considerassem a si mesmas, pelo menos um pouco) como autênticas "parisienses": eis pelo menos uma ilusão que lhes será poupada. Admitamos, por conseguinte, que essa população não corresponde, vista como um todo, a nenhum dos tipos de figuras, tomados um a um, de que dispomos no

64 PRESENÇAS DO OUTRO

momento. Mesmo que tome de empréstimo certos traços a um ou outro desses tipos, ela não concretiza formalmente nenhum deles.

Nesse caso, já que estabelecemos como objetivo apreender tanto quanto possível do interior o ponto de vista do outro, por que não colocar de alguma forma a essa população mesma a pergunta: por que exatamente ela parece assim escapar aos procedimentos de discretização ao mesmo tempo espacial e identitária nos quais se baseia nosso sistema de reconhecimento? Em outras palavras, onde e como essa população se "vê" a si mesma: onde esses "marginais" *se crêem* afinal? Ou ainda, como dar conta do estatuto que pode ter para eles, enquanto espaço social, isto é, significante, esse espaço central que eles vêm com tal constância ocupar noite e dia? Onde se crêem eles – onde *eles estão?* A resposta cabe em duas palavras: agrade ou não aos autóctones, eles estão aqui na sua casa. Como se, paradoxalmente, esse povo "à margem" não se sentisse verdadeiramente em seu lugar senão *no centro,* e não na periferia!

Mas não seria o próprio centro um lugar eminentemente paradoxal? Por oposição a todos os outros pontos do espaço, ele se deixa captar ao mesmo tempo como um cheio e como um vazio: lugar de extrema densidade, onde tudo se concentra, e simples ponto de referência que, enquanto tal, não contém nada. Orientamo-nos e definimonos em relação a ele, pode-se até a rigor ali passar, mas ninguém poderia se manter nele duradouramente: para ninguém, o centro é realmente um lugar "habitável". Simulacro construído por todos, mas de que ninguém pode se apropriar, é uma espécie de *não-lugar.* Se tal é o caso, não seriam justamente essas propriedades muito particulares, especificamente ligadas à centralidade do ponto de encontro em questão, que permitiriam compreender que o *Outro* – não qualquer outro, evidentemente, mas um Outro de um certo tipo, relativamente complexo – venha ali se demorar de tão bom grado? Em toda parte alhures, e especialmente na periferia (nesses subúrbios onde tudo, econômica, administrativa, socialmente, tende a relegar aqueles que não são daqui), estar *lá,* é estar realmente *em algum lugar,* no seu lugar e em nenhuma outra parte, como assentado numa porção finita e definida de um território inteiramente quadriculado. Ao contrário, manter-se no centro, estabelecer aí seus bairros, aí assentar, quase aí viver, é escapar, pelo menos simbolicamente, a tal demarcação: é estar em alguma parte e em nenhuma parte ao mesmo tempo, é estar "aqui" sem aí estar – e em todo caso sem ser "daqui" – aqui, e ao mesmo tempo *alhures,* a milhares de quilômetros, ainda "lá longe", em sua casa, como se efetivamente se tivesse lá permanecido.

Nessas condições, em relação a nosso sistema de critérios, esses grupos não dependem em definitivo da categoria dos inclassificáveis. Amostras de uma raça certamente à parte mas que tem, todavia, seu lugar na arquitetura do modelo, se eles não parecem exatamente com

FORMAS DA ALTERIDADE E ESTILOS DE VIDA 65

nada do que nós conhecemos, se suas posturas não se reduzem a nenhuma daquelas que isolamos, não é porque eles não ilustrem nenhuma, mas porque convocam sincreticamente elementos emprestados a duas ou várias das figuras repertoriadas. Percurso estranho e ao mesmo tempo perfeitamente lógico: vindos de longe, eles escolheram permanecer integralmente eles mesmos, entre nós: *programa de camaleão*; e se por isso eles se instalam exatamente no centro, é porque esse lugar, por oposição a todos os outros, não é verdadeiramente daqui: *tática do urso,* que sabe que seu refúgio mais seguro para ser livremente o que ele é se encontra algumas vezes no coração da multidão, no centro cego do sistema.

Contrariamente à história natural, a zoossemiótica – ciência humana – reconhece, como se vê, o direito à existência dos *animais híbridos*: há camaleões que se fazem ursos, e ursos que nasceram camaleões. Assim, diferentemente dos camaleões comuns, que se situam – se nos referirmos ao esquema apresentado no § II – em algum lugar ao longo da flecha, horizontal da esquerda, em vias de progredir lentamente para o centro mudando de cor à medida que se aproximam dele, estamos aqui diante de uma variedade que *não mudará* de cor. E diferentemente dos ursos comuns, que fogem para o mais longe possível das concentrações humanas para serem mais livremente eles mesmos, vemos aqui um subgrupo que encontra *em pleno centro* seu espaço de maior liberdade. É que a atopia desse lugar permite ao excluído que se respeita realizar de uma só vez uma espécie de curto-circuito, que o conduz diretamente de uma extremidade a outra do eixo horizontal, até a ponta extrema da flecha da direita, por um salto instantâneo entre dois *alhures*: aquele, arcaico, diriam alguns, de uma origem diversa, mas sempre assumida, e aquela, utópica, de um além não menos diferente do aqui-agora (o dos encontros da "pós-modernidade").

Daí o estranho modo de presença-ausência que caracteriza o estilo dessa variedade de "marginais", e que os torna quase inapreensíveis. Movendo-se numa trajetória que apenas *passa* pelo centro, para eles, esse mundo (o nosso) e o outro mundo, o deles – ao mesmo tempo aquém e além do nosso – não se excluem. De modo que pode-se dizer igualmente que eles estão ao mesmo tempo em um e no outro, ou que não pertencem a nenhum dos dois. Não, certamente, que a metamorfose que suporia sua estabilização, mesmo provisória, e por conseguinte sua integração, até relativa, em nosso espaço-tempo lhes seja por natureza impossível (muitos de seus congêneres testemunham suficientemente o contrário por sua "adaptação"), mas pela simples razão que, embora eles não estejam fisicamente *lá* longe – entre eles –, nada os obriga, nem os incita, a se disporem a estar doravante simplesmente – trivialmente – *aqui* e nada mais. Se, justo retorno das coisas, eles admitem liberalmente *nossa* diferença (e inclusive, aparentemente, se divertem com isso, como atesta o fato de virem se colocar no próprio cruzamento de nossas mais singulares modas intelectuais), é claro que eles não se sentem de modo algum obrigados a se conformar a isso. Ao contrário, tendo sabido encontrar em terra estranha o espaço de um alhures possível no *interior* do aqui, eles têm a arte de estar ainda em casa deles estando, ao mesmo tempo, pois é assim, "entre nós". Como tal ubiqüidade não tornaria, numa primeira abordagem, um pouco problemática a localização de sua identidade?

Mas, afinal, em vez de nos obstinarmos a pôr em fichas esses viajantes dentre pelo menos dois mundos, por que não *admitir* por nossa vez (talvez até invejar) essa invencível disposição que eles manifestam para serem, simplesmente, eles mesmos? Eles mesmos, apesar de tudo, eles mesmos com toda desenvoltura, apesar de nossas posturas e nossas leis: em suma, apesar de nós. Ou por que não, um dia, *conosco*, se nós também, mudando nossas leis e nossas posturas, quiséssemos um dia nos tornarmos nós mesmos, isto é, outros – um pouquinho.

3. Estados dos Lugares

3.1. PREPARATIVOS DE EXPLORAÇÃO

No âmbito de procedimentos muito diversos, destinados, uns, a estabelecer os parâmetros de uma física do universo real, e outros, a destacar as categorias primárias das quais depende toda forma humana de apreensão do mundo sensível, inúmeras definições com finalidade objetivadora foram propostas, como se sabe, pelo menos desde Descartes, por cientistas e filósofos, visando definir o estatuto do *espaço-tempo*, determinar-lhe o modo de ser, seja em nossas mentes, seja entre as próprias coisas. Não somente a amplitude da tarefa exclui a possibilidade de evocar aqui todas elas, mas sobretudo, levando em conta a perspectiva que adotamos, uma razão de princípio nos dispensa disso: é que, se o espaço e o tempo nos interessam, será exclusivamente a título de *objetos semióticos*, isto é, enquanto *fazem sentido*. Ora, vistos sob esse prisma, nem o espaço nem o tempo se apresentam como dados primários que possam ser tomados em termos realistas sobre o modo da objetividade. Semioticamente falando, só há espaço-tempo em função da competência específica de sujeitos que, para se reconhecerem, e antes de mais nada, para se construírem a si próprios enquanto tais, têm de *construir* também, entre outras coisas, a dimensão "temporal" de seu devir e o quadro "espacial" de sua presença para si e para o Outro. Por conseguinte, não há nada na matéria que possa ser considerado como pertinente à ordem do "dado".

Como o tempo, que não nos seria sensível não fossem os acontecimentos e as mudanças que o escandem (e que, realizando, frustrando ou superando as expectativas dos sujeitos, afetam a cada instante seus estados), o espaço, do mesmo modo, não surge diante de nós, como extensão ou como jogo de relações entre os objetos que o constelam, a não ser a partir de nós, no momento em que nos apreendemos como presentes a nós mesmos em nossa relação com uma exterioridade, seja qual for exatamente sua natureza. Em compensação, para um sujeito perfeitamente dobrado sobre si mesmo e que se acreditasse imutavelmente idêntico ao que ele é, não haveria por definição nem espaço nem tempo – em todo caso, nem duração que passe, nem extensão para ele onde se situar. Assim, com a condição de relativizar meu "ser", isto é, de descobrir o ser do outro, ou sua presença, ou de me descobrir eu mesmo como parcialmente outro, eu faço nascer o espaço-tempo, como suporte de diferenças posicionais entre mim mesmo e meus semelhantes, como efeito de sentido induzido pela distância que percebo entre meu aqui-agora e todo o resto – lugares distantes, tempos distintos –, ou ainda, como resultante da relação que me liga, eu sujeito, a um mundo objeto cujas formas discretas, à medida que as recorto, me revelam a mim mesmo.

Não nos escapa que essas intuições às quais damos aqui livre curso – porque, do ponto de vista semiótico, elas nos parecem poder servir de ponto de apoio – provêm de um nível de pertinência diferente daquele que implicaria um questionamento de inspiração propriamente filosófica. Ainda uma vez, como nos capítulos anteriores, menos que do espaço ou do tempo "em si", cujo modo de existência ou pelo menos cujo estatuto deveria, segundo uma longa tradição, ser definido ontologicamente, trata-se para nós de dar conta das condições de emergência dos *efeitos de sentido* correspondentes, ao tomarem consistência pela experiência cotidiana de sujeitos em busca de significação: defasagem quanto à perspectiva, e portanto, quanto ao objeto, que, mesmo que possa parecer leve, alicerça a especificidade do projeto "semiótico".

Agora, a partir do momento em que a questão colocada é a do sentido e não da essência, um ponto ao menos parece seguro. É que, já que com todo rigor não podemos tratar nem "do tempo" nem "do espaço" enquanto tais, falar, como é costume entre especialistas, de uma "semiótica do espaço" constituiria uma espécie de atalho cômodo, sem dúvida, mas enganoso; ao empregá-lo, seria preciso, a cada instante, lembrar que, por trás desse rótulo, o objetivo é, no máximo, elaborar uma semiótica *da construção* do espaço – ou do tempo – *enquanto realidades significantes*. É a razão pela qual preferimos simplesmente evitar o emprego dessa expressão, por mais útil que ela seja sob outros aspectos.

Isso posto, o que podemos tentar efetivamente analisar enquanto positividade que articula práticas e discursos é o *modo de aparecer* dos elementos que constituímos como objetos de sentido inscrevendo-os na dimensão da "espacialidade" ou da "temporalidade". E, mais precisamente, considerando-se que, na perspectiva que adotamos, essas duas dimensões não poderiam ser assimiladas nem à realidade nua e crua do universo ambiente nem mesmo a puras formas *a priori* de nosso entendimento, aquilo do qual conviria em definitivo dar conta, é o próprio modo de sua construção, em outros termos, os procedimentos de *espacialização* e de *temporalização* que, de fato, parecem condicionar toda e qualquer forma de apreensão de nosso estar no mundo enquanto mundo significante.

É claro que não temos a ilusão de poder conduzir a bom termo, aqui mesmo, um programa tão vasto; pelo menos tentaremos no presente capítulo abrir uma nova pista que vá nessa direção. Para isso – última opção "estratégica" que, esperamos, se justifica no estágio onde estamos –, recorremos desta vez a um método menos ortodoxo ainda, talvez, que precedentemente, pois ele consistirá em explorar um "corpus" não *ad hoc,* mas que corre grande risco de parecê-lo. Ao lado de um pequeno número de referências literárias convocadas da maneira mais livre e, às vezes, de modo simplesmente implícito, é com efeito nossa própria prática do espaço-tempo, reconstituída sob a forma de uma espécie de narrativa em episódios, que vai nos servir como fio condutor, ao mesmo tempo como meio de acesso a um certo "vivido" e como estoque de configurações estruturalmente distintas, a se organizarem entre elas.

A semiótica, dizem, não se preocupa com o real: ao contrário, utilizando-a para uma apreensão direta do sensível e do cotidiano – quer o consideremos trivial ou romanesco –, gostaríamos que ela nos ajudasse, reflexivamente, a nos compreendermos melhor.

3.2. PRESENÇA PARA SI, PRESENÇA PARA O MUNDO

Não há mais hoje ilhas desertas onde se encontrar uma bela manhã sozinho no mundo – fora do mundo –, uma vez passada a tempestade e constatada a extensão do desastre. Os únicos náufragos são, daí em diante, os náufragos do sentido. Nossas ilhas da Desolação não estão mais na outra ponta do mundo, no fim da aventura, mas à porta de nossa casa. O náufrago não é mais um perdido, vítima da fúria dos elementos; primeiramente, ele não enfrenta nenhum elemento, nem tempestade nem marola: ele os sobrevoa. Disciplinado, contentou-se em prender o cinto de segurança (ou de fingir fazê-lo), sabiamente esperou sua "bandeja-refeição" e cochilou por algumas horas.

Ei-lo que chegou ao *destino*: a algum lugar, isto é – para ele, e para o momento em todo caso – a lugar nenhum.

Não daremos nome a esse não-lugar pois, embora ele acabe de aí desembarcar, na realidade nosso Robinson, por ora, não *está* aí: ele

70 PRESENÇAS DO OUTRO

chegou, é claro, e no entanto, ainda está em outra parte. E essa é justamente toda a questão... talvez ociosa em aparência: como, tendo chegado, tornar-se presente no *aqui-agora*? Como coincidir consigo mesmo? Como "estar ali"?

A espacialização, assim encarada – isto é, como processo de *presentificação* –, ultrapassa, em todo caso, os limites dos procedimentos técnicos chamados de "colocação em discurso" pelos quais o escritor (realista) instala na superfície do texto, com a ajuda de elementos figurativos bem escolhidos, o "cenário" da ação cujos fios estão se atando[1]. Para nós, a "espacialização", operação semiótica *in vivo*, envolve o próprio regime de identidade dos sujeitos que, através dela, se se pode assim dizer, vêm ao mundo. Pequenos Robinsons em terra firme, somos todos, desse ponto de vista, heróis de romances que vagamos por mundos em construção, obrigados que estamos, para advir à existência *no interior de nosso próprio texto*, a fazer de nós também construtores de cenários, planejadores urbanos, geômetras, agrimensores, sinalizadores do espaço – e do tempo.

Espaço-tempo "fictício" do mito ou da obra literária – espaço "vivido" na espessura do cotidiano: que diferença então existe entre os dois senão uma tênue discrepância entre níveis? Ambos procedem de um mesmo fazer exploratório que, figurado no enunciado, ou diretamente assumido diante do real, deixa na superfície das coisas suas marcas, embora devessem permanecer invisíveis para outrem: alguns pontos de referência que dão sentido ao que, a princípio, é apenas da ordem da substância perceptível, que transforma o ambiente geográfico e referencial num meio vivo e articulado, sensível e significante.

Em sua viagem "sentimental" à França (e além), Yorick, onde quer que ele se encontre, está sempre *imediatamente ali*, presente onde se encontra. Muito naturalmente, o espaço-tempo, a cada instante, se *mobilia* em torno dele, graças a mil pequenas *nonsensical contingencies* (e *courtesies*) que, advindo segundo sua lógica própria, programam o presente à medida que se "desenrola" e dão sentido tanto à disposição relativa das coisas entre elas, diante e a partir dele, como ao estar-ali de outrem, em torno dele e para ele[2].

Num certo sentido, Yorick não "viaja". – Além de alguns objetos familiares (o medalhão, a tabaqueira) que ele mantém secretamente ao alcance da mão como pontos de ligação, garantias em último recurso de uma possível volta a si mesmo, ele transporta sobretudo (além de sua maleta) seu próprio *modo de presença* no mundo: uma forma úni-

1. Cf. A. J. Greimas e J. Courtés, *Dicionário de Semiótica*, ob. cit., entradas "Discursivisação", "Espatialização", "Temporalização", "Actorialização", pp.155, 455 e 14.
2. Cf. L. Sterne, *A Sentimental Journey* (1768), Harmondsworth, Penguin Books, 1938, pp. 44, 78 e *passim*.

ca de atenção sensível, uma disponibilidade total, um acordo imediato com as coisas e as pessoas que ali advêm, com os miúdos acontecimentos previsíveis ("normais", mas não previstos) que, ingenuamente, se encadeiam uns aos outros, e que, desse modo, fazem a própria trama de uma narrativa sem outro programa a não ser o do instante que vem. – Presença inocente e generosa, brincalhona, jovial, mal consciente de si mesma!

Mas – e esse é todo o problema –, essa forma de vida tão *leve* que, ao ler Sterne, parece decorrer como uma graça da coincidência entre presença para si e presença para o mundo, não seria, como toda graça, um pouco da ordem do milagre?

Semioticamente falando, é coisa já entendida, não há espaço-tempo como referente puro ou como objeto de estudo dado *a priori*. Só há sujeitos que, através das modalidades variáveis da apreensão de seu "aqui-agora", constroem as condições de sua relação consigo mesmos, como "eu". Desse ponto de vista, toda construção identitária, toda "procura de si" passa por um processo de *localização do mundo* – do mundo como alteridade e como presença (mais ou menos "presente") em relação a si.

E inversamente, toda exploração do mundo, toda "viagem", enquanto experiência da relação com um aqui-agora sem cessar redefinível, equivale a um processo de *construção do eu*.

De acordo com essa óptica, explorar a diversidade das modalidades do estar-ali "de passagem", isto é, dos regimes ou dos estilos suscetíveis de modular a experiência da viagem enquanto fragmento de vida, deveria nos colocar no caminho de uma *semiótica da presença*, entendendo-se com isso uma problemática geral das relações do sujeito consigo mesmo mediante as modulações do sentido que ele confere a seu espaço-tempo. Assim, à graça de que dá testemunho o *sentimental traveller*, será preciso em breve opor uma outra forma da presença, baseada em estratégias mais voluntaristas e que, por sua vez, só se deixará, ao contrário, apreender, enunciando-se de maneira explícita, no modo, quase heróico, da reflexividade.

– Pois bem! desça...
– Mas eu nem cheguei! – diz Hans Castorp, estupefato e ainda sentado.
– Chegou sim! Eis a aldeia. Para ir ao sanatório, é mais perto por aqui. Eu peguei um carro, passa aqui suas malas[3].

Mas, antes disso, para iniciar nossa própria viagem semiótica, é preciso partir de situações e de práticas mais banais, a saber, aquelas em que dominam as diversas formas possíveis da não-presença.

3. Th. Mann, *La montagne magique*, Paris, Fayard, 1961, p. 12.

72 PRESENÇAS DO OUTRO

Em primeiro lugar, espécie de grau zero do "viajar", essa experiência da ausência *indolor* que se tem quando o espaço-tempo a percorrer se encontra inteiramente e de antemão suficientemente programado para que a própria questão da identidade do lugar e do momento não tenha, por assim dizer, nem mesmo tempo ou lugar para se colocar.

É o que ocorre quando o viajante, pouco inclinado a se confiar de corpo e alma ao gênio dos lugares que vai percorrer – com o risco talvez de descobrir-se a si mesmo, sob o domínio deles, *como um outro* –, prefere ir buscar, aonde quer que se dirija, confirmação de uma visão do mundo e, portanto, de si mesmo em sua relação com o Outro (e também com o espaço-tempo, outro por construção, desse Outro), já inteiramente pronta antes de sua partida e, na medida do possível, a ser trazida de volta intacta. É assim com o turista, que, aonde quer que chegue, chega sempre a um espaço sinalizado, setorizado, constelado de pontos de atração predefinidos, cuja própria disposição determinará rigorosamente sua agenda, o de sua "visita". No espaço-tempo onde se desdobra seu circuito cronometrado, nada, por construção, "vale o desvio", a não ser em função do sistema de valorização específico que, *de lá* (isto é, de sua casa), determinou para ele, por antecipação, a escolha dos locais "a fazer" e o tempo a lhes conceder: "Se o senhor está em Veneza, então vá também a Chioggia: está a dois passos, e *vale a pena ser vista*". Ou, uma vez de volta, no estilo Duquesa de Guermantes:

Como! O senhor foi à Holanda e não visitou Haarlem?... Só precisaria de quinze minutos, é uma coisa extraordinária ver os Hals[4].

Visita "guiada" ou não, pouco importa, a visita turística é nesse sentido, e por definição, percurso teleguiado. Um programa socialmente convencionado de ordenação do mundo a comanda. Subordinando toda possibilidade de encontro com o sentido, ou o valor, a um regime de olhar previamente fixado do lado de sua casa, tal programa exclui, portanto – salvo acidente –, qualquer desvio do lado do Outro enquanto ele é verdadeiramente outro[5].

O mesmo ocorre quanto aos deslocamentos do homem apressado – viajante a negócios, conferencista, passageiro "em missão". Não estando tampouco jamais aqui, no lugar, senão para aí fazer *o que tem a fazer* no prolongamento de algum programa preestabelecido a partir de "lá", ele também superpõe, ainda que de outra maneira, seu próprio espaço-tempo aos pontos de referência nos quais se fundamenta o estar-lá específico das coisas e das pessoas da região.

4. M. Proust, *Le côté de Guermantes*, Gallimard, Pléiade, p. 524.
5. Cf. D. MacCannell, "Staged Authenticity", em *The Tourist. A New Theory of the Leisure Class*, Londres, Macmillan, 1976 (cap. 5).

Tanto uma como outra dessas formas da ausência em relação ao aqui são, em suma, da ordem do demasiado-pleno: superinformado, demasiado seguro da necessidade de seu circuito ou demasiado ocupado pela urgência de seu negócio, ou ainda, sobrecarregado de um saber pré-constituído relativamente ao lugar aonde chega, o viajante satura a paisagem local superimpondo-lhe sua própria topografia e seu próprio tempo. Deste modo, ele não pode em definitivo senão verificar a existência, no lugar, em seu lugar e na ordem prevista, de uma série de visões esperadas – quase um *déjà vu*. Mesmo que se encontre ali efetivamente – fisicamente –, ele todavia não *está* ali. Na realidade, ele se sentirá tanto melhor nesse "alhures" (como se estivesse ainda em casa) quanto menos presente ali estiver: ele se sentirá à vontade pelo próprio fato de a densidade de seu programa lhe poupar a intuição de um outro modo atrás da grade que ele ali superpõe e à qual se agarra. Convencido de que já sabe tudo sobre o país onde chegou, ele não terá, no fundo, jamais deixado seu ponto de partida.

Tal seria a forma inocente – ingênua – da ausência: ausente sem o saber, de tanto se acreditar, com demasiada facilidade, presente. Viajantes contentes com pouca coisa, mas viajantes felizes! Pois pobre daquele, ao contrário, que não viesse sustentar nem a graça própria do lugar nem, na falta desta, o recurso a alguma categorização pré-fabricada, e diante do qual, assim desprovido de tudo, o espaço não adquiriria forma, o tempo não faria sentido.

3.3. IMPRESSÕES DE CHEGADA

Faz sol hoje em todo o continente. Madrugada clara lá longe, partindo – luz de verão aqui, chegando. E, entre ambos, reconhecível do alto como num mapa, o encadeamento dos rios e das terras.

De vale em vale, de aldeia em aldeia, o avião traçou suavemente seu caminho, sobrevoou o azul dos lagos e remontou as torrentes até suas fontes.

E depois, lá onde os caminhos terminam, continuou sua rota cortando diretamente pela montanha, passando num piscar de olhos da floresta, verde ainda e viva, à rocha nua, toda ângulos e precipícios. E logo foi a imensidão: redondezas brancas como um mar ou como uma força pura, a massa em movimento dos cumes que se erguem um após outro, pirâmides negras ou cadeias em linha e, no ponto mais alto, puros raios de luz. E depois, de golpe, apareceram os glaciares azuis que, dirigindo seu curso para o outro lado, anunciavam já a redescida, o pronto retorno para outros verdes campos: caos presente entre dois mundos, barreira imensa entre o país de lá ao longe, em casa – já tão longe para trás –, e aquele ali embaixo, agora bem próximo.

De modo que, chegado *ao destino,* o passageiro que torna a descer assim do céu não está – não imediatamente – perdido. A terra é contínua: ele a viu, estendida diante dele ao longo de toda a viagem; ele sabe, em suma, por onde se passa para chegar *aqui.* E se sabe agora estar "alhures" com certeza, pelo menos se sente ainda *em algum lu-*

74 PRESENÇAS DO OUTRO

gar, num ponto concretamente localizado – ponto de chegada de um percurso do qual conhece ponto por ponto cada volta, cada passo. Mesmo que a distância seja grande, o detalhe do caminho percorrido, o encadeamento das paisagens, sua contigüidade, conferem a essa distância uma espessura cuja substância sensível garante – ainda por um momento –, entre os diferentes mundos que ela separa, o sentimento de um elo de pertença a um único e mesmo espaço.

Uma vez em terra, porém, eis que essa continuidade vai quase imediatamente se dissolver. Já, à medida que o vôo perdia altitude e procurava seu ponto de pouso como batendo asas, o espaço cessara de escoar a toda velocidade. Desaceleração e começo das manobras de aproximação: num momento preciso, o impulso acabava de ser rompido.

A linha – uma linha que teria podido se prolongar até o infinito e que conjugava os espaços fazendo-os vir um após o outro numa sucessão – foi então substituída, de súbito, pela tirania do *ponto*: focalização no ponto de chegada, ponto final que ia logo abolir a própria presença da extensão, ou pelo menos sua presença sensível.

Cegando uma a uma todas as perspectivas, a descida, em vez de conduzir para o localizável ou o familiar, descontextualiza cada vez mais fortemente o ponto de chegada à medida que se aproxima dele. É isso, o começo do *estranhamento*: no meio do país que se desfaz, um ponto, único, se isola.

E embaixo, logo não haverá mais que o arbitrário desse ponto separado de tudo, lugar desligado, sem país.

Na aproximação da pista, as primeiras colinas fizeram primeiro desaparecer a montanha. E quase imediatamente, enquanto o avião planava ao rés do chão, são as colinas, por sua vez, que passaram para fora do campo, doravante apagadas por uma barreira de hangares e de construções sem rosto, anexos e dependências dos serviços "aeroportuários".

Mas a extrema banalidade do cenário não retira nada, ao contrário, da singularidade do lugar: aqui, é bem aqui que estamos, e em nenhuma parte alhures. Dois sacolejos, de resto, acabam de notificar, em termos claros, cada um dos passageiros de ali estar agora de verdade: numa extremidade da pista, o choque com o solo reencontrado e, na outra extremidade, o arranco final da passagem para a imobilidade. E para terminar mais seguramente de impor aos que chegaram o sentimento da localidade do lugar (por oposição ao horizonte aberto da travessia), ainda por cima os convidam a notar a "hora local" – a entrar, em suma, no *tempo do lugar.*

Para dizer a verdade, mesmo o sol, ponto de referência espaçotemporal e referência universal, se existe uma – ele que, naquele momento, brilha aqui *como em toda parte* –, mesmo ele, agora, parece mudado.

De cima, ele unificava cada parcela de terreno à superfície imensa – um continente inteiro – que de uma ponta a outra se sabia capaz de iluminar sem interrupção. Ao contrário, visto daqui, isto é, de baixo, e mais precisamente desse ponto fixo onde se encontra agora em terra, dir-se-ia que é seu percurso que acaba de ser interrompido e que, no presente, mantendo-se imóvel no céu daqui, ali constitui uma peça de cenário instalada definitivamente, alguma coisa como um desses elementos inventariados, permanentes, aos quais o lugar deve sua "cor local" e do qual retira sua boa reputação. Não mais, portanto, o *sol em si*, que passa e dá vida a todas as coisas, mas aquele *do lugar*, que se tornou, por sua vez, coisa.

Como se esse canto de planície pudesse realmente ter o "seu" sol, que lhe seria atribuído como próprio, mais ou menos do mesmo modo que a região tem suas grutas com estalactites e a cidade sua catedral.

E, no entanto, mesmo que na realidade esse sol, que apenas passa, não pertença evidentemente a ninguém nem se faça diferente em sua passagem aqui ou lá, é verdade, em compensação, que a luz que aqui, de repente, se impõe ao olhar, mal pousado o pé na passarela, é exatamente aquela daqui e de nenhuma outra parte.

E nessa latitude não é mais tampouco o mesmo ar que se sente na pele, nem as mesmas cores que vêm às coisas. Uma suavidade na atmosfera, um sopro, uma transparência, um brilho diferentes modificam a distância habitual em relação a todos os elementos da paisagem e os presentificam de maneira inédita, quase dolorosa ao olhar.

Indissociavelmente, esse lugar faz assim parte do todo e, ao mesmo tempo, distingue-se dele de uma maneira singular, única e em si mesma das mais estranhas: estranheza não do detalhe "exótico", mas do *Diverso* enquanto tal. É que, para o sujeito que acaba de ser deixado ali, a questão do estado dos lugares permanece ainda inteiramente em suspenso. Imobilizado mas ainda aturdido pelo movimento que o trouxe até aqui, para ele é como se seu próprio ponto de chegada, por sua vez, se deslocasse: impossível fixar em sua corrida o lugar do lugar, nenhum meio, nesse ponto, de determinar as "coordenadas".

Mas a que se deveria o gosto pelas viagens se, para começar, a aterrissagem não produzisse esses efeitos complexos, e até contraditórios?

Então, num jogo entre códigos que se superpõem mas não se encontram, inicia-se um delicado processo de ajuste. Para domesticar seu novo espaço, o sujeito, na falta de ter podido de uma só vez ali se localizar, vai procurar decifrá-lo. Ora, tal como os habitantes do país, a própria topografia do lugar fala uma língua que lhe escapa.

E o viajante só tem, por um instante, um desejo – infantil, irreprimível: partir de novo.

Vieram recebê-lo, como estava previsto. Apoderaram-se gentilmente de sua mala.

Rodaram através dos subúrbios. Uma ponte, alguns últimos terrenos vazios, e já o centro da cidade. Belas fachadas, avenidas desertas – um domingo do mundo. Deve ser meio-dia.

Preencheram para ele sua ficha. O quarto é claro, a vista é bela.

Mas é esperado embaixo.

O parque fica a dois passos.

Perto do teatro, puseram as mesas para fora. Toma-se café ao ar livre.

76 PRESENÇAS DO OUTRO

Ali, a gente se conhece melhor: a primavera acaba de chegar; e você verá, todo mundo o espera. Você vai ter muito o que fazer, uma semana não será suficiente! O clima é ameno, tudo se anuncia bem. É marcado encontro para o dia seguinte. Certamente virão procurá-lo. Em todo caso, para hoje, ele tem todo o seu tempo para si. Então, é inútil reacompanhá-lo: ele vai aproveitar o sol para fazer agora um pequeno passeio. É isso, agora... claro, sozinho. Sim, sim, ele encontrará muito bem o caminho... Não, a viagem não o cansou de modo algum! Não se preocupem com ele, ele se sente aqui perfeitamente em casa.

E, de repente, o domingo – *este domingo* – está ali, pura presença da ausência de tudo: um *agora,* mas cuja hora diz um tempo desconhecido, um *aqui,* mas tão distante quanto o alhures mais afastado.

Partamos, portanto, dessa confissão de impenetrabilidade[6].

É que ao instante sem espessura do primeiro encontro acaba de suceder o começo de uma duração, e o ritmo da viagem subitamente foi substituído pelo tempo do lugar.

Mas esse tempo no qual é preciso presentemente entrar – o tempo daqui – não é menos singular, quanto a seu modo de ser, que este aqui. Tal como o espaço, que, por sua própria maneira de ser outro, adquire nesse lugar um relevo que se impõe ao olhar e, em geral, a todos os sentidos como uma exterioridade tangível, imediata e, no entanto, inacessível – pois precisamente, "vista de fora, essa natureza é de um outro tipo que a nossa; ela manifesta um grau superior de presença e de permanência"[7] –, do mesmo modo, um outro tempo se inicia, ele também carregado de um suplemento de realidade que o torna inapreensível.

No ar, em movimento, o tempo passava – "como se o movimento fizesse aceder a uma espécie de estabilidade de uma essência mais perfeita que a imobilidade"[8]. Em terra, ele se torna, ao contrário, tempo que *não passa*: a imobilidade, parada no espaço, pára também o tempo.

Esse espaço-tempo compacto e estranho diante do qual o sujeito vacila, será, como se diz, o da *estada* – espaço fechado, tempo delimitado –, espécie de parêntese no interior de uma continuidade pressuposta, mas cujo fio está agora rompido.

E eis Drogo que se levanta com esforço, que abre a janela, que olha para fora. A janela dava para o pátio, e não se via nada além [...]. Ele tentou em vão distinguir, na noite, as montanhas que tinha atravessado para chegar...[9].

Então, uma semana, um mês, ou mais, pouco importa, a duração, aqui, não terá jamais exatamente o grão da vida comum, ritmada de

6. V. Segalen, *Essai sur l'exotisme. Une esthétique du divers,* Paris, Fata Morgana, 1978, p. 25.
7. Cl. Lévi-Strauss, *Tristes Tropiques,* Paris, Plon, 1955, p. 86.
8. *Idem,* p. 53.
9. D. Buzzati, *Le désert des Tartares,* Paris, Laffont, 1961, p. 38.

ESTADOS DOS LUGARES

esperas, tecida por hábitos e projetos, e que, lá longe, se escoava sobre o modo imperceptível e liso do vir-a-ser: lá longe, em casa, isto é, num espaço-tempo pelo menos imaginariamente sem limite, como pode ser qualquer referencial no estado puro. *Sweet home!* – centro cego do universo a partir do qual *todo o alhures* se organizava e onde se tinha, para viver, *a vida toda* diante de si. Onde, em suma, a própria evidência do aqui-agora bastava, sem mapa nem calendário, para fundar a certeza de ali estar efetivamente presente.

Aqui, em compensação, aqui, de onde até o caminho que reconduz à sua casa não se vê mais, só uma localização no mapa lhe permitiria agora situar-se, justamente por referência – mas quase abstrata – àquele distante lá, deixado ainda nessa manhã. Pois era exatamente isso o *"sweet home"*: nem movimento nem imobilidade, um fora-de-lugar, ou o lugar de um fora-do-tempo. Terá bastado sair dele para entrar de repente, por contraste, no opaco e no mensurável, na *extensão*.

E, de modo semelhante, o tempo igualmente se opacificou.

Visto daqui, ele será demasiado breve, e sobretudo é, de antemão, demasiado contado – somente um fragmento – para dar margem a um a-vir. Uma "estada", por definição, só poderia ser um certo prazo para passar, um pequeno pedaço de existência inscrito entre dois limites bem definidos. E a se supor até que, por uma razão ou outra, como acontece por vezes, a visita se prolongue para lá de todas as previsões iniciais, não é seguro que, afinal, o visitante, mesmo transformado ao cabo de um tempo em alguém quase do lugar, terá jamais na realidade feito outra coisa, no local, senão se habituar – cada vez mais – a não se habituar[10].

Senão, por que seria preciso que, nem bem chegado, o Viajante se apresse tão compulsivamente a verificar que tem no bolso, junto ao coração, sua passagem de volta?

Eis, portanto, uma duração de uma consistência totalmente nova que se abre, uma duração sólida e congelada, material, resistente como um bloco – uma pura *duração de espaço* –, que só poderá, na melhor das hipóteses, se resolver no advento de um *já-aqui*: na atualização de uma presença sempre iminente mas, ao mesmo tempo, sempre fugidia, a do sujeito para si mesmo naquele lugar, onde, embora chegado, ele ainda não chega a estar.

E de onde, também, pode acontecer que ele torne a sair exatamente nas mesmas condições: sem nunca ter ali entrado.

3.4. VIAJANTES E PASSAGEIROS

A literatura chamada de viagem – outro nome para o *Bildungsroman* – nos ensina, contudo, o contrário. E isso, quanto ao es-

---

10. Th. Mann, ob. cit., pp. 278, 381, 423, 511 e *passim*.

78 PRESENÇAS DO OUTRO

sencial, sob a forma de duas narrativas arquetípicas: a da domesticação do espaço, e a da aclimatação ao lugar. Trata-se de modelos de grande generalidade, que, partindo de premissas comuns, propõem duas soluções divergentes para responder a uma única e mesma pergunta: posto que o deslocamento transtorna a relação do sujeito com seu aqui-agora, que tipo de espaço-tempo o viajante de passagem, ou o passageiro em trânsito, vai reconstruir em volta de si mesmo, a fim de poder de novo se situar ao menos em *alguma parte*, e se reconhecer aí?

Conforme o primeiro modelo narrativo, o gesto espontâneo do sujeito será, assim que desembarcado, de se aplicar a "domesticar" – a dominar e a planificar (nos limites evidentemente do que lhe permitir a duração de sua estada) – seu novo ambiente de modo a torná-lo habitável e fazer com que seja em breve seu, isto é, à sua imagem: é Robinson de novo, Robinson o empreendedor, o "governador" do tempo e do espaço – ou algum de seus êmulos instalado como herói civilizador, à Júlio Verne. No outro caso, inversamente, ele aprenderá a descobrir a si mesmo parcialmente outro, deixando-se prender por uma nova forma de presença para si, cujos pontos de cristalização o lugar, pouco a pouco, lhe fornecerá – com a condição de que ele saiba se "aclimatar" a ele, isto é, esperar, e olhar.

Ou, para marcar mais esquematicamente ainda a oposição entre essas duas atitudes antitéticas, dando ao mesmo tempo um nome aos tipos correspondentes de modo a torná-los mais facilmente identificáveis: de um lado, o *passageiro responsável*, do outro, o *viajante disponível*.

Já encontramos a ambos.

O primeiro, era o "homem apressado": alguém com pressa de *agir* porque sabe que só tornará a reconhecer a si mesmo diante de um mundo-objeto para ordenar, e alguém que poderá, em conseqüência, fazer prontamente do país sua coisa, como homem de ação, ou pelo menos seu negócio, caso em que ele seria, de modo mais banal, apenas um "homem de negócios".

Impaciente por encontrar, onde suas funções o chamam, um terreno à sua medida, e ali difundir, em geral com alguns lucros, os valores que privilegia sua própria cultura (nem que fosse apenas fazendo comércio de sua tecnologia ou de seus produtos), ele não terá, para consegui-lo, outro recurso – dado que se trata de agir rápido – senão projetar na trama das relações que se tecem localmente entre as coisas ou entre as pessoas a grade de leitura, operatória, sem dúvida, mas por definição de proveniência externa, que é inseparável da própria definição de sua missão. Na proporção de seus meios, ele ocupará o terreno, tentará remodelá-lo à sua maneira – e até o pilhará se for preciso –, mas nem por isso estará, na verdadeira expressão da palavra, ali *presente*. Pois no que concerne a ele, o espaço-tempo daqui só adquire significado enquanto parte de um todo cujo centro está alhures, na outra ponta do mundo, no ponto de origem do olhar de algum modo transversal – ao mesmo tempo excêntrico e instrumental – que ele dirige, como que por delegação, a esse lugar.

Espécime mais raro, o segundo – o viajante disponível –, por sua vez, chega, ao contrário, livre de todo programa preciso. Não tem nenhuma transação para concluir, nenhuma cobiça a satisfazer, nenhuma ordem a estabelecer. Desejando-se inteiramente desimpedido, ele sequer se preocupou, antes de partir, de notar o que poderia haver "para ver" ali onde ele vai chegar. Na realidade, se ele se pôs a caminho numa bela manhã, foi mais ou menos de improviso – como Yorick. E se se encontra presentemente aqui, é sem outro motivo senão a esperança (ou, em todo caso, o gosto) de se experimentar a si mesmo em sua relação sensível com um mundo diferente. Sensual ou sentimental, esse viajante é, no fundo, acima de tudo, um *esteta*.

Ele não se instalará. Ele não se comportará como ocupante, nem por conta própria nem por conta de algum longínquo mandatário. Apenas passando, ele não incomodará nada, nem ninguém; não mudará um milímetro a ordem das coisas – nem mesmo a ordem do sentido. Ele não destruirá nada para refazê-lo segundo sua idéia; não se apropriará de nada – nem mesmo simbolicamente, como se apronta ao contrário a fazê-lo, talvez sem mesmo dar-se conta, seu companheiro mais responsável, para quem, como se acaba de ver, esse país não faz sentido em si mesmo, mas apenas como eco para as evidências e exigências de lá, as de seu ponto de partida, único ponto de origem do sentido presente em sua memória, e que, em troca (fax, telefones e redes de todos os tipos ajudando daí em diante), o guarda ele mesmo sob vigilância a cada instante, seja qual for a distância.

Talvez seja, por parte de nosso esteta, apenas ilusão acreditar-se livre (até um certo ponto) de tudo isso, o fato é que ele extrai disso em seu foro íntimo uma espécie de orgulho. Saber ser, para valer, *desligado!*

E, no entanto! Ainda que qualquer idéia de apropriação diante dessa terra que ele aborda lhe seja verdadeiramente alheia, ele também vai, num certo sentido, tomar *posse* dela. Isso segundo um encaminhamento, é verdade, bem diferente do precedente: não por projeção de um modelo trazido de fora, mas, ao contrário, por impregnação – como verdadeiro *artista* do encontro com o Outro: em outros termos, como sedutor. Um sedutor que saberia por instinto que, para encontrar seu lugar exato diante das formas que se oferecem, o único meio é deixar-se a si mesmo primeiro seduzir por elas, isto é, reconhecer-lhes ou restituir a elas, formas-objeto – rostos e corpos, e paisagens, seu cenário –, a posição e o estatuto, relativamente a ele, de autênticos Sujeitos.

Eis por que, ainda como Yorick, o "Viajante disponível", para se tornar realmente o que ele é, deixa dispor as *coisas,* esforçando-se somente para reconfigurar, mas do interior e em sua unidade imediata

80 PRESENÇAS DO OUTRO

e singular, os elementos esparsos ao seu redor e cuja presença – se conseguisse apreendê-la uma vez como um todo, o que um pintor, seguramente, saberia fazer bem melhor do que ele –, poderia subitamente tomar consistência, estar ali, enfim, apreensível, sem mediação nenhuma, na "inerência daquele que vê naquilo que vê, daquele que toca no que ele toca, daquele que sente no que ele sente"[11]: outra formulação do que o semioticista procura por sua vez definir sob o nome de "olhar estético"[12].

> Qualidade, luz, cor, profundidade, que estão lá diante de nós, só ali estão porque despertam um eco em nosso corpo, porque ele lhes dá acolhida. Esse equivalente interno, essa fórmula carnal de sua presença que as coisas suscitam em mim, por que, por sua vez, não suscitariam um traçado, visível ainda, onde qualquer outro olhar encontrará de novo os motivos que sustentam sua inspeção do mundo?[13]

Entretanto, seja qual for o espetáculo que se ofereça, a fauna em viagem, que passa pelos arredores e que pára um instante – ou mais –, não se limita a essas duas primeiras silhuetas. Ou melhor, cada uma delas se encontra acompanhada por alguma coisa como seu duplo. Por isso, para completar e sistematizar o inventário, não podemos deixar de dar lugar presentemente a um segundo par de espécies migratórias, levemente à distância das precedentes, mas não sem ligações com elas.

Primeiramente, eis que chega um novo tipo de viajante, que, sem aspirar à disponibilidade dos puros estetas nem procurar "em seus corpos", como escrevia Merleau-Ponty, os mesmos "ecos" entre o si e o não-si, serão todavia capazes de dirigir ao Outro, ao alhures e ao diferente, um olhar bem aberto e de prestar-lhes uma atenção isenta de preconceitos. Vamos denominá-los *Viajantes curiosos*. O próprio Yorick já tivera, em sua época, a oportunidade de encontrar alguns desse tipo, e até de esboçar seu retrato: é o que ele chama de o "Inquisitive Traveller" – um viajante no qual se reconheceria hoje facilmente a vocação do pesquisador, do "investigador de campo", e a respeito do qual até se adivinha que, com um pouco de aprendizagem, ele poderia provavelmente dar um etnógrafo aceitável.

Visitante por princípio respeitador dos equilíbrios que fundam a especificidade de um lugar ou de um meio estrangeiros, ele rejeita a idéia de os perturbar por sua presença ou sua ação. As paisagens que ele admira, tal como os espaços sociais, secretam cada um, ele o sabe,

---

11. M. Merleau-Ponty, *L'Œil et l'Esprit*, Paris, Gallimard, 1964, p. 19.

12. Ver especialmente J. Geninasca, "Le regard esthétique", *Actes sémiotiques – Documents*, VI, 58, 1984 (em referência a uma página de Stendhal extraída de *Rome, Naples et Florence:* "Pietra-Mala, 19 de janeiro". – Naquele dia, nos Apeninos, o narrador se encontra diante da "imagem singular de um oceano de montanhas fugindo em vagas sucessivas"...).

13. M. Merleau-Ponty, ob. cit., p. 22.

sua temporalidade própria para quem os sabe "ler". Em parte alguma ele desejaria, portanto, arriscar-se a intervir a contratempo. Mas de outro lado, ele está interessado demais por aquilo que, a seus olhos, os torna diferentes para se contentar em registrar a alteridade desses seres e dessas coisas sem procurar *explicá-los:* modo de também tomar posse do Outro, dessa vez enquanto matéria para investigação (se ele permanece um simples amador) e, no limite, como *objeto* de ciência (se ele se torna um cientista profissional). Com o risco, em contrapartida, poderia objetar o *Viajante disponível* ao *Viajante curioso* (ou, se se preferir, o Esteta ao Etnógrafo), de deixar escapar subjetivamente o essencial dessa alteridade e, talvez, o que é pior, de comprometer objetivamente, ao menos para o futuro, a própria existência dessas "curiosidades". Pois o homem de ciência, apesar da pureza de suas intenções, não age necessariamente de forma mais neutra a esse respeito que o homem de ação (ou até de negócios).

Tudo isso, de resto, nenhum visitante que depende autenticamente do tipo "curioso" o ignora. Pois se é verdade que os longínquos não nos metem mais medo (o Outro que os habita tendo se tornado, no conjunto, sem perigo), em compensação, o viajante curioso – o passeador-investigador – que ali se imiscui com o olhar e seus questionamentos nem por isso se tornou, por sua vez, fundamentalmente mais inocente ou mais inofensivo. É que, para o maior conforto de nossas excursões (mas talvez "incursões" fosse um termo mais exato), os riscos do périplo mudaram de natureza. Outrora divididos de uma maneira quase equitativa entre o "visitado" e os poucos visitantes – exploradores, missionários ou aventureiros – que tinham a intrepidez de se expor a eles (e a quem eles garantiam mais glória por serem mais terríveis), eles se tornaram com o tempo cada vez mais irrisórios para o amante do exotismo[14]. Mas, ao mesmo tempo, já que nada se perde, eles passaram para o outro lado, o lado do Outro, ou seja, do anfitrião outrora distante e agora bem próximo, mas que ainda não se terminou, mesmo hoje, de "explorar", nos vários sentidos da palavra.

Seja como for, ao lado dessa fila de visitantes escolhidos – os únicos, parece, que se indagam sobre o próprio sentido do que eles *fazem* simplesmente ao *estar* aqui –, encontra-se ainda uma, a última, mais numerosa que todas as outras juntas. É evidentemente a dos *Turistas*.

Nós já localizamos também, desde o início, algumas amostras deles, bastante frustras à primeira vista. Nem especialmente curiosos deste país aqui (sendo seu sonho antes "fazer" todos os países, um após o outro) nem responsáveis por seja o que for (uma vez que eles

---

14. Ver sobre esse ponto o saboroso relato de P. Fleming, *Un aventurier au Brésil* (1933), Paris, Phébus, 1990 (reed., Payot, 1993).

estão no momento de folga), mas nem por isso tampouco verdadeiramente disponíveis, pois eles têm tanto "para ver", eles não se desviarão dos circuitos que foram traçados para eles, de fora. Incomodados por seu próprio número, vergados pelo peso das bagagens, e ademais aprisionados pelo horário muito carregado de sua visita, compreende-se que eles só avançam a passos contados, com uma rigidez quase sonambúlica.

Mas a caricatura, fácil no caso presente, não é realmente necessária, nem mesmo, talvez, inteiramente justa. Examinada mais de perto, é previsível que essa coorte em marcha se revelaria de fato mais compósita do que parece, pelo simples fato de que serve em nossos dias como álibi para todo mundo, cada um tomando de empréstimo dela, num ou noutro momento, por conveniência ou por tática, o vestuário anônimo. O que, aliás, não exclui que, inversamente, na oportunidade, sejam eles, ao contrário, os turistas (ou os mais sofisticados dentre eles) que tomem emprestado a uma outra classe de migrantes seu vestuário, maneira como outra qualquer de encorpar, ou simplesmente de valorizar um passeio de caráter demasiadamente convencional[15].

Não deixa de ser verdade, contudo, que, considerado à distância, esse grupo forme, em relação às categorias precedentes, uma unidade. Vamos dar-lhe, por sua vez, o rótulo que lhe cabe: será, claro, o dos *Passageiros programados*.

3.5. AQUI-AGORA

No total, portanto, para essa viagem, quatro classes, mas que tendem a se reagrupar duas a duas em função de suas afinidades respectivas.

De um lado, duas classes de Passageiros guiados *a partir de lá,* da casa deles, uns pelas responsabilidades que ali exercem e que os conduzem circunstancialmente para aqui, os outros por uma programação concebida do lugar de onde eles vêm, e que eles aceitam: ou seja, "em primeira classe", um pequeno comitê de Homens de Negócios por sorte ainda vestidos com o traje austero, um pouco ultrapassado, da sua função (sem o que não seriam sequer reconhecíveis) e "em segunda", a onda dos Turistas. Depois, à frente, a uma distância significativa dos precedentes, os que reconhecemos como dois grupos de Viajantes propriamente ditos, considerando-se sua maneira, em parte comum, de conceber sua relação com o "alhures", ou pelo menos de sentir-lhe o apelo – quer dizer de se querer *aqui mesmo presentes*: de um lado, o

---

15. Cf. J.-D. Urbain, "Les paradoxes du nomadisme de loisir", *L'idiot du voyage. Histoires de touristes*, Paris, Plon, 1991 (reed. Payot, 1993, cap. 14).

círculo restrito dos *curiosos* que, pelo que se pode ouvir de sua conversa, vieram como *habitués*, impelidos por uma paixão insaciável por esse país, do qual, entretanto, se diria que já conhecem tudo, até o idioma; e de outro lado enfim, lá, num canto, um isolado: Yorick, que, com seus olhos de pintor, ou de esteta, olha a cena em seu conjunto, aparentemente aberto a tudo – em resumo, *disponível*.

Estas, evidentemente, são apenas outras tantas figuras de convenção.

Consideradas uma a uma, elas talvez ofereçam apenas um conteúdo relativamente vago, embora fortemente estereotipado. Em compensação, todas em conjunto, elas se dão sentido mutuamente, em virtude do caráter contrastante das relações que as interdefinem, ou seja, que as unem ao mesmo tempo que as diferenciam. Certamente demasiado esquemáticas – demasiado "teóricas" em si mesmas – para que alguém possa se reconhecer perfeitamente em alguma delas, seu mérito é, pelo menos, fixar um mínimo de pontos de referência facilmente identificáveis diante da infinita diversidade dos modos de apreensão possíveis do "aqui", entre os quais cada um dos migrantes que somos procura seu próprio caminho.

Fórmulas cristalizadas pelo uso, elas nos fornecem assim, na medida justamente em que formam sistema entre elas, um vocabulário, uma espécie de linguagem figurativa de base provisoriamente útil para falar da relação com um aqui-agora em si mesmo qualquer, mas encarado em todos os casos como espaço de trânsito. Uma vez o espaço e o tempo desconstruídos sob o efeito de choque do primeiro contato com o alhures, cada um desses tipos designa uma maneira específica de reconstruir um modo determinado de relação consigo mesmo, mediante a escolha do modo de existência semiótica que se atribui a esse *não-si* e a esse *não-sentido* – esse bloco substancial – que é *a priori* o que chamamos o "tempo do lugar": após uma chegada que é a mesma para todos, e diante das mesmas coordenadas de ordem referencial, cada tipo corresponde a uma modalidade distinta da presença (ou da não-presença), a um regime de significação distinto, a uma maneira específica de "embrear" numa temporalidade e numa espacialidade consideradas como mais "reais" que outras, que têm igualmente curso, por outro lado, para os outros.

Ora, se as diferentes silhuetas sucessivamente esboçadas, e as práticas respectivas de presentificação que se ligam a elas, se articulam, como se viu, umas às outras, é sem dúvida que elas resultam da coordenação, metodicamente calculável, entre um pequeno número de traços mais elementares que dependem de categorias subjacentes que lhes são comuns e que deveriam ser, por sua vez, analisáveis em seu próprio nível.

Qual poderia ser, então, a natureza dos elementos mínimos a considerar com vistas a explicar o que faz com que o "estar lá", longe de

84 PRESENÇAS DO OUTRO

assumir o mesmo sentido para todos, se diversifique numa pluralidade de modos de presença que determinam tantos *estados dos lugares* semioticamente distintos? Se se admite que as variações qualitativas da "presença", objeto a modelizar, correspondem à variedade dos modos previsíveis de relação entre um sujeito, de um lado e, do outro lado, o aqui-agora que ele transforma em objeto de sua busca, a categoria organizadora mais geral em que se pode pensar é novamente a de *junção,* já utilizada mais acima para a descrição das configurações identitárias e de suas transformações[16].

No caso, a *conjunção* define o próprio objetivo da busca daquele que chamamos o Esteta: coincidência do eu-sujeito e de seu espaço-tempo num puro ato de *presença* um para o outro.

No lado oposto, o Turista, que provém de alhures – como todo mundo –, mas que, menos do que qualquer outro, não pode nem quer esconder (inclusive de si mesmo) sua origem externa ao país visitado, aparece duplamente como um sujeito *disjunto* do aqui-agora. Não só o Diverso o mantém a distância, mas ele mesmo se afasta dele. Existe, de fato, ali diante dele, um espaço-tempo específico, imediatamente presente, mas essa presença ele no máximo pressente como uma realidade virtual, inacessível, velada. E, como para confirmar sua irremediável *ausência* ao aqui, enquanto que tudo no lugar – a língua, o clima, a paisagem, o menu – lhe lembra sua própria exterioridade, ele vê por sua vez que, em toda parte e em cada instante, sua própria vestimenta o assinala para o Outro por sua estranheza. À sua maneira, ele é, portanto, um "excluído", o mais privilegiado de todos, certamente – e, no entanto, como os outros (os verdadeiros), acontece a ele também sofrer com isso... ainda que, no final das contas, a distância que o separa do Outro e de seu universo tenha, sobretudo, como conseqüência tranqüilizá-lo sobre ele mesmo.

É precisamente essa distância que o viajante curioso – exemplarmente, o etnógrafo de profissão – procurará reduzir: a *não-disjunção* em relação a seu objeto condiciona o próprio exercício de sua busca. Todavia, na medida em que seu objetivo é "conhecer", e se possível explicar – e se explicar – o Outro, ele deverá saber se manter relativamente a ele a uma certa distância, aquela precisamente que o puro esteta desejaria abolir mas que permanece, em compensação, necessária para quem quer permanecer em condições de objetivar o que observa: não disjunto do objeto, o observador apaixonado tende a se conjugar a ele, sabendo ao mesmo tempo que é preciso resistir a essa tentação (ou a essa miragem). Saber dirigir ao Diverso um olhar distanciado, e entretanto *não ausente*: toda a arte reside, então, na delicada gestão dessa boa distância.

16. Cap. 1, seção 1.4 e cap. 2, seção 2.3.

ESTADOS DOS LUGARES

Simetricamente, é a *não-conjunção*, e correlativamente uma certa forma de *não-presença*, que define a situação do Homem de ação (homem de negócios, o encarregado de missão). Não é aqui – aqui mesmo –, mas relativamente ao lá que seu presente adquire sentido. Pois se ele também veio de longe, foi, no que se refere a ele, com o objetivo de se apropriar de alguma coisa do Outro, ou para transformá-lo, o que o impede de se deixar assimilar a ele esquecendo-se a si mesmo no aqui-agora[17]. E, todavia, para o êxito de seu cometimento, ele precisa no mínimo *reconhecer* o Outro, precisamente em sua alteridade, à distância, certamente ("não conjunto") e, contudo, como um interlocutor possível, talvez não seu igual, mas em certos aspectos pelo menos seu semelhante: por mais selvagens que sejam, é preciso que os Selvagens tenham também uma alma para que se possa decidir convertê-los. Em outras palavras, mesmo que o "responsável" (seja qual for o teor específico de sua missão) seja alguém que tudo diferencia e separa de seu rebanho, ou de sua clientela, ou mais trivialmente ainda do pessoal (como, aliás, do material) que encontra no lugar – e aos quais não poderia se unir – se "conjuntar" – sem decair, ele tampouco pode, de um outro lado, permitir-se a se desunir – se "disjuntar" (se for possível aceitar tal neologismo) – porque significaria desertar o que constitui, haja o que houver, *hic et nunc*, seu terreno de ação.

Apenas o Turista, na medida em que, para ele, o Outro não é sequer um interlocutor indispensável, tem teoricamente essa possibilidade ou esse privilégio: a *ausência*. Se ele está aqui, não é precisamente para aproveitar um momento, um espaço-tempo desconectado de tudo, aquele de suas "férias"?

Fica claro que essas variações descritas em termos de modalidades da ausência ou da presença no lugar de passagem recobrem ao mesmo tempo outros tantos grandes tipos de práticas identitárias. Assim, a forma como o "esteta" se distingue do "turista" é homologável àquela segundo a qual – para retomar o vocabulário adotado nos capítulos precedentes – a figura social do *esnobe*, e as estratégias que ele adota em relação ao Outro, se opõem às do *dândi*. O primeiro, em cada um dos dois pares, só se torna o que é *assimilando-se* a um espaço-tempo local apreendido, respectivamente, seja como meio "ecológico" (para o esteta), seja como meio social (para o esnobe). Ao contrário, o segundo elemento de cada par – turista de um lado, dândi de outro –, para se afirmar a si mesmo, acreditará dever sistematicamente se *excluir* do contexto espaço-temporal ou sociocultural no interior do

17. Ver a Constituição e o Código Penal da ilha de Speranza (ex-ilha da Desolação), em M. Tournier, *Vendredi ou les limbes du Pacifique*, Paris, Gallimard, 1969 (cap. IV).

qual ele evolui. Em suma, enquanto o Viajante disponível (o esteta-esnobe), onde quer que esteja, se julga ali para sempre, como se nunca fosse voltar, o Passageiro programado (o turista-dândi) sabe, a cada instante, que de certo modo não está ali e, por isso, nunca deixa de estar já em vias de ir embora.

Paralelamente, o Viajante curioso é para o Passageiro responsável aproximadamente o que o *camaleão* era para o *urso*. O primeiro – investigador, etnógrafo, no limite, espião –, para recolher conhecimento, tem antes de mais nada necessidade de se fazer *admitir* no espaço-tempo onde transita: é por isso que, seja qual for o lugar onde se introduz, ele tem que se disfarçar segundo a "cor local", até quase confundir-se com o Outro, sem chegar, no entanto, jamais a querer se fundir nessa identidade diferente (por oposição ao esnobe-esteta que, por sua vez, só aspira a isso). Inversamente, mesmo que o Passageiro responsável – homem de negócios, missionário, colono ou conquistador – não procure por princípio (diferentemente do turista-dândi) se distinguir do meio onde o destino e as circunstâncias o colocaram, a própria natureza da missão que ele assume faz que não possa deixar de se distanciar dele, assim como a simples fidelidade do urso a sua própria natureza basta para cavar a distância que o separa de seu meio, para *segregá*-lo.

No gráfico seguinte, que esquematiza esse conjunto de relações, as linhas oblíquas indicam transformações possíveis em termos de rupturas bruscas e categóricas, enquanto os traços verticais designam zonas de passagem gradual de uma posição a outra:

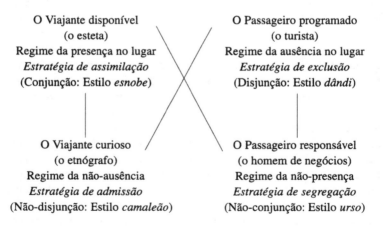

Cada viajante em carne e osso está agora livre para efetuar, à sua moda, sua própria dosagem entre os elementos constitutivos dessas diferentes fórmulas, como poderia fazê-lo entre as unidades elementares de uma gama cromática ou musical, realizando, afinal, conforme as circunstâncias tanto quanto seu próprio temperamento, uma varian-

ESTADOS DOS LUGARES

te combinatória entre outras igualmente previsíveis, pelo menos em seus princípios mais gerais.

Se, por exemplo – simples preferência –, escolhêssemos acompanhar ainda um instante o pintor-viajante, logo perceberíamos que, enquanto para ele, assim como para cada um, a viagem é uma espécie de busca ou de enigma a resolver, a pequena diferença que o separa dos outros visitantes é que ele não tem, de antemão, a chave em suas bagagens. Supondo que o deixem (na falta de ir mais longe) nos cais da Gare Saint-Lazare ou no caminho da montanha Sainte-Victoire, diante da Westminster Bridge ou até ao pé das colinas cobertas de neve do Jung-Frau – todos esplendores "para se ver", como todos sabem –, ele quererá ainda por cima que lhe deixem livre todo o seu tempo para procurar, diante dessas coisas, *como* vê-las: como se, num primeiro momento, ele *não as visse*; bem mais, como se elas na realidade *não estivessem* – ainda não – realmente lá, diante dele.

Para ele, o esteta e o sensual, tratando-se de experimentar essa modalidade da presença com a qual talvez ninguém mais se preocupe, mas que, em sua plenitude, constituiria o resultado de sua busca, é claro que estaria fora de questão olhar o mundo fazendo dele potencialmente sua *coisa* (como se esforçaria por fazê-lo o homem de negócios ou o homem de ação, pessoas responsáveis, conquistadores à maneira de hoje), e muito menos colocá-lo à distância no estatuto de um puro *objeto*, como se contentaria em fazê-lo o curioso por profissão, o erudito, o homem de ciência.

Então, como olhar? – A única resposta que, uma vez descoberta, o tornará efetivamente presente *à presença* dessas coisas, diante das quais tantos outros apenas passaram sem vê-las, essa resposta, por definição, não pode ser dada nas páginas do guia ou pelo *cicerone!* Ela depende inteiramente da volta do olhar sobre si mesmo e da intuição do instante; ela permanece suspensa à apreensão improvável e, no entanto, muito simples de um espaço-tempo que, aqui-agora, olha o sujeito tal como ele mesmo o observa.

É a própria montanha que, lá de longe, se faz ver pelo pintor, é ela que ele interroga com o olhar[18].

Como Hans Castorp, que "aproveitava as horas entre o chá e o jantar para visitar seu lugar favorito (o mesmo onde tivera em outros tempos um terrível sangramento de nariz), para sentar-se no banco, escutar, com a cabeça inclinada, o ruído da torrente, e considerar a paisagem"[19], sem dúvida aquele que seguimos até aqui saberá encontrar, por sua vez, aqui e agora, seu "lugar favorito", seu próprio *lugar*

18. M. Merleau-Ponty, ob. cit., p. 28.
19. Th. Mann, ob. cit., pp. 421-422 (ver também, pp. 136, 699, 757).

geométrico do sentido, na encruzilhada do tempo e do espaço: centro a partir do qual a totalidade enfim reconstituída o englobará, ponto de contato entre duas presenças, aquela para o mundo e aquela para si – "como se o sujeito, contemplando-se e conhecendo-se no espetáculo do mundo, tivesse acesso à plenitude eufórica de um sentido ao mesmo tempo inteligível e sensível"[20].

Então, pela graça dessa concordância que está descobrindo – "reflexividade do sensível"[21] –, o presente, já ali desde sempre mas que finalmente se tornou transparente, poderia efetivamente se fazer presente. Ele só espera raiar.

---

20. J. Geninasca, ob. cit., p. 26.
21. M. Merleau-Ponty, ob. cit., p. 33.

Parte II

Presentificações

4. Moda, Política e Mudança

4.1. QUERER A MUDANÇA

Houve um tempo em que, da esquerda à direita, a senha era "falar a verdade". Era preciso, tarefa impossível, que os homens que governam, ou que aspiram a isso, se mostrassem "transparentes" e, o máximo possível, que parecessem próximos de nós, como nós. E depois, como o que é bom dura pouco, cansaram-se dessa pretensa proximidade. A "autenticidade" deixou de ser popular, por exalar amiúde um perfume um pouco forte demais de exibicionismo. Pudor, distância e discrição foram então revalorizados. O homem de Estado subitamente tinha o dever de ser um homem "cortês", primeiro com seus pares. A popularidade voltava a ser caso de boas maneiras e de *postura:* elas são necessárias para coabitar em paz. E, contudo, nos bastidores, podia-se sentir apontar a volta próxima, para o inverno ou talvez para a primavera seguinte, de um outro tom, de um "falar franco" totalmente oposto ao estilo macio daquele suave momento de alternância. Mas acontece quase o mesmo, em períodos de tempo comparáveis, com mutações do *conteúdo*. Ao discurso de contenção segue-se o do "relançar" a economia, como o do "todo liberal" dá lugar um dia ao do "mais Estado": inevitáveis idas e vindas entre discursos alternadamente *na moda* e destinados uns após os outros a passar como tinham vindo, sabendo que, o que quer que aconteça, eles retornarão cada qual na sua hora, a intervalos regulares.

Insinuação gratuita, dirão as pessoas razoáveis que pensam – e é o mínimo, se se quer acreditar na seriedade da política – que um dis-

92 PRESENÇAS DO OUTRO

curso político, no momento em que é feito, se ancora numa conjuntura precisa e que, se ele propõe mudanças de orientação, é porque os problemas do momento as impõem: na política, a alternância dos estilos, das correntes, dos programas, das equipes não depende do capricho. Aliás, os que lutam para que as coisas mudem, assim como aqueles que simplesmente esperam que elas evoluam têm, para isso, razões suficientes, baseadas na experiência de todos os dias e na análise das situações concretas. Em suma, dir-se-á, não é de modo algum uma questão de moda se, econômica, social ou politicamente, as circunstâncias impõem a intervalos regulares certas mudanças, justificando seja a volta ao poder de forças que foram precedentemente expulsas, seja a aparição de homens novos e de uma linguagem diferente, seja, simplesmente, a definição de uma outra política.

No entanto, de outro lado, todas as razões "objetivas" que se podem invocar para demonstrar, num dado momento, a necessidade de uma *outra* política – restauração de formas passadas ou abertura sobre um possível a ser ainda construído –, são elas alguma vez verdadeiramente, por si sós, as razões determinantes que motivam os partidários da mudança? Não fariam, em boa parte, ofício de racionalizações que escondem uma lógica mais profunda, mais constrangedora e de alcance mais geral, subjacente a todo desejo de renovação, em toda espera de uma *transformação do presente,* sejam quais forem sua orientação e objeto? Essa lógica subjacente que postulamos, e sobre a qual podemos somente dizer por ora que procederia antes do desejo que da vontade ou da necessidade, tentaremos fazê-la aparecer partindo da hipótese que, se de um lado a moda enquanto tal, como fenômeno social encarado em sua extensão mais ampla, oferece dela as traduções mais exemplares, de outro lado, pode acontecer que uma lógica da mesma ordem constitua também um dos motivos mais constantes e poderosos da dinâmica do político.

De fato, se se quiser compreender a que se deve a força dos movimentos de opinião que, episodicamente, acompanham, apoiam ou apelam com uma insistência particular para o aparecimento da mudança em política, não bastará referir-se à racionalidade de um *homo politicus* ideal que justos argumentos, e nada mais, impeliriam a agir para transformar o mundo a fim de fazer dele um mundo melhor. O que está em jogo, na espera de um possível diferente, não é unicamente – nem em política nem alhures – a esperança de um mundo-objeto, que seria diferente do que ele é; é também, e talvez primeiramente, alguma coisa que tem relação com a gestão do *sentimento de identidade* dos próprios sujeitos, atores ou testemunhos do que muda em torno deles e com eles. Querer a mudança, aceitá-la, vivê-la, "desejá-la", não é apenas tomar posição diante das coisas que mudam, ou que gostaríamos que melhorassem; é também escolher uma maneira determinada de viver seu próprio devir: é, de certa maneira, colocar-se em condição

MODA, POLÍTICA E MUDANÇA   93

de *desfrutar o tempo presente* – qualquer que seja sua dureza – percebendo a si mesmo como imediatamente inscrito no movimento do momento que passa, como participante no desenrolar de uma atualidade vivida em comum com outrem, e por isso mesmo, também – o que não é sem importância –, como efetivamente *presente a si mesmo*. Desse ponto de vista, a mudança, esperada, desejada, assumida, torna-se paradoxalmente produtora de identidade. Aderir a ela, não é nesse caso "morrer um pouco" deixando partir, com o que foi, uma parte de si que não será mais: é talvez, exatamente ao contrário, um dos meios mais elementares de afirmar sua própria existência, tanto ao olhar de si mesmo como diante de outrem. É mudar se não "a vida", em todo caso, o *sentido* de sua própria vida.

4.2. A MODA E AS MODAS

Assim, portanto, se nos parece oportuno examinar as relações que a moda mantém com a política, é porque se sente que se trata aí de um fator essencial do ponto de vista da regulação do *tempo social*: hipótese banal, mas que nem por isso deixa de remeter a um tipo de relações que os sujeitos estabelecem consigo mesmos, do qual não está certo de antemão que se saiba tão facilmente dar conta.

4.2.1. Tempo, Espaço e Identidades

A dimensão subjacente que se trata de apreender é, com efeito, aquela não de uma temporalidade pura que bastaria conceber no abstrato, mas aquela, mais problemática, do *tempo vivido*. O que a moda faz advir é uma certa *sensação* do tempo. Recebidos em geral menos como normas constrangedoras que como o enunciado, de valor constatativo, do que "se faz" *hic et nunc*, os "decretos" da moda, quer eles se refiram às maneiras de falar, de pensar ou de comer, de se vestir, de viajar ou de se cuidar, proporcionam àqueles que se preocupam em conformar-se a eles o melhor recurso para se sentir *de sua época*. Ao se deixar levar no dia-a-dia pelas senhas intelectuais, lingüísticas, vestimentares e outras, do lugar e do momento, ao seguir o movimento ambiente, ao louvar todos em coro os mesmos ídolos da estação ou ao cantar os mesmos *slogans*, cada um se reconhece a cada instante a si mesmo, em uníssono com o outro, seu vizinho, seu semelhante: como se, num mundo onde nada que vale em matéria de gosto ou de opinião tem o direito de durar, fosse preciso para permanecer socialmente em seu lugar mudar, por assim dizer, de pele a cada primavera. De que modo, por conseguinte, a moda, que em tão larga medida nos faz ser o que somos em relação aos outros, e que mais ainda nos ajuda, em relação a nós mesmos, a aderir *àquilo em que nos*

94 PRESENÇAS DO OUTRO

tornamos, não imprimiria também seu ritmo ao tempo da vida política e de suas mudanças, pequenas ou grandes?

Seguramente, a moda não intervém apenas no plano temporal por uma renovação contínua dos princípios de reconhecimento interindividual através da duração. No momento em que ela põe em circulação formas que podem ter valor de signos de afiliação facilitando a constituição ou a afirmação de grupos sociais qualitativamente distintos uns dos outros, ela é também um fator de segmentação e de articulação do *espaço* social. Mesmo que ela não crie as diferenças que separam os meios, as classes ou as gerações, ela torna manifestas e valoriza essas diferenças. Pois, contrariamente ao que subentende o emprego usual do singular, "a" moda é, de fato, e provavelmente sempre foi, por natureza, plural. O fato de "estar na moda", no sentido absoluto da expressão, foi, por muito tempo, e talvez ainda seja, a marca e o privilégio de um grupo social determinado, de uma "elite" que se orgulha de dar o "tom"; mas os outros meios, inclusive os menos grã-finos, evidentemente não deixam de ter, também, suas próprias maneiras, suas próprias palavras de passe e suas senhas ao gosto do dia. Sem dúvida, essas modas específicas e diversificadas se formam em parte por referência às evoluções daquela dos "bons meios" (ou, hoje, sob o efeito do espetáculo oferecido por aqueles que o favor da mídia coloca mais em evidência), mas elas são certamente, em grande parte, também, função de sistemas de critérios distintos e autônomos, de uma estética e de uma ética próprias de cada micro-universo social considerado.

Como se vê, evitamos tomar partido entre duas opções que em geral se esteve inclinado a considerar, no quadro da maior parte das abordagens teóricas da moda, como mutuamente exclusivas. De um lado, não se pode subestimar a força de inércia inerente aos funcionamentos sociais, sabendo como o *uso* (tal como, em outro plano, congela as metáforas mais vivas), por si só, congela os comportamentos e os julgamentos e os transforma em práticas estereotipadas, codificadas, pré-programadas. É por isso que não rejeitamos de uma vez a opção que consiste em considerar a moda em suas relações com grupos sociais já instituídos e dotados de *sistemas de preferências* estabilizados em matéria de gostos e de opiniões. Segundo essa óptica, os comportamentos e os julgamentos coletivos, tais como se podem observar caso por caso – por exemplo, a adoção de uma moda nova em tal meio, ou, ao contrário, sua rejeição naquele outro –, seriam, grosso modo, outras tantas respostas quase mecânicas e, no essencial, previsíveis (diante de proposições vindas em geral do exterior) decorrendo diretamente do *habitus* próprio a cada um dos grupos em questão[1].

---

1. "Necessidade incorporada, convertida em disposição geradora de práticas sensatas e de percepções capazes de dar sentido às práticas assim engendradas, o *habitus*,

MODA, POLÍTICA E MUDANÇA 95

Mas, de outro lado, não se pode tampouco excluir a opção estrutural – ou, se se preferir, pós-estrutural, isto é, estratégica e interacional[2] – que subordina a expressão sistemática das "preferências", e sua reprodução no idêntico, à dinâmica da *produção* das *diferenças*. Nesse caso, nem as identidades nem os gostos correspondentes podem ser considerados como constituídos antecipadamente. A hipótese seria, ao contrário, que eles se constroem e se redefinem permanentemente, em favor de um jogo sem fim sobre formas em si mesmas quase sem importância, mas mediante cuja manipulação cada grupo ou até cada indivíduo se coloca e se descobre dinamicamente, diferenciando-se ele mesmo de seus vizinhos. Segundo essa perspectiva, cuja vantagem é restituir aos agentes sociais a parte de inventividade que a perspectiva anterior tendia a negar-lhes, a espera do novo não se baseia essencialmente na tensão dos sujeitos, individuais ou coletivos, em direção de objetos que, em si mesmos, ofereceriam a seus olhos um valor particular, de ordem prática, estética ou de outra natureza, medido por esquemas de apreciação preestabelecidos. Em vez disso, ela estaria fundada no desejo de afirmar-se, custe o que custar, pela simples diferença em relação ao "outro", sem que importem, em última instância, as qualidades específicas dos elementos – bens materiais ou maneiras de se comportar – graças à aquisição ou adoção dos quais a singularidade do Eu (ou do Nós) envolvido se torna manifesta.

Se é nesse lado, o do desejo "subjetal" de distinção e não da função ou da necessidade de ordem "objetal" que a moda encontra um de seus grandes princípios, em outros termos, se os *valores na moda* só têm valor em função de suas propriedades signaléticas e distintivas (e não de seus conteúdos substanciais), compreende-se então que, de um ponto de vista realista, ela só possa ser considerada decididamente frívola. Fornecendo-nos marcas figurativas suficientes para nos permitir dar uma aparência de espessura – quase um sentido – ao fato em si mesmo, na verdade, insignificante que "eu sou Eu" (ou que, juntos, nós somos Nós), o que mais ela faz senão adular em nós a paixão do parecer, essa parte da *coquetterie* ao mesmo tempo tão exigente e pronta no fundo a se satisfazer com tão pouco?[3]

---

enquanto disposição geral e transponível [...] é o que faz que o conjunto das práticas de um agente (ou do conjunto dos agentes que são o produto de condições semelhantes) sejam ao mesmo tempo sistemáticas enquanto são o produto da aplicação de esquemas idênticos (ou mutuamente conversíveis) e sistematicamente distintos das práticas constitutivas de um outro estilo de vida" (P. Bourdieu, *La distinction,* Paris, Minuit, 1979, p. 190).

2. Cf., por exemplo, A. Decrosse (ed.), *L'esprit de société,* Liège, Mardaga, 1993, notadamente o prefácio de Paul Ricœur, assim como o capítulo II, 1: "Étapes en socio-sémiotique", que trata das relações entre as perspectivas institucional e interacional.

3. É possível uma semiótica das patologias, e em particular das hipertrofias do "Eu" (ou do Nós)? A questão permanece de pé, apesar da aparição, durante os anos 80,

96 PRESENÇAS DO OUTRO

Seja o que for sobre esse debate que deixamos em aberto por ora (tanto mais que, em nossa opinião, como se verá, nem a referência a um sistema social dos gostos nem o princípio de distinção poderiam por si sós explicar tudo no domínio que nos interessa), seguir *uma moda*, isto é, adotar as marcas com o auxílio das quais determinado meio declina figurativamente sua identidade, é, no mínimo, sugerir que se pertence à classe social em questão, e com isso indicar que se assume a pertença a ela, se for o caso, ou demonstrar que se gostaria, pelo menos, de passar por alguém que "é dela". Desse ponto de vista, as formas que a moda (como fenômeno geral) articula diferencialmente (diversificando-se na proporção da variedade dos segmentos do público que ela toca) agem, pelo menos em teoria, tanto como máscaras, quanto como reveladores: se elas servem o mais das vezes para dizer as identidades, elas podem, por outro lado, se transformar a cada instante em meios de as travestir ou de as simular. Convite ao prazer do travestimento, a moda aparece, sobretudo, ou em primeiro lugar, como da ordem do lúdico; pretexto para simulação, ela entra, entretanto, também no serviço de objetivos menos desinteressados: todo o *esnobismo*, de novo, está ali, enquanto estratégia de promoção individual.

Assim, ao mesmo tempo que reflete globalmente a segmentação do corpo social, e até, enquanto contribui para estabilizá-la sob a forma de maneiras de ser e de fazer colocadas diferencialmente para cada grupo como a norma do momento, a moda contribui, pelos jogos do parecer que torna possíveis, para certa labilidade das relações sociais: diferenciação das identidades no interior do espaço das relações intersubjetivas e regulação temporal das formas de manifestação dessas identidades não são dissociáveis.

4.2.2. Sistema e Processo

Entretanto, não se pode verdadeiramente apreender a lógica dos processos pelos quais a moda "espacializa" as identidades, "temporalizando-as" (ou o inverso), sem introduzir primeiro uma distinção mais elementar, relativa à própria maneira de apreender os processos em questão. Aqui, como aliás em toda parte, é efetivamente o *ponto*

---

de uma semiótica chamada precisamente "subjetal", de que se podiam esperar alguns esclarecimentos sobre a diversidade dos regimes de existência do Ego, mas que rapidamente se transformou em pura autocelebração do Eu. Resta, num outro plano, o caminho aberto pelo deslumbrante ensaio de G. Simmel, "La coquetterie" (1909), em *Philosophie de l'amour,* trad. S. Cornille e Ph. Ivernel, Paris, Éditions Rivages, 1988. Cf. também E. Goffman, *La présentation de soi* (1959), trad. A. Accardo, Paris, Minuit, 1973, especialmente pp. 238-239.

MODA, POLÍTICA E MUDANÇA 97

de vista que cria o objeto, ou pelo menos que lhe dá significado. E, claro, como sempre, há mais de um ponto de vista possível, e portanto, necessidade de escolher, ou de articular entre elas as possibilidades que se oferecem.

A primeira, a mais simples, mas insuficiente, consistiria em se ater a uma perspectiva de tipo sincrônico. Nesse caso, tudo o que se poderia constatar é que a moda *paradigmatiza* o espaço: ela fornece aos usuários um conjunto de traços distintivos cuja combinatória assegura uma relativa estanquidade entre identidades coletivas que, sem se confundirem nem se misturarem, dividem a extensão do campo social. Em conseqüência do que, teoricamente, deveria bastar, para o observador, para o sociólogo, por exemplo, desemaranhar o jogo das semelhanças e das diferenças de comportamentos, de opiniões, de gostos, de estilos aos quais a moda da época – modulada à maneira de uma língua que admitiria múltiplas variantes sociolectais – dá "curso legal" em cada ponto do espaço, para reconstituir a topografia dos grupos, ou das "classes", que, justapondo-se como outras tantas unidades discretas qualitativamente interdefinidas, conferem à sociedade, ao mesmo tempo, sua relativa homogeneidade e sua diversidade manifesta[4].

Em compensação, e é o que faz com que não se possa limitar-se a isso, um ponto de vista taxinômico desse tipo não permite dar conta do aspecto dinâmico dos fenômenos em causa. Em outros termos, o que vale talvez para a construção de uma sociologia do gosto, ou até de uma semiologia da moda, não poderia ser diretamente transponível para a elaboração de uma semiótica de nosso objeto. Por mais interessante que seja, com efeito, localizar estaticamente a diversidade dos hábitos (ou dos "sociolectos" comportamentais) concomitantes uns com os outros num dado espaço social, por mais útil que fosse poder montar, no melhor dos casos, o quadro dos elementos minimais cuja combinatória permitiria dar conta de todas as maneiras formalmente possíveis, para os grupos considerados, diferir entre eles num domínio determinado (por exemplo, o vestuário) – o que se poderia chamar de o *sistema* (semiológico) da moda[5] –, nada de tudo isso, no entanto, contribuiria diretamente para aumentar nossa compreensão do fenômeno moda enquanto *processo* (semiótico). Ora, examinando-a mais de perto, a moda é justamente isso antes de tudo. A função distintiva

4. A correspondência entre a hierarquia socialmente reconhecida dos objetos de consumo estético e a hierarquia social dos consumidores "predispõe os gostos a funcionar", escreve Pierre Bourdieu, "como marcadores privilegiados da 'classe'" (*La distinction*, ob. cit., p. II).

5. No caso presente, o da moda efetivamente praticada pelos usuários, e não apenas o da moda "escrita", à qual Barthes sublinha restringir-se em seu *Système de la mode* (Paris, Seuil, 1967).

de ordem estática, que ela exerce visivelmente, não basta para caracterizá-la; se se tratasse apenas de preencher esse ofício, outros sistemas de marcação social seriam igualmente adequados para diferenciar – a partir de outros critérios, mas não menos "distintivamente" – as posições, os papéis, os *status* sociais que se antepõem uns aos outros. No entanto, o que lhe pertence verdadeiramente e que só aparece com ela, é a maneira como cadencia o tempo social: a bem dizer, a moda só existe mesmo enquanto imprime um *ritmo* num *devir* coletivo, do qual ela é ao mesmo tempo um dos motores e uma das manifestações mais visíveis.

Aliás, é o que sublinha, *a contrario,* o fato de ela não ser, de modo algum, universal. Como se sabe, ela não tem nenhum lugar nas sociedades de tipo tradicional nas quais, a toda posição, a toda função, a todo estatuto correspondem regras específicas de conduta, estáveis e precisas, estabelecidas se não para toda a eternidade, pelo menos, para períodos bem longos pelo uso. Conformar-se com tais regras, fazer "o que se faz" – melhor, o que supostamente tem-se feito sempre – equivale então a dizer, de alguma forma tautologicamente, quem se é: "Eu sou aquele que está neste lugar". Mas a moda enquanto tal só aparece verdadeiramente, como mecanismo de localização (e, às vezes também, de mascaramento) das identidades, no momento em que se começa a lidar com um contexto social suficientemente movente para excluir ou, em todo caso, para falsear os mecanismos de reconhecimento fundados na correspondência estrita entre as maneiras de ser e as posições que elas supostamente recobrem. E, é claro, uma vez surgida, ela própria contribui para introduzir mais movimento ainda nesses mecanismos.

Então, ao mesmo tempo que os pontos de referência tradicionais aptos a marcar as pertenças começam, uns após outros, a faltar ou a perder sua transparência e sua univocidade, começa para os sujeitos uma nova forma da busca de identidade: não se trata mais de encaminhar-se para um estado ideal de conformidade, de visar a *ser como* – "todo mundo" ou "como manda o figurino", cada um em seu lugar, pois não mais se poderia dizer em referência a que, ou a quem, uma vez que o uso não mais fornece modelos pré-definidos a reproduzir – mas antes de se esforçar, cada um por si, de *se mover com,* de sentir e de esposar a cadência da mudança ambiente, de se formar transformando-se sem cessar, e isso, tanto quanto possível, no compasso. É com a condição de conceber teoricamente a moda sob esse prisma, como um processo interativo de produção, se não até de *invenção* das identidades (mais que como sistema de reprodução e de classificação mais ou menos mecânica, aquilo a que a noção de uso poderia, uma vez por todas, estar reservada), que sua relação com o político, concebido, por sua vez, como universo de relações em movimento, merece, a nosso ver, ser explorado.

4.3. AUSÊNCIA E PRESENÇA

Para encarar esse aspecto processual e dinâmico, é preciso, evidentemente, colocar-se numa perspectiva diacrônica, aquela, aliás, em que se inscrevem espontaneamente os próprios atores sociais, ao mesmo tempo como agentes e como testemunhas de seu próprio devir. Mas logo a tarefa se complica. Moda ou política, como captar o que se inscreve por definição na duração e é por natureza *mudança*? Como, em particular, articular os elementos de descontinuidade implícita em toda mudança com o mínimo de continuidade que pressupõe a própria existência das entidades, sejam elas quais forem, que "mudam"?

4.3.1. Alteridade e Alternância

Um meio tentador de abordar o problema – ou, para dizer a verdade, nesse estágio, de ainda contorná-lo, de um modo diferente do anterior – poderia consistir em encarar as reviravoltas temáticas às quais dá lugar a sucessão das modas (por exemplo, no domínio das elegâncias, a substituição do "curto" pelo "longo", ou do "amplo" pelo "ajustado", depois o inverso, ou a passagem de um *slogan* para seu contrário – e volta – em matéria de didática ou de dietética) como uma simples transposição, na dimensão temporal, do tipo de oposições formais na base das quais os grupos sociais se diferenciam sincronicamente uns dos outros, no espaço social, por seus conformismos respectivos.

À primeira vista, a hipótese parece de bom senso: ao constatar como variam e até se contradizem de uma estação ou de uma década para outra certas coqueluches coletivas, não diríamos que em muitos planos os grupos sociais *se opõem a si mesmos* no tempo como eles *se opõem entre eles* no espaço? Desse ponto de vista, é claro que os conformismos de que falamos não devem ser considerados como imobilismos: ser conforme, numa sociedade em movimento, não é reproduzir um modelo congelado que, por definição, apareceria logo como "superado"; é, ao contrário, saber *mudar em cadência,* no mesmo compasso que os outros, com o risco, aliás, de talvez não se reconhecer inteiramente a si mesmo em certos casos[6]. Evidentemente, a partir do momento em que a mudança passa a constituir socialmente a *regra geral,* é de se prever que a aplicação dessa regra passará pela formulação de normas práticas mais particulares, de *senhas* manifestas, *ad hoc* e sucessivas, de validade por natureza efêmera, mas nem por isso, menos imperativas. Destaquemos incidentalmente a esse respeito que é, sem dúvida, por essa assunção da descontinuidade mais

---

6. Sobre esse tema, abordado com a seriedade do humorista, cf. L. Fournier, *C'est nouveau, ça vient de sortir. Traité de néopathie,* Paris, Seuil, 1987.

100 PRESENÇAS DO OUTRO

do que, como muitas vezes se admite, pelo grau "relativamente fraco" das pressões que ela exerce, ou pelo caráter "bastante vago" das sanções que a acompanham[7], que a normatividade da moda se distingue estruturalmente de uma outra forma de normatividade, a do direito, que por sua vez, privilegiando evidentemente a continuidade, visa assegurar, ao contrário, a reprodução das formas e a estabilidade das condutas sociais que ele rege.

Mas o que deduzir do jogo de oposições desdobradas que destacamos e que parece implicar que um grupo social não possa se afirmar, pelo menos em termos de moda, a não ser se opondo não apenas, sincronicamente, aos outros, mas também, diacronicamente, a si mesmo? É fácil constatar o paralelismo que existe entre, de um lado, o fato de ordem sincrônica de que aquilo que, num dado momento, está "na moda", em tal meio, corre o sério risco de parecer antiquado (ou, ao contrário, demasiado "ousado") no mesmo momento num outro, e por outro lado, o fato diacrônico de que aquilo que, ainda no mesmo momento, se impõe em qualquer desses meios como a "última palavra" tem, por definição, todas as possibilidades de se encontrar, em breve, categoricamente excluído por estar já "fora de moda". Assim, o que se faz *aqui e agora* se especificaria formalmente da mesma maneira, seja qual for o termo de comparação que se adote, seja por oposição à moda de ontem ou à de amanhã, ou à do "Outro". À primeira vista, estamos diante, nos dois casos, do mesmo tipo de operações, de um mesmo jogo de inversões ou de recategorizações dos valores associados (até na elocução ou na escolha das opiniões) a certos traços carregados de uma função distintiva; ademais, esses traços são, amiúde, os mesmos nas duas dimensões que encaramos, como se suas combinações tivessem o poder de desmarcar ao mesmo tempo, socialmente, o meio e, historicamente, a época a que correspondem cada uma das maneiras de ser, ou de fazer, que os traços em questão articulam diferencialmente.

Significaria isso que *alternância* no tempo e *alteridade* no espaço se equivalem, e que as modas sucessivas se opõem diacronicamente entre elas nos mesmos termos que os estilos divergentes pelos quais os sujeitos coletivos se distinguem uns dos outros em sincronia? Em outras palavras, a maneira como um sujeito, ou um grupo, para se tornar o que é, se diferencia a todo instante de si mesmo – do que ele foi – é homologável àquela com que se diferencia em relação a seus vizinhos? – Tudo leva a duvidar disso. Por um lado, a definição da relação reflexiva que mantemos diante de nós mesmos ao nos transformarmos pelo simples fato de que o tempo passa, assim como a definição de nossas relações transitivas com os outros sujeitos recor-

---

7. Cf. R König, *Sociologie de la mode*, Paris, Payot, 1969, p. 41.

MODA, POLÍTICA E MUDANÇA 101

rem ambas, em parte, às mesmas operações formais e têm, afinal de contas, ambas o mesmo resultado: a constituição de uma *identidade* através do reconhecimento, sob uma forma ou outra, de uma *alteridade*; mas por outro lado, isso não permite, todavia, encarar de maneira idêntica a análise dos processos de construção identitária num e no outro caso. Relativamente simples enquanto o pólo de alteridade é projetado fora de si, a busca de identidade se complexifica no momento em que a figura do outro se desloca e se torna uma faceta de si mesmo, olhando-se mudar.

É a razão pela qual a modelização em termos de distintividade não basta, em todo caso sociossemioticamente falando[8].

4.3.2. *O Ser e a Maneira de Ser*

Na realidade, uma vez que se tenta integrar a uma problemática da mudança o próprio ponto de vista dos sujeitos cujo devir está em causa (pois, em definitivo, é a eles que nos importa compreender), tudo acontece, paradoxalmente, como se, a despeito das transformações de todo tipo que a passagem do tempo, por si só, impõe inexoravelmente às coletividades bem como aos indivíduos (e às coisas) – transformações cujas traduções figurativas o desfile das modas tende a normalizar –, nada, nada de essencial, em todo caso, jamais mudava! "A evanescência das formas que passam" (como dizia Michel de Certeau) não parece, de fato, afetar a *identidade* das unidades que elas "informam" sucessivamente. Nem no que se refere aos sujeitos coletivos, nem no plano individual, pois é verdadeiro que o fato inevitável de jamais deixar de se tornar diferente do que somos (ou do que, até então, acreditáramos ser), de nos metamorfosear insensivelmente, tanto no plano físico como intelectual ou afetivo, não nos impede de forma alguma, por outro lado, de permanecer, pelo menos a nossos próprios olhos, a cada instante "nós mesmos". Como se, para cada segmento social envolvido, alguma coisa de imutável, que seria da ordem do *ser*, transcendesse a mutabilidade das *maneiras* de ser que se sucedem no decorrer do tempo.

Por mais frustra que seja, essa hipótese apresenta, a nosso ver, o interesse de introduzir uma distinção não insuperável, certamente, mas pelo menos heuristicamente (e, portanto, provisoriamente) útil entre dois níveis: em profundidade, um mínimo de permanência, um núcleo de identidade cujo caráter relativamente estável se postula; e ao contrário, na superfície, um jogo de substituições entre formas passagei-

---

8. Sociologicamente, tampouco se poderia, aliás, acrescentar referindo-se aos "clássicos", notadamente a G. de Tarde, *Les lois de l'imitation* (1895), Paris, Slatkine, 1979, e a G. Simmel, "La mode" (1895), em *La tragédie de la culture et autres essais,* trad. S. Cornille e Ph. Ivernel, Paris, Editions Rivages, 1988.

102 PRESENÇAS DO OUTRO

ras que determinam outros tantos estados transitórios, frutos de transformações bruscas ou de mutações mais lentas, mas que tanto umas como outras só adquirem sentido em referência à existência pressuposta (ao nível "profundo") de um ser que perdura "tal como em si mesmo" através de todos os seus avatares. Efetivamente, para que alguma coisa possa se transformar de maneira significativa, é preciso que esse algo *exista* e, de certa forma, se mantenha.

Isso, ninguém, sem dúvida, está mais em condições de sabê-lo que um bom criador de moda. Pequenos ou grandes costureiros, *designers* e outros cosmeticistas encarregados de renovar, a prazos regulares e programados, a vestimenta dos objetos ou o vestuário das pessoas, o ofício de todos esses inventores de formas se encontra preso entre duas exigências aparentemente contraditórias, que apenas traduzem, no plano prático, a dualidade de níveis à qual fazemos alusão. Trata-se para eles de criar a *surpresa* produzindo, sempre que possível, o "nunca visto", mas também – e ao mesmo tempo – de arranjar as condições de um *reconhecimento* possível reproduzindo, numa certa medida (e aí, toda a arte é a da dosagem exata), o já conhecido. A preferência dos profissionais da moda pela invenção encontra, em outros termos, seus limites no fato de que, através da variação sistemática dos modelos sucessivos, ou mesmo simultâneos, que eles criam, é preciso, apesar de tudo, que se afirme a constância de um "estilo da casa". Pois a novidade não teria sentido se não se destacasse contra um fundo de permanência, se ela não pudesse mais ser referida à identidade de uma instância produtora que, ao mesmo tempo que se renova, atesta, por meio de um mínimo de traços figurativos invariantes, que ela perdura, em seu ser, aquém ou além das metamorfoses sazonais. Pelas mesmas razões, compreende-se que, em matéria de *marketing*, renovar a imagem de uma instituição qualquer, por exemplo, "rejuvenescer" a de um partido político, sem com isso romper o fio da tradição que garante seu reconhecimento, seja também uma tarefa que demanda muito tato...

Mas as mudanças pelas quais nos interessamos aqui não são nem aquelas que afetam as coisas (submetidas cegamente às leis da matéria, que trabalham e transformam tudo o que existe neste mundo), nem sequer aquelas que tocam os produtos da indústria humana em função de necessidades que dependem de uma antropologia ou de uma semiótica das formas culturais[9]. As grandezas que nos ocupam são, ainda uma vez, aquilo que é chamado "sujeitos": se eles também são seres que mudam na medida mesma em que existem, não mudam, evidentemente, nem segundo as leis que regem os objetos de que se

---

9. Cf. J.-M. Floch, *Identités visuelles,* Paris, PUF, 1995; A. Semprini, *L'objet comme procès et comme action. De la nature et de l'usage des objets dans la vie quotidienne,* Paris, L'Harmattan, 1995.

MODA, POLÍTICA E MUDANÇA 103

ocupam as ciências da natureza, nem nas mesmas condições que os produtos materiais da civilização. A diferença que os separa deles e que justifica que recorramos, justamente, à noção de "sujeito", é que em suas relações com o mundo-objeto tanto como nas relações intersubjetivas que eles mantêm, são entidades que *vivem* as mudanças que as afetam, isto é, que procuram dar ao que lhes acontece um *sentido*: uma direção e, por isso, primeiro, uma significação e um valor. Em suma, nós "existimos", sem dúvida, mas sobretudo, nós *nos vemos* existir, viver, mudar: é dessa reflexividade que é preciso partir (e é de seus efeitos que é preciso dar conta), a partir do momento, em todo caso, em que o que se visa construir é uma *semiótica* da mudança. Para que a mudança, quer se produza fora, no espaço natural ou cultural circundante, ou no próprio interior de si, possa ser apreendida e vivida como algo que faz sentido, é preciso, portanto, postular, entre os que a provocam ou a sofrem, a capacidade de se apreender a si mesmos, reflexivamente, em cada um dos dois planos que acabamos de distinguir: ao mesmo tempo como seres que, em profundidade, seja o que for que aconteça, *continuarão a ser eles mesmos* em sua "identidade" primeira, e ao mesmo tempo, contudo, na superfície, como seres indefinidamente em vias de *se tornarem outros*.

Entretanto, na verdade, estamos somente adiando a questão decisiva. Pois, a não ser que se considere o saber do Eu, ou do Nós, sobre sua própria "identidade" como dado de antemão e uma vez por todas, que estatuto atribuir ao *ser* do sujeito enquanto ser-em-devir? Ou antes – para permanecer no interior do campo de pertinência semiótica, sem cair, a propósito do "sujeito", numa forma qualquer de psicologismo, e sem nos perder tampouco, a propósito do "ser", numa pseudometafísica –, como, segundo qual *sintaxe,* dar conta da *emergência* dessa identidade pressuposta na maneira de uma tela de fundo sobre a qual as transformações de superfície viriam se inscrever? Tal formulação do problema, em termos de "emergência", e com a "sintaxe" que pressupõe, não é evidentemente neutra. Ela tende até a inverter a ordem das prioridades comumente admitidas: com efeito, embora logicamente pressuposta, a identidade de si para si (enquanto sentimento vivido) que se considera em geral como dada desde o início, não seria antes o *termo resultante* de uma sucessão indefinida de experiências através das quais um sujeito, para se tornar ele mesmo, se descobre primeiro indefinidamente diferente do que ele é? Longe de aparecer como dado *a priori* e, por assim dizer, acronicamente, o "ser" do sujeito, a seu próprio olhar, seria então apenas o produto do correlacionamento de uma série aberta, contingente, heterógena, de *presentes* ordenados no tempo.

Se a moda, na política como em outras partes, responde estruturalmente a uma necessidade, é talvez justamente na medida em que constitui um dos dispositivos que mais favorecem o advento – a

104 PRESENÇAS DO OUTRO

presentificação –, periodicamente reiterado, desses "presentes", e isso exatamente em virtude do ritmo que introduz no fluxo do tempo social.

4.3.3. A Volta Retrospectiva: Função do Fora de Moda

O procedimento que seguiremos a fim de consolidar essa problemática depende de uma lógica estrutural deliberadamente reduzida ao que ela pode ter de mais elementar: uma vez que uma unidade discreta pode ser apreendida ou apreender-se a si mesma somente pela diferença com o que ela não é, a possibilidade de o sujeito reconhecer e assumir sua própria identidade enquanto figura distinta e singular passa necessariamente pela mediação – o desvio – de uma *negação*.

Do mesmo modo que, no espaço das relações sociais, isto é, intersubjetivas, cada um se coloca e se reconhece a si mesmo afirmando-se *diferente do outro* ("eu sou o que sou na medida em que difiro – em parte – do que você é"), do mesmo modo, no eixo do tempo, a identidade de si consigo mesmo, individualmente ou como membro de uma coletividade, se descobre e se assume primeiro por diferença: "Nós somos o que somos na medida em que *não somos mais* – não mais inteiramente – o que fomos". Todavia, a mudança de estado, o "não ser mais", jamais se percebe (como, aliás, toda relação que implica aquele que a observa) a não ser que se tome, como se diz, algum recuo. Por essa razão, a busca de si mesmo reveste a forma gramatical, já familiar na teoria do discurso, e fundamental para uma semiótica do sujeito, de uma série relativamente complexa de *rupturas de pontos de vista,* ou, em termos mais técnicos, de "embreagens" e "debreagens". O sujeito ora se deixa levar, sem sequer prestar atenção, pré-reflexivamente, pelo encadeamento dos instantes que passam (estado "embreado") e ora, ao contrário, elevando o olhar (ato de "debreagem"), se afasta do instante presente, mas com o único objetivo de voltar a ele melhor logo após e, dessa vez, se assim se pode dizer, com os olhos bem abertos diante da *atualidade* do instante, da *presença* do presente (operação de "reembreagem", ou de "presentificação")[10].

Com efeito, ninguém se vê nem se torna plenamente presente a si mesmo, e a seu próprio presente, a não ser começando por se destacar dele. Assim, enquanto eu me deixo flutuar, como que passivamente, à tona do fluxo temporal (e a supor que nenhuma aspereza rompa sua aparente continuidade), então não me vejo, de forma alguma, tornar-me aquilo em que estou me tornando, e o próprio sentido do presente, de certo modo, me escapa: demasiado imediata, minha adesão ao

---

10. Sobre a noção sintática de *embreagem* e sobre o alcance prático do gesto que ela designa quanto à constituição do sujeito, cf. A. J. Greimas e J. Courtés, *Dicionário de Semiótica*, ob. cit. e E. Landowski, "Le regard élevé", em H. Parret e H.-G. Ruprecht (ed.), *Exigences et perspectives de la sémiotique*, Amsterdã, Benjamins, 1985.

MODA, POLÍTICA E MUDANÇA 105

escoamento do tempo tem como efeito torná-lo imperceptível para mim enquanto ele "passa"[11]. Da mesma forma, no plano espacial, Cyrano, encerrado em sua barquinha, não percebia seu movimento, tal como não sinto, por falta de pontos de referência externos, que o trem está se movendo ou, menos ainda, que a terra gira. Mas, se acontece por acaso algum acidente capaz de me despertar dessa forma de enfeitiçamento, por exemplo, se cai sob meus olhos algum testemunho do que "eu fui" – fotos, cartas, trabalhos antigos, pouco importa –, a defasagem das imagens, imediatamente, restaura toda a espessura do tempo que se passou sub-repticiamente entre esses dois *agora* de repente justapostos: o do sujeito que sou presentemente e aquele do sujeito – "eu", também – que deixou naqueles velhos papéis o vestígio de um "outro" em quem, contudo, por bem ou por mal, com estorvo, embaraço ou com nostalgia, eu me reconheço ainda mais ou menos. Se o devir pressupõe logicamente o *ser*, a certeza de ser "eu" pressupõe, por sua vez, a experiência – a visão, no caso, retrospectiva – de meu próprio *devir*. Fortuita ou deliberada, a ressurreição autobiográfica do passado é um meio privilegiado de prover a isso.

Mas a mesma experiência está também ao alcance do sujeito coletivo, ou pelo menos dessa parte impessoal de identidade ligada ao ar do tempo que está em cada um de nós. É efetivamente ao mesmo recuo no tempo, de repente recriado como realidade sensível, que nos conduz esse outro exercício de desligamento temporal em que consiste, por exemplo, a leitura, há algumas décadas, de uma velha revista, ou o fato de rever, no cinema, as "atualidades" de trinta anos atrás: essas vedetes da época que se julgava ter esquecido, esses costumes um pouquinho estranhos, esses anúncios presentemente envelhecidos, esses entusiasmos ou essas indignações doravante sem objeto, em resumo, fora de moda, tanto uns como outros, ainda são, todavia, sem sombra de dúvida, uma parte de "nós". E na própria medida em que o que remonta assim do passado nos parece incrivelmente fora de moda, isso nos remete ao que hoje "somos", como se o deciframento de nós mesmos como "texto" atual devesse passar por uma espécie de confrontação intertextual com as versões anteriores do que terá acabado por ser "nós".

Pode-se supor que "o social", em geral, tem algum proveito a tirar, para seu bom funcionamento, dos vaivéns de si para consigo mesmo que esse tipo de operações implica. Senão, como explicar a voga, hoje, de tantas retrospectivas, comemorações e outras viagens nostálgicas no tempo às quais nos convidam extensamente, de modo

11. Ou então seria melhor dizer, mais radicalmente, seguindo Bachelard, que é o próprio *tempo* que "é nada se não acontece nada nele", e que "só o nada [*le néant*] é contínuo"? (G. Bachelard, *L'intuition de l'instant* (1932), Paris, Gonthier (biblioteca Médiations), 1966, pp. 38 e 39).

106 PRESENÇAS DO OUTRO

quase oficial, filmes, edições especiais ou exposições de altos orçamentos? Ontem, eram os "acontecimentos de maio de 68" que estavam em cartaz, eis agora o "design dos anos 50", os anos de Ocupação, e assim por diante. Por que, então, essas recordações insistentes, programadas, do *fora de moda*? A explicação talvez seja que ao lado, e diferentemente, do museu (onde os testemunhos de épocas distantes se oferecem como elementos de um saber objetivado, de uma História que, estritamente falando, não foi a nossa), estamos aqui diante de um tipo de manifestações que, evocando a *lembrança* de nossa própria vivência no modo do tempo reencontrado, isto é, primeiro perdido –, e no entanto mantido em algum lugar na memória – têm, por contragolpe (e é a "reembreagem", a *volta* a si após o "recuo"), o poder de estimular ainda mais nossa adesão ao *presente:* sobrevivendo ao que fomos e que, por definição, não somos mais, somos hoje exatamente o que somos e o que era preciso que fôssemos, pois é aquilo em que nos *tornamos*.

4.3.4. *Viver, Sobreviver*

O fato de que, para apreender e assumir nossa condição atual, tenhamos aparentemente necessidade de passar desse modo pelo desvio de um *concluído* merece ser comparado a uma outra configuração que, também, permite medir até que ponto o sentimento da presença a nós mesmos está intimamente ligado à experiência, sob uma forma ou outra, de uma *ausência*. O confronto com o fora de moda, forma de nós mesmos transformada em pura lembrança, partilha, desse ponto de vista, alguma coisa com outra modalidade, mais trágica, de nosso face-a-face com o que "não existe mais": aquela que ocasiona o desaparecimento – a morte – do outro, contanto que as relações que nos ligavam a ele tenham precedentemente feito de sua presença, bem próxima ou mais longínqua, querida ou até detestada, uma parte determinante de nossa vida.

Tudo ocorre então como se fosse, no fundo – paradoxo ou simples truísmo? –, um não-ser que nos fazia ser, uma morte, real ou figurada, que nos fazia viver. Certamente, não é esse o tipo de tese que a emoção inspira no momento, quando a morte acontece de fato perto de nós, nem mesmo quando – forma mais anedótica, mas algumas vezes quase tão dramática do desaparecimento – aquele ou aquela com quem julgamos estar "partilhando nossa vida", decide, uma bela manhã, ir embora "para sempre". Nada ali que incite particularmente a continuar a viver; ver o outro partir, seja qual for a causa, nos faria antes morrer de mágoa, como se diz. No entanto, pondo de lado toda consideração de ordem sentimental, a partida do ser que nos deixa tem também, para nós que "ficamos", um outro efeito, menos contingente (e menos relativo) que a tristeza em que ela nos mergulha.

É que a morte, ou a separação, que se presume definitiva, rompendo por definição todo contato, se não no plano imaginário, produz

MODA, POLÍTICA E MUDANÇA 107

em nós uma verdadeira catástrofe estrutural. O desaparecimento do outro do nosso universo, pondo fim ao estado de comunicação onde nos encontrávamos até então absorvidos pelo simples fato de sua presença, nos retira por via de conseqüência a possibilidade de nos apreendermos a nós mesmos enquanto sujeitos em relação com outrem – com aquele que se foi, seguramente, mas também, passo a passo, com o Outro em geral. Pois, por hipótese, o que vem subitamente nos faltar é o ser (ou em todo caso um ser, mas dentre poucos outros a desfrutar para nós do mesmo estatuto) por intermédio do qual se edificava nossa relação com todos os outros e, em definitivo, com o mundo em geral. Assim privados (mas também se poderia dizer, de um outro ponto de vista, libertos) da intersubjetividade enquanto modo de configuração do mundo, reencontramo-nos então a sós, diretamente diante de nosso próprio estar no mundo, diante desse fato simples e ofuscante – e, no entanto, em tempo "normal", por comparação, quase despercebido – que somos, aqui, agora, irredutivelmente nós mesmos. Outrossim, se algumas vezes a dor do sobrevivente (como dizem adequadamente os primeiros técnicos encarregados de assisti-lo, os notários) pode ser tal que ele por sua vez acabará por morrer em conseqüência dela, não é, então, precisamente porque, diante do vazio criado por aquele que se tornou o ausente, ele se descobre de repente, de maneira mais forte e mais lúcida que em nenhuma outra circunstância, radicalmente ancorado *nesse mundo*, insuportavelmente *presente* a si mesmo, em suma, *em vida*, como ele jamais se havia experimentado – "sobre-vivente" diante de um universo que se tornou "sur-real" –, ainda que essa vida e essa presença no mundo lhe pareçam nesse instante desprovidos de sentido?

E tanto quanto precedentemente, no que se referia à experiência do passado, tais comoções têm também seu equivalente no plano coletivo, como se vê por vezes, quando se trata da morte de um grande dirigente. Também aí, os componentes afetivos tendem a recobrir e quase a mascarar o verdadeiro traumatismo, que é de ordem estrutural. Mas em profundidade, que o povo chore um de seus chefes bem amados ou festeje o aniquilamento de seu tirano, o que a morte do homem de Estado provoca (contanto, evidentemente, que se esteja diante de uma figura de envergadura suficiente) é de fato, também aqui, algo como uma crise do sentido. Não é indispensável, por isso, que o acontecimento choque a coletividade por surpresa (como no caso do atentado ou do suicídio), pois por si mesmo, inclusive quando acontece no final de um período de agonia que o torna previsível, o desaparecimento que se produz no topo da nação basta para introduzir de golpe, em todos os níveis do corpo social, uma fratura na continuidade do vivido comum – uma debreagem – que afeta ao mesmo tempo a pertinência do político enquanto modo de apreensão da realidade e a significação da política enquanto ação sobre o real.

108 PRESENÇAS DO OUTRO

Aquele que se perde então, é, com efeito, poder-se-ia dizer, o Outro por excelência, aquele do qual cada um dependia para se apreender a si mesmo enquanto elemento de uma totalidade englobante e também vivente. Através da imagem em espelho que a presença do alto dirigente colocado à sua frente oferecia à coletividade, à nação enquanto tal, cada um podia associar à sua aventura individual o sentido de um destino que a integrava e a ultrapassava, inscrevendo-a na perspectiva de um devir vivido em comum, seja no modo contratual (como participação numa ação no mundo simbolicamente referida à palavra daquele que tinha sobre ela a responsabilidade histórica), seja no modo conflitual (como combate à existência de um poder odiado). Inversamente, no momento em que tal referência vem a se apagar e em que a morte revela que, no lugar do Poder, atrás da máscara da função e para escrever a História por sua ação, não havia finalmente nada de diferente, nada além de um homem mortal como nós e de tão pouco peso diante da força das coisas, cada um se descobre de repente, em seu próprio abandono, irremediavelmente a sós diante de si mesmo enquanto indivíduo. O político deixando assim, momentaneamente, de fazer sentido, a coletividade está então prestes a se dissolver numa poeira de átomos.

É esse excepcional momento de esvaziamento social – esse *entreato* político onde, diante de uma cena que se tornou silenciosa, cada um se encontra remetido a si mesmo na ausência de mediação comum – que traduzem, e ao mesmo tempo que visam controlar, abreviando-o ao máximo, os ritos do "luto nacional". Pois é preciso, o mais depressa possível, pôr fim ao vazio que a morte acaba de instalar não apenas no cerne das instituições, mas na coletividade inteira enquanto corpo orgânico. A pompa exibida na circunstância provê a isso, bem ou mal, ligada como é à retórica da apologia do defunto, ela própria inseparável, muitas vezes, da expressão de uma espécie de arrependimento coletivo em relação àquele que se descobre *a posteriori* como tendo sido um "mal-amado" quando vivo (de modo que cada um seria, de algum modo, responsável se não culpado de sua morte). Esse cerimonial, reunindo os indivíduos pelo menos pela comunhão num mesmo espetáculo e nos mesmos grandes sentimentos, reconstitui um mínimo de laços "humanos" entre os que choram o desaparecido, reconfigura já uma imagem do social, nem que seja como espaço de um luto partilhado por todos, e dá início à reembreagem sobre a cotidianidade. Mas essas efusões não bastam, por si sós, para restabelecer o elo político propriamente dito, suspenso pela perda do ponto focal em torno do qual ele se atava e que lhe dava seu sentido. Um outro cerimonial, o da entronização, será por isso necessário, e permitirá à coletividade esmigalhada por um instante de se ressoldar como totalidade, isto é, como *sociedade política*[12].

---

12. Para uma análise sistemática da dialética das transformações entre unidade e totalidade, dispõe-se do modelo construído por A. J. Greimas em "Analyse sémiotique

MODA, POLÍTICA E MUDANÇA 109

4.4. DISCURSO DA MUDANÇA

Eis-nos bem longe, diremos, do cotidiano da política, e mais ainda das fantasias da moda tal como podemos vivê-la no dia-a-dia! No entanto, também ali, quer se trate do curso flutuante das modas ou das peripécias da atualidade política (ou, *a fortiori*, dos laços que se tecem entre essas duas formas de colocação em discurso do tempo social), a aposta decisiva – a produção de um *presente assumido* que se destaca contra um fundo de cotidianidade que passa – depende de uma sintaxe fundamental baseada na irrupção de rupturas em relação a uma continuidade pressuposta, produzindo alternativamente efeitos de ausência e de presença, abolições e surgimentos. Em outros termos, é, segundo nós, uma sintaxe das "embreagens" em tudo comparável àquela que acabamos de ver que confere sua significação à experiência, individual ou coletiva, da mudança *em geral*.

4.4.1. Virtude do Incoativo

Do ponto de vista lógico, a "mudança" apresenta sempre, por construção, dois aspectos. Ela é ao mesmo tempo desaparecimento, fim, negação de alguma coisa, e aparecimento de outra, afirmação, novidade (absoluta ou relativa), começo (ou recomeço). Num dado estado de coisas, substitui outro: uma moda passa, a seguinte já está ali – o rei morreu, viva o rei! De modo que se poderia quase dizer de novo, mas formalmente dessa vez, que a mudança, em si mesma, *nada é*. Nada além do ponto de interseção ou da fase de transição entre dois estados: nada mais que a descontinuidade que, enquanto separa um "antes" de um "depois", liga-os indissociavelmente. E na perspectiva de um observador que se colocasse suficientemente à distância dos estados de coisas para apreender somente a lógica de suas relações de sucessão, o fenômeno ou o ato que põe fim a uma situação determinada não apareceria como distinto daquele que dá lugar a uma nova ordenação, mas no máximo como a face negativa, logicamente pressuposta, da *mesma* mudança encarada como um todo.

Isso não impede que, na perspectiva em geral menos destacada dos sujeitos "em situação", que, enquanto responsáveis ou testemunhas da irrupção dos acontecimentos, têm todas as possibilidades de se encontrarem afetados por sua própria conta, uma visão tão desencarnada raramente se dê. No plano do tempo vivido, irreversível por definição, o antes, em vias de acabar (ou que já não tem mais curso), e o após, que se anuncia (ou que já começou) não são jamais equivalentes. Ao contrário, as razões mais diversas concorrem para produzir, na

---

d'un discours juridique", *Documents de travail*, 7, Universidade de Urbino, 1971 (reed. em *Sémiotique et sciences sociales*, Paris, Seuil, 1976).

PRESENÇAS DO OUTRO

prática, efeitos de focalização tais que, com freqüência, um só dos dois aspectos – terminativo ou incoativo – será levado em consideração, tematizado e valorizado, podendo o outro, em última instância, nem sequer ser perceptível de modo algum, como se a mudança se fizesse então parada pura e simples do curso do tempo, ou, ao contrário, advento absoluto, surgimento *ex nihilo*. Então o *presente*, termo não marcado, como dizem os lingüistas, enquanto nada – nada de especial – acontece, sai de repente de sua insignificância e se põe a *existir*: seja como fim, como encerramento, implicando um desaparecimento, uma abolição ou uma perda de valores (e, na pior das hipóteses, o aniquilamento do sentido), seja, ao contrário, como abertura e como advinda de um sentido novo.

No que precede, foram levadas em conta apenas certas configurações em que tal surgimento do presente e a apreensão correlativa do sujeito por si mesmo pressupunham uma focalização exclusiva no primeiro aspecto: viu-se como diferentes modalidades do *desaparecimento*, a do outro (para um alhures ou para "outro mundo"), como aquela, bem relativa, de si mesmo (no passado) podem ter como efeito remeter o sujeito-observador a si mesmo, quer em sua diferença atual (em relação ao que foi), quer em sua contingência existencial (diante da ausência do outro), quer ainda os dois juntos. Seja qual for a fórmula, é então a passagem por uma pura negação que nos revela o que "somos" e que nos projeta brutalmente no *aqui-agora*.

Entretanto, a essa sintaxe um tanto catastrofista (ou, em certos aspectos, romântica) pode-se opor uma visão mais "sadia" ou mais positiva que, privilegiando o outro tipo de enfoque, não mais subordinaria a apreensão de si mesmo no instante presente à passagem pelo sentimento trágico de uma disjunção daquilo a que esse presente põe fim mas, ao contrário, valorizaria deliberadamente a energia vital do *advento*, a força interpeladora da surpresa diante do *novo*, a virtude regeneradora dos *começos*. É, evidentemente, sob essa luz que a moda, e sobretudo o discurso social que a acompanha e a valoriza, organizam sua modesta "filosofia" do ser e do devir. Cintilante, livre, caprichosa, a moda procura sem cessar nos surpreender, e são precisamente suas invenções, as surpresas que ela cria, que são encarregadas de justificá-la a nossos olhos, dando-nos o "gosto de viver" na própria medida em que ela cotidianamente nos convida a viver uma outra vida, uma vida "nova".

Existe, todavia, uma outra configuração que oferece disso, a intervalos maiores mas mais regulares, uma ilustração mais pura ainda. É simplesmente, todos os anos, a chegada do Ano-Novo. Parece-nos que três elementos de alcance geral para nosso propósito se devem destacar na imensa celebração ritual da mudança, na qual toda a sociedade, e até o mundo todo, encontram aí o pretexto (salvo, evidentemente, que as datas não coincidem em toda parte). O primeiro ponto é

MODA, POLÍTICA E MUDANÇA

que, nessa ocasião em que, cabe dizê-lo, alguma coisa termina no mesmo instante em que outra começa, é o *começo*, o aspecto incoativo apenas que é levado em consideração: se nos reunimos na noite de 31 de dezembro, é certamente para festejar o ano novo, e não para chorar o ano que parte. O segundo elemento é que tudo o que há para festejar no Ano-Novo é justamente o fato de ele ser "novo", de *não ser* o que termina: exemplo perfeito de uma valorização da "mudança" *no estado puro.*

É claro, diferentemente do ano que termina, cujo balanço se conhece por experiência, não se sabe ainda nada, ou quase nada, do que se anuncia: é, portanto, possível projetar nele todas as esperanças que se quiser e, nesse sentido, é verdade, o pós Ano-Novo que vai começar amanhã não tem de jeito nenhum, naquela noite, o mesmo estatuto semântico que o "antes" que acaba de atingir seu termo. Um pertence já à memória e constitui o objeto de um saber, o outro pertence ainda ao imaginário e só depende, quanto ao que ele nos reserva, do crer; ora, enquanto a memória requer tempo para apagar a lembrança dos elementos negativos de uma experiência vivida e reconstruir o passado sob a forma dos "verdes paraísos", dos "bons velhos tempos" ou das "belas épocas", a imaginação que antecipa o futuro é, por sua vez, imediatamente capaz de o conceber como futuro radioso ou como amanhãs que cantam, com o risco em seguida – à experiência – de ter que retificar o esquema. Entretanto, essa diferença não importa, de modo algum, na noite de São Silvestre: para se sentir ali em festa, não há necessidade alguma de ter seja o que for a "censurar" ao ano que termina, nem de esperar o quer que seja de preciso daquele que começa: à meia-noite, apenas a própria *passagem* de um milésimo ao outro conta.

Ora, terceiro elemento, estritamente nada muda por ocasião dessa passagem de uma data a outra a não ser o nome – o número – que se dá a um pedaço de tempo. Nada, nem mesmo *o tempo que faz!* Embora a data corresponda, grosso modo, à de um fim de estação, de modo que se pode esperar, ao menos, uma pequena melhoria meteorológica, o céu se recusa a marcar o acontecimento pela menor solução de continuidade. A chegada de uma moda nova substitui, pelo menos, uma cor, um comprimento, algumas vezes toda uma temática por outra jogando com variáveis que, mesmo que se equivalham do ponto de vista funcional, são todavia formas sensíveis que se podem comparar entre elas e submeter a julgamentos de gosto diferenciados: a gente "ama" a moda do verão passado, a gente "não consegue se acostumar" à desse outono etc. Em comparação, a mudança de ano é, por sua vez, estritamente isenta de conteúdo. E ela produz, no entanto, os mesmos efeitos: euforia pura do acontecimento, adesão à novidade por ela mesma, a uma novidade vazia de toda e qualquer forma, a não ser formas virtuais e ainda indeterminadas, e que são, além do mais, absoluta-

112 PRESENÇAS DO OUTRO

mente indiferentes ao essencial, isto é, à euforia da festa: uma novidade *sem qualidades,* não fosse o próprio fato de ser nova.

4.4.2. O Capricho e a Necessidade: Novidade ou Renovação?

Essa valorização absoluta do incoativo parece marcar na mesma medida, se não ainda mais, o outro grande discurso da mudança que é o discurso político. Já o mostra a recorrência desses "estados de graça" sistematicamente ligados ao início do mandato dos novos eleitos, ou seja, de homens cujo primeiro mérito (não dizemos o *principal,* pois seria nos pronunciar precipitadamente), é justamente o fato de serem *novos,* como se eles encarnassem em sua pessoa a própria "mudança". Uma expressão saborosa foi, aliás, inventada, em ciência política, para designar esse favor momentâneo: a de "popularidade de alternância"[13]. Esses estados de alma coletivos, capazes de arrastar um povo inteiro com o mesmo impulso (excetuando-se alguns recalcitrantes), lembram, mas como mais fortes ainda, os arrebatamentos programados que podem ser produzidos pelo anúncio de uma nova moda ou aqueles, ritualizados, suscitados pela chegada do Ano-Novo. Até que ponto é possível sustentar essa comparação?

A palavra "mudança", em primeiro lugar, recobre aqui e ali a mesma noção? Aplicada à esfera do consumo, ela parece remeter sobretudo à idéia de "inovação": aparecem novos produtos ou novos tipos de comportamentos apresentados como modelos do que doravante "se faz": tudo isso pode, no conjunto, dispensar justificativas, embora, evidentemente, a publicidade não pare de as fornecer. Mas precisamente, a "justificativa" consiste então, com muita freqüência, numa valorização tautológica da própria *novidade* das "novidades" do momento. Por que seria preciso, aliás, que o livro, o penteado, o esporte, a canção, a vedete ou até o carro da moda deste ano pudessem ser chamados de melhores – e segundo quais critérios o seriam? – que os do ano passado para que os aceitássemos? Em geral, será necessário e suficiente inventar, no máximo, uma leve diferença relativamente ao modelo precedente, que permita dizer que a coisa é "nova" – à maneira do ano "novo". Pois não é aquilo em que reside substancialmente essa diferença que conta, é a "novidade" em si mesma do "novo" que faz por si só (ou quase) o valor do produto, e a essência da mudança. As coisas ocorrem de outro modo, poder-se-á objetar, no terreno da política: aqui, o que se espera, não é mais a novidade enquanto tal, como surgimento de alguma coisa de diferente, seja qual for seu conteúdo, mas antes um tipo de mudança que seria da ordem da *renovação,* em outras palavras, que só pode valer em razão de seu conteúdo:

13. Cf. J. Jaffré, "La popularité singulière de M. Balladur", *Le Monde,* 16 de setembro de 1993, p. 1.

MODA, POLÍTICA E MUDANÇA 113

uma espécie de volta do mesmo, do já conhecido, mas que se tornou *substancialmente outro.*

De fato, na gestão dos negócios públicos, não é muito comum a pura inovação, a procura do *inédito,* a invenção do *jamais visto,* serem especialmente valorizados. O que ali se pede são iniciativas capazes de fazer evoluir "para melhor" esta ou aquela situação atual: é a melhoria de estados de coisas já existentes. De um homem de Estado, não se espera que ele faça advir de supetão algum extraordinário "mundo possível" à maneira de tal criador de moda que, bancando o grande artista, inventa um "novo estilo de vida" para cada estação. Que um dirigente saiba conceber e conduzir a melhoria da sociedade tal como ela se apresenta, eis aproximadamente tudo o que se lhe pede. Em outras palavras, a ação política se caracteriza, bem prosaicamente, como uma empresa não de criação, mas de transformação do real; e se a política, como se afirma, é uma "arte", então é uma arte da *bricolage* (no sentido lévi-straussiano do termo): ela pode apenas reorganizar diferentemente as peças, mais ou menos heteróclitas, de que dispõe; nisso, encontra-se até enquadrada por uma dupla rede de coações, umas à montante, no sentido que toda ação política se inscreve nos limites de fato que lhe impõe o próprio dado que ela remaneja, outras à jusante, pois trata-se sempre de agir em vista de certos resultados pré-definidos, amiúde fixados no quadro de compromissos contratuais que revestem a forma de "programas" (por exemplo, eleitorais). Por isso, para tornar um pouquinho duradouros os estados de graça que evocávamos, não basta que o eleito do momento apareça como uma figura virgem que de repente adorna a cena política apenas pela novidade de seu rosto e de suas maneiras: é também preciso que, por suas origens, sua autoridade própria e as alianças que o sustentam, ele encarne ainda por cima, e de maneira suficientemente crível, a promessa de uma renovação efetiva na ação.

Compreende-se bem, portanto, desse ponto de vista, que possa parecer paradoxal, pouco pertinente, talvez até impertinente, falar de efeitos de moda no terreno da política. É confundir, dir-se-á, duas modalidades e duas esferas de intervenção da mudança em tudo opostas. Uma visa, na melhor das hipóteses, satisfazer as exigências momentâneas do gosto ou da opinião: é o domínio do *efêmero* social, o território próprio e legítimo da *moda,* sua esfera de ação reconhecida e admitida. A outra esfera concerne à ordem dos *valores perenes*: liberdade, justiça, bem-estar, segurança, muitas apostas que põem em causa diretamente as próprias condições de existência dos agentes sociais, seus interesses "reais", e que, por seu caráter de universalidade, transcendem o nível das preferências, a todo momento cambiantes, que se exprimem em termos de gostos e de opiniões. Uma vez que nada do que se refere a esses valores, nem a maneira de hierarquizá-los, nem a escolha dos meios destinados a gerá-los, pode depender de

114 PRESENÇAS DO OUTRO

modas por essência passageiras, a única instância suscetível de encarregar-se deles é, naturalmente, a instância *política* enquanto tal, concebida como o conjunto das instituições, das práticas e das normas pelas quais se manifesta justamente a assunção coletiva desse tipo de valores fundamentais. Certamente, nem mesmo essas instituições, essas práticas e essas normas podem ser imutáveis; porém, dir-se-á, não são simples intermitências do coração, mas a razão que deve presidir sua renovação.

Assim, segundo a natureza e o alcance daquilo que se define caso a caso como o objeto da mudança, a demanda correspondente aparece como dependente ou do capricho ou da necessidade: seja de um puro princípio de "prazer" que quer sempre o novo e que justifica, ali onde nada de muito grave está em causa, a existência de uma forma *borboleteante e lúdica* da mudança – aquela que a moda se encarrega de orquestrar –, seja de um princípio que se caracteriza por contraste como princípio de "realidade" e que, sendo o mundo o que é, exclui igualmente o *statu quo*, mas que, por isso mesmo, funda dessa vez a existência do político enquanto instância de gestão da modalidade *funcional e calculada* da mudança. Surge então a questão de saber se esses dois regimes de discursos, que procuram tanto se opor um ao outro, mas que não permitem nem um nem outro, a nosso ver, dar conta da mudança como experiência constitutiva do sujeito, não são ambos superáveis em função de um princípio mais abrangente, situado ao mesmo tempo aquém das atitudes racionalizantes que, do lado do político, visam objetivar a "necessidade" da mudança, e além do puro "gosto" que, do lado da moda, se pressupõe para o que muda.

4.5. PRÁTICAS DE MODA

Mas basta, na realidade, deixar de lado as considerações "teóricas" *sobre* a moda, ou a política, e passar para a análise de alguns discursos *da* moda ou *da* política para perceber que as coisas estão longe de ser tão simples e as fronteiras tão estanques quanto se pretende. Como numa espécie de intercâmbio, cada um dos dois universos empresta ao outro uma parte essencial do que o caracteriza, de tal modo que, embora permanecendo em princípio distintas, as duas ordens de fenômenos terminam, na prática dos agentes sociais, por se juntar, se assemelhar, e com freqüência quase se confundir.

4.5.1. A Boa Consciência e a Má-fé

De um lado, por mais caprichosa que possa parecer, a moda não deixa de se acompanhar de um discurso paralelo, que, contradizendo os ares de gratuidade que ela exibe, visa assentar seus decretos num

MODA, POLÍTICA E MUDANÇA   115

fundo de justificativas de ordem funcional mesmo, como se seus "caprichos" tivessem necessidade de ser legitimados, e isso em nome de uma necessidade que possa aparecer como praticamente tão rigorosa em sua própria ordem quanto aquela em nome da qual se exige que as coisas mudem no domínio político. Em suma, a moda não pretende apenas, pelo brilho de suas invenções, dar-nos o tipo de prazer que se pode experimentar, na vida como no teatro, em ver "mudar o cenário"; ela quer também *se* justificar, isto é, de antemão *nos* justificar, soprando-nos razões – diríamos quase desculpas – para segui-la.

"Novo por muito tempo", proclamava-se, por exemplo, audaciosamente, para a volta do outono há alguns anos, um dos últimos carros da Renault[14]. A mensagem é clara: apegar-se a essa soberba novidade seria cometer uma loucura se, como outras lançadas no mesmo momento, ela só tivesse para nos oferecer sua novidade em estado puro. Mas, como nos é mostrada, a novidade desse modelo combina-se justamente com um conteúdo: se ele é "novo", é porque incorpora os mais recentes avanços tecnológicos; comprá-lo torna-se então um ato de "razão", aliás, aconselhado, nos é assegurado, "pela mais importante associação de automobilistas alemães"! Eis portanto uma escolha que nos garantirá permanecer, por muito tempo, na ponta do que se faz em matéria de automóveis, isto é, bem paradoxalmente, de posse de um objeto que *permanecerá novo*. Mas, como se sabe, isso é próprio do "clássico", que por definição "não envelhece" – que não se desgasta, nem jamais sai de moda. Entretanto, a firma associa a sua proposta uma *garantia*: a "Garantia anticorrosão Renault 6 anos". Garantia contra o que exatamente? Contra a perda do frescor, possível, apesar de tudo, da bela mecânica? Ou contra a erosão de nosso entusiasmo a seu respeito? As duas coisas sem dúvida, pois o argumento racional, a motivação pelo "mais" no plano técnico, que nos é sugerido a fim de que convençamos a nós mesmos sobre a razão de nossa aquisição, só está ali evidentemente para nos fornecer, como se fosse preciso, o álibi que nos permitirá ceder à pura sedução do novo com a consciência tranqüila ou, o que dá no mesmo no caso presente, com toda a "má-fé": um capricho, mas razoável, afinal.

Ninguém mais hoje em dia pronuncia a palavra, e no entanto é recorrendo a uma argumentação fundada implicitamente na idéia de "progresso" que a moda procura assim, sem parecer, ponderar a gratuidade de suas inovações, gratuidade que, de resto, ela reivindica todavia. Pois uma das tendências, a que vai no sentido do arbitrário e dá livre curso às estratégias da fantasia como princípio de sedução, não exclui a outra, a busca de motivações. Ao contrário, elas parecem se chamar uma à outra: agradar *e* satisfazer, acrescentar à graça formal

---

14. Anúncio publicado no *Le Monde* de 18 de setembro de 1993, p. 9.

PRESENÇAS DO OUTRO

da novidade a promessa substancial de uma renovação, essa ambivalência intervém como uma constante do discurso de moda.

Simetricamente, do lado da política, ao discurso dominante – dessa vez aquele que privilegia a abordagem racional da mudança compreendida como projeto de transformação do mundo –, ouve-se misturar mais em surdina as modulações de um outro discurso, discurso das intermitências dos afetos, expressão dos gostos e dos desgostos passageiros: numa palavra, o discurso dos *humores* políticos, de caráter puramente passional. Assim se reencontra a mesma dualidade de componentes que no caso precedente, mas numa relação inversa. O discurso político "segundo" (tal como aquele, exibido, da moda), mais do que remeter aos dados externos do mundo objeto, obedece às exigências de uma rítmica que lhe é própria. Ele se encarrega, com efeito, dos impulsos de um desejo aparentemente sem razão e sem objeto, que é apenas a espera permanente de "outra coisa": espera vaga e paradoxal por definição – a do inesperado –, mas cujos efeitos nada têm, por sua vez, de indeterminado. Pois se a espera do novo consiste estruturalmente numa supervalorização sistemática do virtual ou do potencial por si mesmo, correlativamente, ela só pode conduzir a uma desvalorização não menos sistemática do "atual", de um atual destinado a ser experimentado, por contraste, no modo disfórico na medida em que, enquanto tal, *pelo próprio fato de ser atual*, terá de antemão, segundo a fórmula consagrada, "sempre já" durado demais. É, parece-nos, essa espécie de bovarismo coletivo que traduz a disposição do corpo político ora a entusiasmos tanto mais intensos (e mais passageiros) quanto menos solidamente são motivados – como esses *estados de graça* pontualmente ligados à própria manifestação do novo –, e ora a estados afetivos contrários, a começar por essa *morosidade* constatada por todos os observadores desde que a novidade cessa, e não é para menos, de ser totalmente nova.

O que não impede, evidentemente, de encontrar, ao analisar o contexto "objetivo", numerosas razões suscetíveis de explicar o aparecimento dos estados de alma em questão e de justificar, em função dos dados cambiantes da conjuntura econômica e social, seus retornos periódicos. São, dir-se-á, os "casos", o desemprego, a insegurança etc., que fazem com que este ou aquele grupo de eleitores socialmente definido desloque seus votos de uma eleição para outra. Pois o voto, enquanto expressão de uma vontade de mudança, é um ato *cognitivo* que decorre da avaliação das situações concretas, um ato de julgamento que sanciona os resultados de condutas políticas precisas. Nosso propósito não é ignorar essa forma de racionalidade, mas compreender as relações que ela mantém com uma outra lógica, imanente à própria constituição dos sujeitos e na qual intervêm diretamente o que se poderiam chamar os efeitos dinâmicos – e "objetivos", também eles – do tempo: não o choque dos acontecimentos que preenchem o

MODA, POLÍTICA E MUDANÇA   117

cotidiano e em relação aos quais se toma posição, mas o peso do próprio tempo, como duração, como devir, e algumas vezes como puro presente.

4.5.2. O Desgaste e a Graça

Para *acreditar* numa política nova e aderir a ela, para *gostar de* uma moda e torná-la sua, será uma condição necessária (na falta de outros critérios de decisão), e eventualmente uma condição suficiente (pelo menos para os espíritos mais descrentes), ter previamente, e de algum modo à saciedade, gostado do contrário ou acreditado no oposto?

Certos elementos que se podem tirar dos trabalhos existentes sobre o caráter cíclico da história das modas, como da história política, parecem efetivamente indicar que os momentos de adesão forte e maciça a uma moda ou a uma tendência política dada geralmente não se dão sem a manifestação concomitante, quase tão insistente, algumas vezes até mais, da *rejeição* da tendência estética ou política considerada como seu contrário, cujo reino acaba de terminar ou cujo fim está em vias de se tornar inelutável[15]. É como se, diante de um registro limitado de opções possíveis e que formam um sistema, o entusiasmo coletivo que se manifesta num dado momento em favor de qualquer uma dentre elas fosse sempre apenas a expressão inversa do "desagrado" doravante sentido diante da opção alternativa, ou encarada como tal. De tal modo que, por razões de ordem puramente estrutural, toda desgraça atual seria, na matéria, ao mesmo tempo a condição e a melhor garantia, a própria promessa, de uma futura reabilitação.

É pelo menos o que, por ocasião de uma campanha eleitoral com resultados sem surpresa, um dos principais líderes da oposição do momento parecia constatar na forma de uma confissão sem rodeios: "Se a oposição não fizesse campanha, se não tivesse programa, ela seria eleita ainda assim, por uma razão simples: *não se pode mais ver os outros* [a maioria que sai]"[16]. Ao se comparar essa declaração com uma série de artigos surgidos na época sob a assinatura dos principais comentaristas políticos, percebe-se que o discurso do político aqui citado vai mais longe, num certo sentido, que o da maioria dos analistas. Tratando-se, tanto para uns como para os outros, de explicar uma aspiração geral pela mudança então reconhecida por todos, os jornalistas se referem de comum acordo ao que chamam de "*desgaste do*

---

15. Cf. especialmente, a propósito dos ciclos políticos, F. Mentré, *Les générations sociales*, Paris, P. Bonnard, 1929; e a respeito dos ciclos da moda, A. L. Kroeber, "Order in Changes of Fashion", em *The Nature of Culture*, Chicago, University of Chicago Press, 1952.

16. Ch. Pasqua, citado por D. Carton, *Le Monde,* 20 de março de 1993, p. 11.

118 PRESENÇAS DO OUTRO

poder"[17]: por força de erros, de fraquezas, de renegações, a maioria que saiu passou, como pela força das coisas, a perder um a um os chamarizes de que dispunha no início: "desgaste político, desgaste moral, desgaste psicológico", nota um[18]; "desgaste do tempo, do desemprego, das decepções", sobrelança o outro[19].

Nas palavras do representante da oposição, ao contrário, são antes *os eleitores* que teriam se "desgastado", e isso porque a simples presença das mesmas figuras ocupando a cena pública não podia, se se prolongasse, deixar de terminar, *por desgaste,* por minar suas boas disposições iniciais. E contra tal cansaço, que afeta as almas, não há "garantia" a oferecer! Diferentemente, com efeito, do diagnóstico dos jornalistas, é agora sobre os estados passionais dos cidadãos que o tempo, pelo simples fato de durar, supostamente exerceu seus efeitos corrosivos. Cansando os simpatizantes mais bem intencionados, corroendo os corações mais resistentes, resfriando os mais apaixonados, irritando os mais conciliadores, é a duração da experiência que terminou por dar cabo da confiança, talvez das ilusões, e afinal em todo caso da paciência dos eleitores. Assim, portanto, não é o poder que mudou (que teria se "desgastado" pelo uso, produzindo o que se chamou os "decepcionados do socialismo"), mas os eleitores que se cansaram por terem tido as mesmas cabeças por tempo demais sob os olhos e que, por isso, mudaram de *humor*: como dizia o líder já citado, os mesmos que têm levado ao poder uma certa equipe, doravante "não podem mais vê-la". Mais que a ação da maioria que sai, é a própria presença dela que não se suporta mais, e é ela que é preciso substituir, qualquer que seja a mudança de orientação que possa disso resultar. Se a oposição não tem necessidade de programa para ganhar, reciprocamente, a maioria que sai não tem necessidade tampouco de ter agido "demais" ou "mal" ou "não o suficiente" para que se peça sua partida: basta que ela *tenha sido*, assim como basta que o ano que termina ou que a moda que passa tenham sido para que o ano novo ou a moda seguinte sejam bem-vindos.

Eis, portanto, um político que nos fala da política como se se tratasse de uma simples questão de humores, e como se a única justificativa da mudança de política que ele mesmo propõe dependesse de que a parte adversa tivesse, em suma, passado de moda: estratégia bastante incomum, mas logo contrabalançada pelo discurso dos jornalistas que, como vimos, têm o cuidado de restabelecer uma visão mais ortodoxa e

---

17. Cf., entre outros, J. Lesourne, "Alternances et valeurs", *Le Monde,* 20 de março de 1993; J.-M. Colombani, "La vie en gris", *idem*; B. Frappat, "Usures", *Le Monde,* 23 de março de 1993; J.-M. Colombani, "Le 'big crunch' ", *idem*; P. Jarreau, "PS: la table rase", *idem*; A. Vernholes, "Le poids de la conjoncture", *Le Monde,* 24 de março de 1993.

18. B. Frappat, artigo citado.

19. F. Fabius, citado por P. Jarreau, artigo citado.

MODA, POLÍTICA E MUDANÇA 119

mais "responsável" na matéria. Para estabelecer metodologicamente uma simetria, imagina-se facilmente o paradoxo inverso de um criador de moda que se empenhasse conscienciosamente em associar ao exercício de sua profissão as mais altas responsabilidades sociais, esperando dessa vez que os observadores autorizados, provavelmente outros jornalistas, competentes para manejar o discurso ortodoxo na matéria, nos lembrem a outra dimensão do ofício de "criador", ou seja, sua dimensão "artista" e hedonista, sua agradável "gratuidade"[20]. Tudo isso apenas confirma a idéia de um intercâmbio entre as temáticas gêmeas que determinam a ambivalência, tanto do discurso da moda como do da política. Assim, um único e mesmo princípio de oscilação sistemática comandaria ao mesmo tempo o balanço das grandes ondas da opinião pública e a ronda das modas: se é preciso que elas passem, é que a passagem por seu contrário (ou o que se consegue fazer passar por isso) representa para elas, consideradas uma a uma, a melhor oportunidade de *poder voltar*. E pouco importa nesse caso se, de um outro ponto de vista, os contrários assim manipulados se equivalham, de modo que nada, no final das contas, mudaria passando de um para o outro.

Mede-se, no entanto, o que existe em tudo isso de insuficiente. Primeiro, formalmente, perfila-se o risco óbvio de nos encerrarmos num modelo do eterno retorno do mesmo, ao qual não deixaria de conduzir bem depressa uma sintaxe fundada na simples negatividade. Mas sobretudo, mesmo que a popularidade de uma moda ou de uma política, em seu momento mais forte, se nutra certamente da rejeição de um passado muito próximo, não resulta disso que todo movimento de adesão a uma tendência estética ou política momentaneamente reinante ou em vias de emergir seja necessariamente vivido nesse único modo *reativo*. Em outros termos, para explicar de modo satisfatório os fenômenos sociais de adesão à mudança, não se pode simplesmente ater-se à idéia de que todo movimento desse tipo seria somente a contrapartida visível de um gesto mais fundamental que consistiria, em suma, em "queimar o que se adorou", em *renegar*, em vista da afirmação de seu ser presente, o outro que se foi. Em resumo, o "não se pode mais ver os outros", nem, por que não, o "não se pode mais ver a si mesmo" – o ressentimento – não basta.

4.6. MODAS, MODELOS, MODOS DE SER

Se há uma euforia social possível do instante em sua pura atualidade, uma *graça* pensável do *presente*, resta-nos por conseguinte com-

---

20. Diversos exemplos desse tipo de configuração se encontram no rico leque de citações que acompanha o estudo de P. Bourdieu e Y. Delsault, "Le couturier et sa griffe: contribution à une théorie de la magie", *Actes de la recherche en sciences sociales*, 1, 1975.

120 PRESENÇAS DO OUTRO

preender como a adesão às formas estéticas, ou políticas, através das quais esse "presente" advém, pode se fundamentar – também – num modo *positivo*, como *assentimento*. Mas para dar conta de tal adesão dos sujeitos a seu estar-em-devir, inclusive político, através da mediação de "modas" sucessivas, é preciso praticamente redefinir a própria noção de moda.

4.6.1. A Moda, Menos os Criadores

Tende-se em geral, espontaneamente, a pensar a moda a partir das características que ela apresenta no que constitui seu domínio de influência mais evidente, mas não o único nem, certamente, o principal: aquele em que ela se afirmou em primeiro lugar e em que ela continua a exercer seus poderes de modo mais espetacular: a roupa, e mais precisamente a "alta costura". Aí, isto é, no que constitui o espaço da "Moda" por excelência, o fenômeno aparece, segundo a imagem convencionada, como articulado de um modo muito elementar que não se tornará a encontrar em parte alguma alhures: um grupo profissional restrito de conceptores e de fabricantes dirige-se à massa (bem relativa) de uma clientela, atual ou potencial. Aqui, é a oferta que é rainha: os profissionais, tendo supostamente toda a iniciativa, inventam modelos e acertam as estratégias apropriadas para fazê-los aceitar; correlativamente, diante deles, postula-se a existência de um público "alvo", encerrado no papel essencialmente passivo de um receptor convidado a obedecer às orientações que lhe são propostas.

Se tal modelo, que parece colar quase indissoluvelmente à própria *palavra* "moda", deixa contudo a desejar, é evidentemente porque em política, mas também em outros domínios conexos, notadamente em tudo o que se refere à formação e à difusão dos gostos e das opiniões, estamos diante de um tipo de dispositivo inteiramente diferente. Ali dificilmente se encontraria o equivalente de uma instância produtora-emissora que propusesse explicitamente "modelos" a serem tomados ou abandonados. Pondo de lado um número limitado de domínios bem circunscritos, nossas maneiras de ser e de fazer não são, assim, dirigidas de fora ou de cima por algum grande manipulador que (na falta de outra instância normativa) seria "a moda". Quer se trate, por exemplo, das maneiras de falar consideradas como "da hora", das idéias que é bom defender para parecer "por dentro", ou ainda desses pequenos gestos com a ajuda dos quais se assume uma postura bancando o "chique"[21], tem-se aí modas que *se* fazem por assim dizer "por si mesmas", que tomam consistência, impõem-se e, no devido momento, apagam-se sem a intervenção de nenhuma instância norma-

---

21. Cf. B. Poirot-Delpech, "Trichomanie", *Le Monde*, 22 de setembro de 1993, p. 10.

MODA, POLÍTICA E MUDANÇA 121

tiva definida. Essas modas, as mais insidiosamente pregnantes porque tocam nos *modos de ser*, formam-se no próprio interior do espaço social em que decorrem, sem que ninguém esteja particularmente habilitado a definir e a lançar "a" maneira legítima, o "modelo" – em suma, sem nenhum "destinador" externo: o social se basta a si mesmo para criá-las, fazê-las viver e deixá-las morrer.

No domínio das opiniões, mais especialmente onde o recurso ao estereótipo desempenha um papel tão essencial (já que, muitas vezes, é unicamente o estereótipo que dá às crenças uma forma discursiva que as torna comunicáveis, intercambiáveis e "defensáveis"), é claro que a determinação dos lugares-comuns "de bom tom" põe em jogo um tipo de dispositivo cuja organização nada mais tem a ver com o esquema da comunicação elementar associado à imagem do costureiro e de sua *griffe*. Trata-se, no caso, de um dispositivo muito mais ramificado, em rede, onde se imbricam espaços de palavra múltiplos e encavalados – espaços institucionais muito diversos, espaços midiáticos evidentemente, espaços políticos propriamente ditos – entre os quais discursos *atualmente possíveis*, e concorrentes entre si, circulam, trocam-se, contradizem-se, repetem-se, remetem-se uns aos outros, sendo ao mesmo tempo retomados pelo público em seu conjunto, isto é, por uma multidão de enunciadores individuais ou coletivos que, indefinidamente, os experimentam, os trocam, os misturam, os contradizem, os deformam, os transformam e os recolocam incessantemente em circulação. E é apenas do entrecruzamento das interações inumeráveis que acontecem no interior dessas redes onde cada um é ao mesmo tempo, ou alternadamente, receptor e criador, onde enunciados finalmente sem origem determinável circulam como no jogo do passa-anel, que resulta, por uma espécie de lenta decantação, a aparição dessas "verdades admitidas" – sem que se saiba ao certo por quem – cuja combinação movente forma a *doxa* do momento: o que *se diz*, o que *se pensa*, o que se pode, talvez até o que se *deve* dizer, o que é "razoável" pensar hoje, aqui e agora.

É isso, é esse *discurso ouvido* ou, se se preferir, esse *discurso anônimo* que determina, que faz – ou melhor, que *é* – precisamente *a moda* em matéria de opiniões. E já que, em democracia, a política é em última instância função das opiniões, é também esse discurso que constitui a moda *em política*, autorizando-nos, portanto, a afirmar que ela exerce seu poder também nesse domínio, sobre o qual se diz, contudo, com tanta freqüência, que lhe escapa por natureza. É esta, terminológica ou conceitualmente, uma opção arbitrária? Não o cremos, pois, do mesmo modo que o discurso da "moda" *stricto sensu* – aquele, dos grandes costureiros – no domínio restrito reconhecido como seu, também o discurso social mais difuso que temos em vista, age (embora segundo suas próprias vias) no modo quase normativo da *senha*: não, certamente, pela difusão de modelos que saem prontos das mãos de seus prestigiosos criadores, mas através de processos

122 PRESENÇAS DO OUTRO

interativos de auto-regulação muito mais complexos. E o que esse discurso orienta, talvez até o que ele rege (em ligação com outros fatores, certamente), são justamente, entre outros, os comportamentos "políticos", a começar pelo *que se diz* da política ou daqueles que a fazem – o que é já uma maneira de fazer política – e, passo a passo, até o próprio voto, cujos fluxos e refluxos, cujas "mudanças" de um escrutínio ao outro ele antecipa.

Assim se encontram, sob a palavra *moda,* duas noções bem distintas. Não pretendemos que uma seja "falsa", no sentido de que apenas a outra remeteria a funcionamentos sociais "reais". Em nome de que excluir a possibilidade de, em certos domínios, efetivamente se estar diante de modelos de comportamento propostos ou impostos "de cima"? Simplesmente, se é a esse tipo de dispositivo que se decide reservar o apelativo "moda", então a moda tenderá a aparecer como um princípio de organização social cuja função essencial consiste, no máximo, em *classificar*: instância normativa, a moda regulariza a evolução de códigos de comportamento diferenciados, fornecendo assim, a cada instante, aos grupos sociais considerados um a um sistemas de signos que contribuem para assegurar ao mesmo tempo o reconhecimento interno de seus próprios membros e sua distinção comum relativamente aos outros grupos. Como esse aspecto bem conhecido, particularmente caro aos sociólogos, já foi encarado mais acima, lembremos apenas que, uma vez assim definida, a moda só poderia permitir às "classes" sociais (cujas marcas de identificação ela codifica) reproduzir-se, reproduzindo a cada instante as relações diferenciais que fundam negativamente a "identidade" própria de cada uma delas.

Em compensação, escolher empregar o mesmo vocábulo para designar os processos propriamente interativos que aqui nos interessam – ou seja, essas "modas" que, por pequenos ensaios, negociações, repetições e acumulação, *se* fazem, *se* constituem, *se* inventam, *se* criam sob o regime da auto-regulação –, é o mesmo que admitir que a moda, dessa vez, *produz* "identidade", identidades que não são nem inteiramente dadas de antemão, nem programadas por quem quer que seja, mas que *se* fazem (e se desfazem) no próprio ritmo segundo o qual se faz, se desfaz e se reconstitui a todo instante o sentido de nossa presença para nós mesmos, individual e coletivamente. À função monótona de classificação se superpõe, ou até se substitui, nesse caso, uma dinâmica da invenção de identidades novas, e, mais que a repetição do mesmo, começa-se então a perceber alguma coisa como o ritmo, ao mesmo tempo aleatório e necessário, da mudança.

4.6.2. *Da Auto-referência como Paixão Social*

Em função de tudo o que precede, podemos agora retomar, em termos explícitos, a distinção esboçada mais acima entre dois níveis possíveis de apreensão da mudança, e sobretudo estatuir enfim sobre suas relações. Em primeiro lugar, a moda, sob qualquer forma que a encaremos, tem como efeito manifesto renovar formas: aquelas, figurativas, dos objetos, ou aquelas, mais abstratas, dos programas de comportamento (o que se usa, o que se faz etc.). Nesse sentido, ela faz aceitar, ou até desejar, mudanças *objetivas*. Mas, sobretudo, assim agindo, a moda faz mudar os próprios *sujeitos*, pois na medida em que a seguimos, adotamos novos pontos de vista sobre os objetos e sobre as coisas, e finalmente sobre nós mesmos. Ora, essas duas modalidades da mudança se implicam, ou pelo menos a primeira pressupõe a segunda. Para que tal produto ou tal esquema de comportamento de estatuto ainda virtual se torne realmente daqueles que se compram ou que se adotam – e ao mesmo tempo, para fazer que o que se fazia, se usava ou se dizia ontem pareça doravante excluído –, é preciso primeiramente (em termos de anterioridade lógica) se deixar persuadir ou persuadir a si mesmo que convém efetivamente modificar tal hábito e tal critério de apreciação, aceitar os valores que se encontram investidos nas "novidades" do momento, em suma, mudar de ponto de vista, e por isso mesmo, com todas as coisas iguais por outro lado, transformar-se a si mesmo, tornar-se diferente. Em última instância, a moda nada mais é que mudanças de pontos de vista; ela é a cada instante *o próprio presente,* captado na formulação do que "convém" *hic et nunc;* ela é um *agora mesmo,* identificado *ao que se diz;* e por isso, ela é aquilo mesmo que estamos em vias de nos tornar enquanto atores de nosso próprio presente.

Correlativamente, compreende-se então que mudar de ponto de vista, com a condição de fazê-lo, como dizíamos mais acima, "na cadência" – isto é, atendo-se precisamente "à moda" –, seja o melhor meio, na verdade talvez o único, de ser, ou pelo menos, de *se sentir* "de sua época": em uníssono com o que se diz. Daí, última ambivalência que é preciso também aceitar, o fato de que a moda pareça ao mesmo tempo como o que exalta o presente, e como o que o banaliza. Enquanto faz surgir o novo, e portanto introduz a descontinuidade, ela escande euforicamente o curso do tempo, cria instantes onde "a vida" parece ela mesma mudar, onde, simplesmente desposando suas invenções, a gente se surpreende a si mesma – "Essa moda me cai bem!" –, em que se redescobre subitamente "como um outro", outro, em todo caso, que aquele em que se tornou sem o saber, por força da rotina. Desse ponto de vista, ela rompe o cotidiano – ela é abertura, promessa, festa, liberdade. E, contudo, paralelamente, enquanto define o que (ainda que momentaneamente) "se faz", ela se torna muito rapidamente referência, norma comum, meio de localização e de reconhecimento, fundo de normalidade em relação ao qual, no interior do espaço onde ela tem curso, todo mundo se confunde: a moda é também, mas não é somente, convenção, repetição, perda de sentido, e, em última instância, constrangimento.

124 PRESENÇAS DO OUTRO

Viver *junto* num mundo *presente* que tenha *sentido*. – Por mais simples que seja essa fórmula (a ponto de parecer trivial?), é talvez ainda a mais exata de que dispomos para ligar os fios seguidos até aqui um a um e explicitar a perspectiva global que justifica a nossos olhos seu correlacionamento: fios do tempo e da ausência, do devir e da presença, da identidade e de sua sintaxe (a "embreagem"), com, no cruzamento de tudo isso, sujeitos que "vivem" – em outros termos, à procura de si mesmos, em busca de um sentido a atribuir a seu próprio estar no mundo. É precisamente de certas condições privilegiadas para a emergência desse sentido para os sujeitos que nos fala Simmel quando, num de seus ensaios, ao que saibamos, ainda pouco explorado sobre esse ponto preciso, ele atrai nossa atenção para essa espécie de "culminação da consciência social" da qual "a moda" aparece como a condição no âmbito da "vida moderna": "[Mantendo]-se constantemente na linha divisória das águas entre o passado e o futuro, [a moda] nos dispensa [...], pelo tempo em que estiver em seu auge, um forte *sentimento de presente,* como poucos outros fenômenos são capazes de fazê-lo"[22].

22. G. Simmel, "La mode", ob. cit., p. 101.

5. Masculino, Feminino, Social

5.1. UM OLHAR INGÊNUO

Divulgadas, em sua maioria, na França, ao longo dos anos 1989-1993, por meio da imprensa dita feminina, no curso de campanhas que, de um modo geral, se estendiam por meses a fio, e tendo todas o mesmo estatuto – o de anúncios publicitários –, as imagens que vamos examinar a seguir (com raras exceções, fotografias), constituem, no tocante ao seu modo de exposição ao público, um conjunto homogêneo. Mas, sobretudo, visto ser em função desse critério que foram escolhidas dentre outras de proveniência e estatuto idênticos, todas elas exploram uma mesma família de motivos plásticos vinculados a um único grande tema englobante: o da "beleza feminina". Incansavelmente, de uma imagem a outra, como cenário ou como chamariz, nos é oferecido aqui um corpo, ali um rosto, adiante uma silhueta, muitas vezes simples *fragmentos de mulher*: uma mão, lábios, um torso, uma cabeleira, porém sempre reconhecíveis como a parte que vale pelo todo.

Exemplos: fragmentos: figura 1, p. 126.

Obviamente, a maneira como esses elementos são figurados, o modo como eles são utilizados para fazer valer uma marca ou um dado produto não é neutro. Essas imagens traduzem uma visão determinada dos papéis sociais convencionalmente atribuídos ao "segundo sexo". Dessa perspectiva, esse material não passa, no fundo, de um discurso em imagens, no conjunto sem surpresas, mas que convida à análise, ou

  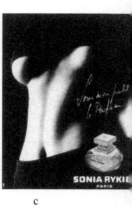

a　　　　　　　　　　　　　b　　　　　　　　　　　　　c

Fig. 1a-b-c
Atlas Air France, 1989; *Madame Figaro*, 1993; *Madame Figaro*, 1993.

mais do que isso, à crítica, à denúncia, à retificação ideológicas! Não seria difícil explicitar a concepção particular da feminilidade – a "imagem da mulher" como estereótipo social – que nelas se manifesta; mas, na verdade, tal leitura já foi feita com freqüência de muitas formas, tanto rigorosamente científicas como edificantes em termos morais, a partir de exemplos similares, e, portanto, não é esse o aspecto que procuraremos examinar[1]. Entretanto, parece igualmente concebível uma outra abordagem, talvez menos convencional, que parte de um outro princípio.

Independentemente das concepções ou dos preconceitos refletidos no seu modo de construção, bem como daquilo que "representa", uma imagem é, com efeito, de início, por si mesma, *presença*. Ela nos põe imediatamente em contato com alguma coisa que não é um discurso sobre algum suposto referente (aqui "a" mulher?), mas que é, nem mais nem menos, a presença da própria *imagem* enquanto tal, como realidade plástica. Não há dúvida de que, através da iconografia que temos à nossa disposição, poderíamos identificar, se quiséssemos, quase todos os elementos que concorrem, como se diz no jargão vindo dos Estados Unidos, para tornar o "sexismo" uma atitude intelectual, social, política, moral e, sobretudo, academicamente "incorreta". Mas isso não impede que aquilo com que lidamos em termos concretos diante dessas belas imagens não seja em primeiro lugar dissertações implícitas ou teses (perniciosas) a refutar. Para nós, espectadores de olhar ingênuo, o que nelas se dá a ver é, antes, um extraordinário jogo de formas e

1. Cf., por exemplo, Cl. Chabrol, *Le récit féminin*, Paris, Mouton, 1974; P. Lainé, *La femme et ses images*, Paris, Stock, 1974; A.-M. Dardigna, *La presse féminine*, Paris, Maspero, 1978.

cores, uma espécie de álbum fotográfico inesgotavelmente renovado a ser folheado como tal. Aliás, se a publicidade comercial, a publicidade dita "de marca", tem alguma eficácia, é justamente porque, pródiga em visões e sensações que, sem dúvida, são ao mesmo tempo incitações, ela não dá diretamente nenhuma lição de moral; à frente da propaganda política, ela chegou ao ponto de ter, há muito, renunciado a desenvolver em relação a um bom número de produtos qualquer discurso explicitamente persuasivo; sua estratégia consiste muito mais em povoar o nosso universo de simulacros figurativos, em instalar ao redor de nós (como que por uma espécie de generosidade que não esperaria nenhuma contrapartida) um mundo imaginário e pregnante que nos engloba como uma segunda intimidade, particularmente ao pôr em circulação um número indefinido de *mulheres-figuras* – de corpos de papel. É isso, e só isso, que vai nos interessar: não as segundas intenções, mas aquilo mesmo que se deixa de fato ver, e até sentir.

Exemplos: silhuetas:

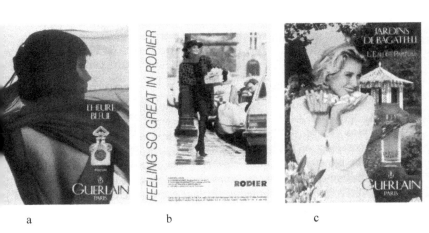

Fig. 2a-b-c
Madame Figaro, 1993; *H and Q*, 1986; *Marie-Claire*, 1993.

Essas composições, que a boa imprensa nos oferece pelo prazer dos olhos no aconchego do lar e que reencontramos ao virar cada esquina, têm de fato, cada qual por si mesma, uma realidade visual, uma consistência e uma organização: em suma, certas qualidades "estéticas" próprias. No entanto, é evidente que a nossa maneira de contemplá-las não é, de modo algum, a mesma que teríamos se se tratasse de quadros ou, mais amplamente, de obras de arte. Parte integrante da paisagem cotidiana, elas se impõem por um *modo de presença* que lhes é específico e que depende do fato de que, afora as características puramente

128 PRESENÇAS DO OUTRO

plásticas que apresentam quando tomadas uma a uma, essas imagens, consideradas em bloco, possuem certos traços ligados ao *modo de figuração* que exploram[2]. Disso decorre, para nós, consumidores de imagens ou, talvez mais justamente nesse caso, para nós, *"voyeurs"*, um *modo de recepção* determinado que corresponde às modalidades do "ver" que suscitam e das quais retiram, todas juntas, seu estatuto e sua eficácia sociossemióticos: é disso que gostaríamos de dar conta ao tentar responder a dois tipos de questões. De início, a uma questão de ordem *analítica*: aquém das reflexões de segundo grau, morais e outras, a que um material como esse pode, enquanto discurso, servir de suporte, quais são os dispositivos e procedimentos propriamente visuais empregados, que condicionam as modalidades de sua apreensão imediata? Depois, a uma questão de *interpretação*, de alcance mais geral: considerando o estatuto das figuras que esse gênero de produção de massa instala ao nosso redor, quais as implicações de seu consumo em altas doses, de sua "leitura" (na falta de um termo mais satisfatório) indefinidamente repetida?

Se optamos, dessa forma, por uma problemática que deixa de lado a questão do conteúdo representacional da imagem, é que a incidência social das imagens midiáticas – seu *poder* – não se explica unicamente e, talvez, nem mesmo principalmente, por aquilo que nos mostram ou dizem em termos de Verdadeiro, de Belo ou de Bem (ou dos seus opostos), mas pela desmultiplicação dos níveis de apreensão do real que implica o próprio regime de sua presença ao nosso redor enquanto coisas a serem vistas. Isso sobretudo no caso específico do tipo de anúncios de que vamos nos ocupar, em que o conteúdo ideológico da "mensagem" leva, no final das contas, a tão pouco – a uma representação tão convencional e hiperbólica da identidade "feminina" (e, correlativamente, é claro, da masculina) – que seria uma ofensa ao simples bom senso imaginar que alguém possa deixar-se enganar por eles. O que, ao contrário, merece ser analisado mais de perto é aquilo que *faz de nós*, de modo mais insidioso, a iconografia que se encarrega da encenação dessa temática, em si mesma insignificante. Mediante as estratégias de figurativização exploradas, que relação específica com a imagem e que *prática do olhar* nos impõe essa iconografia? Assim concebida, e por oposição à pura retomada discursiva da diferença sexual, a gestão do "ver" enquanto tal – que ultrapassa a distinção entre os sexos – toca diretamente a gestão do social.

Eis por que, com vistas a analisar um pequeno número de anúncios selecionados a título de amostragem dentre inúmeros outros

---

2. Sobre a distinção entre "plástico" e "figurativo", cf. A. J. Greimas, "Sémiotique figurative et sémiotique plastique", *Actes Sémiotiques Documents*, VI, p. 60, 1984; J.-M. Floch, *Petites mythologies de l'œil et de l'esprit*, Paris, Hadès, 1985; id., *Identités visuelles*, Paris, Presses Universitaires de France, 1994.

a eles equivalentes, deixaremos deliberadamente de fora aquilo que a publicidade nos *diz* dessas senhoras (aquilo que ela diz de mal delas, ou, em todo caso, de caricatural), voltando-nos em contrapartida exclusivamente a melhor compreender *como* a encenação publicitária nos *faz olhar* os simulacros que constrói e o que ela nos *faz ser* ao contemplá-los.

5.2. QUANDO VER É FAZER

Imagem fixa cuja construção reduz por natureza o mundo sensível a apenas duas de suas dimensões, a fotografia, pelo simples arranjo de formas e superfícies, de sombras e de luzes e (se bem que disso não possamos dar conta aqui) de cores, sabe, se necessário, cristalizar as posturas, "aplanar" as anatomias, e também, se preciso, fazer um pouco mais do que isso. Ela é efetivamente capaz ainda, graças a um mínimo de refinamentos, de figurar qualquer coisa que, porém, parece pertencer à ordem do inapreensível e do instantâneo: por exemplo, uma "expressão" tal que a imagem vai de imediato pôr-se a "viver" e a "falar", que o corpo ou o olhar fixados no papel vão dar a impressão de se animar e se tornar diante de nós algo além de simples morfologias.

A figura 3 propõe um par de exemplos que ilustram o contraste entre esses dois tipos de efeitos. Claro que reproduções em preto e branco e em formato reduzido não passam de um pálido reflexo com relação aos originais vistos em seu contexto. Ainda assim, sentimos que se produz, entre os anúncios 3a e 3b, uma espécie de salto qualitativo, como se, passando de uma foto à outra, passássemos do universo

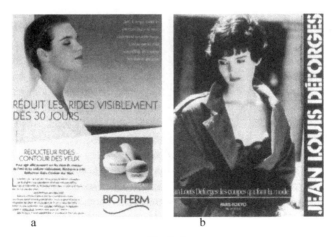

Fig. 3a-b
Madame Figaro, 1991; *Elle*, 1990.

do visível ao do sensível, da superfície do papel à textura da pele, da "representação" à "presença" – da abstração esquematizante ao semblante do vivo. E, muitas vezes, como é o caso aqui, são sobretudo os olhos, ou melhor, é o olhar (aquele que a imagem cria) que, conjugado a outros procedimentos cenográficos, consegue produzir esse milagre: o simulacro de uma presença.

5.2.1. O Perfume da Bela Adormecida no Bosque

É um fenômeno da mesma ordem que acontece a seguir, entre os dois lados da figura 4a-b. Mais precisamente, com sua composição bipartite distribuída em duas páginas contíguas da revista, esse anúncio oferece uma ilustração particularmente explícita das condições da passagem de um efeito de sentido a outro, por meio do jogo da figuratividade: da esquerda para a direita (já que é esse o sentido da leitura), é da rotação do olhar que depende a irrupção de uma presença que, de repente, parece jorrar da simples planaridade da imagem.

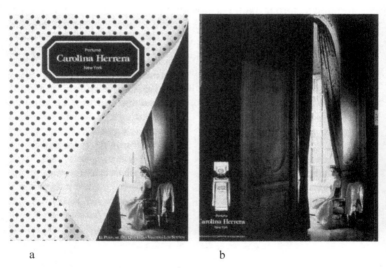

a   b

Fig. 4a-b
El País, janeiro de 1989 (páginas contíguas).

Primeiro momento: atrás de uma espécie de cortina de palco que, por sua posição semilevantada, designa com certa insistência a mediação de um operador, sem cuja complacência a cena não teria ocorrido, ou ao menos se desenrolaria sem testemunhas, uma moça, vista de

MASCULINO, FEMININO, SOCIAL

perfil, está sentada, sozinha, perto de uma janela envidraçada, cujas cortinas entreabertas deixam entrar a luz do exterior; ela contempla o que, levando em conta as proporções e o estilo arquitetônico do grande salão onde ocorre a cena, pode-se supor ser um parque contíguo. Mais do iluminar os objetos (as árvores do parque, talvez), essa luz parece sobretudo apoderar-se do sujeito, que, iluminado de frente, e com toda probabilidade, mais do que isso, ofuscado, perde para a luz parte de seus contornos, absorve-se nela, confunde-se com ela. A legenda – *"El Perfume del que están Vestidos los Sueños"* – apenas vem confirmar esse estado de encantamento em outro plano: inundada de luz, nossa "sonhadora" acha-se ao mesmo tempo envolta por um véu imperceptível de perfume. O olfato, não mais do que a visão, não tem aqui vocação para permitir que o sujeito perceba e decodifique o mundo circundante; um e outro só lhe servem para fazê-lo aí se perder, como corpo, na imediaticidade das sensações[3].

Mas é preciso muito pouco para que todo esse dispositivo oscile e para que sua harmonia seja de súbito comprometida. Será um estalido no assoalho (hipótese plausível levando em conta o quadro referencial envolvido) ou simplesmente o movimento demasiado brusco da cortina de papel do primeiro plano que acabou de se abrir por completo? Tela protetora que nos permitia, há apenas um instante, olhar à vontade na medida mesma em que se encarregava de nos esconder, sua retirada inesperada terá provavelmente sido suficiente, por si só, para revelar a nossa presença indiscreta. E, de repente, o encanto se quebrou. A transitividade das relações instaladas em 4a, em que X, o leitor, olhava Y, o modelo que, por sua vez, se concentrava em Z, o parque, é substituída assim, em 4b, por um face-a-face direto que implica uma súbita redistribuição de papéis. De um lado, aquela que víamos sonhar deixou de ser um puro sujeito de estado, absorto na doçura das coisas: surpresa, ela se volta agora ativamente para nós, num gesto que é, no mínimo, de interrogação; e correlativamente, nós, que nos comprazíamos há um segundo em contemplá-la sem que ela soubesse, como um belo objeto, somos também surpreendidos, objetivados sob o efeito daquele olhar inquisidor e como que convocados a prestar contas, se assim se pode dizer, de nossa própria presença diante daquele despertar imprevisto.

Em termos de gramática discursiva, combinam-se aqui dois tipos de rupturas, de uma imagem a outra: de um lado, um sujeito de *estado* se transforma em sujeito de um *fazer* (porque já é "fazer" muito, talvez o essencial, fixar os olhos em outrem); e correlativamente, ocorre um simulacro de *embreagem* que vem perturbar uma situação inicial discursivamente *debreada*: uma comunicação intersubjetiva

---

3. Como não pensar no poema de Rilke "Étude au piano" e em sua análise por A. J. Greimas em *De l'imperfection* (Périgueux, Fanlac, 1987, pp. 37-43; trad. esp., México, FCE, 1992, trad. port., São Paulo, Hacker, 2002).

tem início. Toda a habilidade do fotógrafo reside na maneira como ele articula entre si essas duas reversões que, porém, *a priori* remeteriam a dois planos distintos e autônomos. De fato, enquanto a primeira transformação afeta apenas as disposições do sujeito inscrito no *enunciado* – de início apreendido num estado "sonhador", vemo-lo em seguida "acordar" –, a segunda produz seus efeitos no plano da *enunciação,* ao nos obrigar, a nós, espectadores, a modificar o olhar que lançamos àquilo que nos é dado a ver, porque não podemos olhar da mesma maneira uma silhueta agradável que se apresenta de perfil e um par de olhos que se fixam em nós. A chave do dispositivo está em que – como na física contemporânea, guardadas todas as proporções – *a própria presença* do sujeito da enunciação (a do observador, a nossa) tem o efeito de modificar os estados do sujeito do enunciado, do "objeto": basta que o olhemos para que ele se transforme e, no caso, para que ele no mesmo instante se torne um "sujeito" que, por sua vez, nos olha e nos interpela.

A isso se soma uma observação complementar no mesmo sentido. Trata-se do fato de que o pequeno incidente que se produziu entre o momento 4a e o momento 4b para que a moça deixasse de voltar-se para si e se voltasse para nós é, de certa maneira, plena responsabilidade nossa. Como acontece quase sempre, ao menos no plano do discurso (verbal ou outro), o acidente aparente recobre aqui uma *intenção* que lhe dá seu sentido. Claro que, à primeira vista, não somos responsáveis pelo fato de ter acontecido o levantamento da cortina que, inevitavelmente, devia romper o encanto da situação inicial; pelo contrário, fomos os primeiros a ficar surpresos, como se o cúmplice anônimo – alcoviteiro ou simples intermediário –, que no início conseguira para nós um posto de observação seguro, nos tivesse depois traído ao retirar o véu estendido diante do objeto da nossa curiosidade. Porém, ao mesmo tempo, esse gesto que, ao nos desvelar, leva o outro a sentir-se ele mesmo subitamente desvelado e, no mesmo movimento, a se transformar num sujeito capaz de interagir, é também, literalmente, o nosso: não exatamente, é claro, aquele, atual, do leitor de revista, mas em todo caso aquele, poten-cial, do comprador do produto, que, se lhe parecer bom, dilacerará realmente um outro véu protetor, em tudo idêntico à cortina de papel que acaba de ser violada – isto é, o papel da embalagem do frasco, permitindo dessa forma ao seu conteúdo, o perfume (ele mesmo até então igualmente voltado para si mesmo), sair do seu isolamento e entrar, por sua vez, "em ação".

A construção da imagem induz, assim, a uma leitura que inclui o simulacro e uma tríplice *passagem a ato*: da parte do sujeito da cena que, surpreendido em sua intimidade, nos surpreende de volta com o seu olhar; da parte do produto, que, da mesma maneira, se o des-nudarmos do invólucro que o protege, vai nos impor imediatamente

MASCULINO, FEMININO, SOCIAL

seu domínio; e, por fim, da nossa própria parte, enquanto operadores dessas duas transformações que, metaforicamente equivalentes, não constituem senão uma só realidade: olhar o outro já é interagir; ver já é fazer[4].

5.2.2. Metamorfoses

Assim já se esboça o embrião de uma sintaxe suficientemente elementar (enquanto puro esquema relacional) para tornar tentador atribuir-lhe, ao menos a título de hipótese, o estatuto de uma constante. De modo mais preciso, falar aqui de sintaxe equivale a privilegiar, frente a outras dimensões possíveis, a identificação das operações ligadas à manipulação do olhar, das quais dependem as variações que afetam as posições respectivas das figuras actanciais implicadas nos diferentes planos de leitura da imagem. Supondo-se que tal escolha metodológica seja apropriada, deveria então ser possível, mediante uma série de transformações relativamente simples, incidentes sobre os componentes do microssistema de interação que acaba de ser reconhecido, engendrar um número *a priori* indefinido de configurações diferentes, porém comparáveis entre si – isto é, de variantes –, dentre as quais algumas se acharão efetivamente realizadas no material a descrever e outras talvez não. À primeira vista, parecem concebíveis três grandes princípios de variação. Esses princípios podem incidir ora sobre as posições respectivas dos elementos (sujeitos e objetos) postos em relação, ora sobre os conteúdos aí investidos, ou – e isso sem dúvida é o caso mais freqüente – sobre essas duas dimensões ao mesmo tempo, combinando-se então as operações que atuam sobre as relações de ordem sintática (entre "actantes") com as modulações de ordem semântica (de que depende a caracterização dos "atores").

Assim, com relação à figura 4b, o exemplo 5a efetua uma substituição de atores: no caso, trata-se de... um gato, ou mais precisamente, já que a homologia estrutural permite prescindir da verificação experimental, de uma gata que, tendo tomado o lugar da moça que há pouco surpreendemos, nos interroga por sua vez com o olhar – um olhar que, também ele, acaba de se desviar do objeto, a garrafa de bebida, substituta das árvores do parque. As cenas 5b e 5c, por seu turno, apresentam uma reorganização mais completa das relações entre protagonistas. Dessa vez, como se tivéssemos retornado de 4b a 4a, o olhar do modelo, em lugar de dirigir-se a nós, actantes-sujeitos da enunciação, volta-se para outra coisa, que, embora varie de um

---

4. Sobre a significação da laceração da imagem como ato fantasmático, e literalmente tolo, no caso da pintura, mas que vemos aqui, no plano publicitário, programado pelo próprio regime da imagem, cf. J. Lichtenstein, "Le coloris, ou l'interdit du toucher", em Ch. Carraud (ed.), *Portrait de la couleur,* Orléans, Institut d'Arts visuels, 1993.

para o outro caso, ao menos está sempre situada no interior do plano do enunciado. Isso não obstante, quer se trate da *sombra* do visitante ausente mas esperado (5b), ou, sem fazer jogo de palavras, de uma *parte* do corpo de outrem, ou da própria pessoa (5c), ou ainda (como se verá nos exemplos 6a-b-c), do próprio *objeto* que o anúncio tem a função de divulgar, essa "alguma coisa" que está olhando agora o modelo não é menos ambivalente, do ponto de vista do seu estatuto, que o "alguém" que nós mesmos contemplávamos em 4a e que, tomado de início como *objeto* do olhar, transformou-se em *sujeito* atuante. Nos casos 5b e 5c, é mais ou menos a mesma operação que se reproduz, porém de modo ainda mais inesperado, como se o olhar do sujeito do enunciado, ao contrário do nosso, tivesse o poder de metamorfosear as próprias coisas, de transformar a relação com elas numa relação de tipo intersubjetivo.

A sombra que se estende pela figura 5b sob os olhos de seu viril possuidor (figurado pelo retrato pendurado na parede), e que aponta na direção da mulher (outra bela adormecida no bosque) como que imantada pela injunção ou pela carícia de seu olhar, é muito mais que uma sombra! Coisa impalpável, mas que anuncia a iminência de um contato direto e substancial, de que ela é o sinal precursor e a promessa, essa *sombra do outro,* simples virtualidade que, no entanto, vai se metamorfosear, dentro em pouco, em *corpo do outro* plenamente atualizado, ela é já, em potência, conjunção com aquele que se espera – com "ele", sem dúvida –, *conosco* talvez! Quanto às metamorfoses potenciais, ao que parece tão promissoras, e ainda mais explícitas, do objeto focalizado (também ele duplamente) em 5c, não há nenhuma

a　　　　　　　　　　b　　　　　　　　　　c

Fig. 5a-b-c
Télérama, 1989; *Elle,* 1987; *Elle* (Itália), 1990.

a b c

Fig. 6a-b-c
Madame Figaro, 1989; *Marie-Claire*, 1989; *Elle*, 1987.

necessidade de glosar. Em suma, sob o olhar do sujeito do enunciado, o "objeto", mesmo quando estiver reduzido ao estado propriamente dito de simples coisa (como nos exemplos 6a-b-c), é o equivalente simbólico, metonímico ou metafórico do "Outro", ou seja, de um Sujeito que, ora figurado como um simulacro inscrito no próprio espaço da cena que se desenrola, ora intuído fora dela, em ambos os casos equivale ao *ausente da imagem,* isto é, em última análise, estruturalmente, "a nós", enunciatários inumeráveis, anônimos e intercambiáveis. Desse modo, a partir do momento em que olhamos, somos interpelados como se cada um de nós fosse, por sua própria conta, o "eleito", aquele ou aquela que confere o seu sentido ao enunciado-imagem mediante sua *"presença faltante"*[5].

Com os "sujeitos" e "objetos" caracterizando-se nesse contexto como entidades chamadas a trocar constantemente entre si suas respectivas posições actanciais, o jogo que aqui se joga – o da sedução, obviamente – é analisável como um processo *recursivo*. À feição das operações de encaixamento descritas pelos gramáticos, tal processo é

---

5. A expressão, tomada de empréstimo com certa liberdade, levando-se em conta a mudança de contexto, é de Michel de Certeau (*L'absent de l'histoire,* Paris, Mame, 1973, p. 156). Fazer história, sustenta o autor, é realizar uma operação "que visa manifestar um *ausente necessário* que, no entanto, não pode ser colocado como tal no enunciado" (p. 161). Se, para o historiador, esse ausente, mergulhado na espessura do tempo passado, é aquele *de que* se fala – uma "não-pessoa", poderia dizer Émile Benveniste –, no nosso caso, o ausente se situa mais do lado da instância (se não da própria pessoa) do enunciatário, que também "não pode ser colocado como tal" na imagem, mas *ao qual* essa imagem fala e cuja presença ela, assim agindo, convoca.

136 PRESENÇAS DO OUTRO

fundado na reprodução especular de posturas adotadas alternadamente por uns e outros: a presença do sujeito da enunciação transforma o sujeito do enunciado num enunciador que, por sua vez, atualiza no objeto a competência virtual de um último sujeito – testemunha, interlocutor ou operador – que não passa de simulacro de nós mesmos. Pouco importa, em conseqüência, se o modelo nos olha de frente ou se parece olhar o Outro (seu parceiro no enunciado, ou o objeto, praticamente qualquer um, que pode ser o seu substituto), pois aquilo *que ele olha* é precisamente o simulacro daquele ou daquela *que o olha* – logo, uma figura que *nos* designa. Portanto, basta que olhemos o modelo olhando "alguma coisa" (que, por outro lado, inclusive pode até ser simplesmente ele mesmo, como na figura 7), para que saibamos que também somos olhados, isto é, "desejados".

5.2.3. *O Anúncio, ao Pé da Letra*

Admitamos, portanto, que as imagens de que tratamos participam todas juntas de um mesmo "jogo de linguagem", de uma mesma gramática do olhar, caracterizada tanto pelo registro figurativo que exploram, como pelo tipo de sintaxe interacional que utilizam. Decorre disso a possibilidade de reconhecer, para além da heterogeneidade daquilo que, a princípio, não passa de um simples conjunto de imagens, a unidade estrutural constitutiva de um *gênero* determinado; por outro lado, é também essa opção que, heuristicamente, nos autoriza a *encadear* sistematicamente umas com as outras as imagens-ocorrências, considerando que qualquer delas pressupõe todas as demais e adquire sentido por referência a elas, seja na perspectiva sintagmática de um contínuo acional, seja, paradigmaticamente, enquanto fórmulas alternativas possíveis no âmbito do gênero considerado.

Entretanto, nem tudo é generalizável no exemplo 4 que tomamos como ponto de partida. Na realidade, é bastante excepcional o procedimento técnico que consiste em justapor num único anúncio duas ou (como também pode ocorrer) várias imagens que são, supostamente, apreensões das fases sucessivas de uma interação em curso. Na maioria dos casos, em vez de tomadas articuladas entre si de maneira tal que nos encontrássemos, por assim dizer, "realmente" incluídos no programa transformacional que simula sua organização enunciativa, trata-se de instantâneos isolados que, por definição, não podem figurar explicitamente mais do que um *momento,* pontual ou duradouro, extraído da continuidade do fluxo temporal (e acional). Porém, a partir daí se encadearão também certos percursos cujo efeito é transformar as posições enunciativas, conforme princípios análogos aos que fundam as peripécias do breve encontro organizado ainda há pouco com a intermediação dos perfumes Herrera.

Isso porque uma imagem, sobretudo se ela é figurativa, sempre convoca para si ao menos uma outra. É esse especialmente o caso da fotografia. Pelo próprio fato de dar-se como captura do "instantâneo", ela deixa necessariamente adivinhar, no que se refere ao seu instante de apreensão, um *antes* e, correlativamente, nos convida a projetar um *depois* em função de programas estereotipados que concernem tanto ao comportamento das pessoas como ao das coisas[6]. Desse modo, aquela cortina entreaberta, como evitar pensar, como não *ver* que ainda há pouco devia estar fechada? E agora, como poderia ela deixar de se abrir por inteiro, de um momento para o outro? O mesmo acontece com os gestos, as poses, as expressões capturadas: sentimos que, de repente, os olhos, perdidos no vazio, podem muito bem animar-se, olhar, nos ver etc. O piscar daquela transeunte diante do espelho não seria senão o pretexto para retardar o instante de nos reconhecermos? Claro que cabe ao encenador orientar, caso a caso, esse tipo de inferências, isto é, saber como tornar necessários, se bem que virtuais, os prolongamentos possíveis de uma situação ou de um estado de coisas explicitamente figurados, admitindo-se que a atualização das virtualidades sugeridas pode se dar também em algum outro espaço, fora do texto ou da imagem.

Fig. 7
Elle, 1991.

Entretanto, de um modo geral, não é preciso procurar muito longe esse espaço de atualização, pois as virtualidades do gênero que um dado anúncio publicitário pode sugerir, outro anúncio, quase sempre,

6. Cf. a esse respeito E. Goffman, *Gender Advertisements*, Chicago, The Society for the Anthropology of Visual Communication, 1976 (particularmente a p. 26).

138 PRESENÇAS DO OUTRO

se encarregará de atualizá-las. Desse ponto de vista, todo anúncio *anuncia* um outro, diferente sem dúvida quanto ao produto que divulga, quanto ao estilo, ao cenário e assim por diante, mas não no que se refere à própria lógica das ações encenadas. Caricaturando o princípio de organização dos mitos, as imagens publicitárias parecem assim "se pensar" entre si, ou ao menos elas chamam umas às outras. O que uma pressupõe ou faz esperar, outra vai manifestar de modo patente. Assim sendo, se, como se diz, essa iconografia onipresente, considerada como um todo, faz "sonhar", não é por nos convidar a "deixar livre" nossa imaginação, mas, ao contrário, por a ter sob seu controle e a dirigir – duplamente. Trata-se não somente de composições que, mediante a sintaxe enunciativa que mobilizam, tendem a nos obrigar a entrar discursivamente no jogo relacional que simulam; ademais, cada uma delas abriga e explora no próprio enunciado as formas de uma narrativa elementar comum a todas, que implica o desenvolvimento sintagmático de uma interação sempre recomeçada, no interior da qual somos incluídos. Cada imagem se torna, assim, como que a promessa de uma outra imagem, ainda ausente mas já configurável, de modo tal que nosso olhar, contanto que o deixemos se deter, acha-se logo prisioneiro não exatamente daquilo que se mostra, mas da espera de um possível ainda a se atualizar.

Nesse sentido, essas não são imagens isoladas, valendo cada uma em si mesma e por si mesma. E apesar das aparências, não são tampouco imagens fixas que aparecem nas revistas e nos cartazes. Essas fotos evocam, antes, uma montagem cinematográfica. Tal como as tomadas que vemos expostas nas entradas dos cinemas e que são destinadas a situar de antemão o espectador no "ambiente" do filme exibido lá dentro, nossos anúncios são também imagens-testemunhas que pertencem a um universo imaginário em que, por definição, nada é fixo: eles remetem a um vasto espetáculo no qual somos convidados a participar diretamente. Bastará para isso dispor em determinados encadeamentos significativos as imagens estáticas que, de uma página de revista para outra, ou de um cruzamento da cidade para outro, estão expostas de modo disperso ou, talvez mais exatamente, à maneira de peças isoladas que só vêm a adquirir sentido quando contempladas enquanto partes de uma totalidade dinâmica a construir ou reconstituir.

A título de exemplo, tal como, no cinema, a projeção dos *trailers* busca dar alusivamente o tom do próximo filme a assistir, a figura 8a--b-c dá uma amostra de uma das seqüências – a bem dizer, a seqüência central e favorita – do imenso filme publicitário virtual que somos assim permanentemente incitados a ver e rever[7].

---

7. É muitas vezes atribuído aos semioticistas o costume de abordar os objetos isolando-os do seu "contexto". Assim como a pretensão de apreender a totalidade das variáveis contextuais suscetíveis de intervir na definição de uma determinada prática

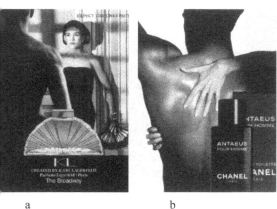

a b c

Fig. 8a-b-c
Elle (Nova York), 1989; *Le Point*, 1989; *Paris-Match*, 1990.

A figura 9a-b-c apresenta uma outra versão do mesmo programa, retomado a partir da modalidade eufemizante do romance.

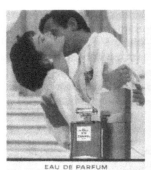

a b c

Fig. 9a-b-c
Madame Figaro, 1991; *Le Point*, 1989; *Marie Claire*, 1989.

140 PRESENÇAS DO OUTRO

5.2.4. Uma Sintaxe da Falta

Pode-se por certo objetar a tudo isso dizendo que a estratégia enunciativa, e mais ainda, a sintagmática, em suma comportamental que invocamos não se aplicam só à imagem publicitária, mas também a qualquer outra forma de representação figurativa. A pintura dita de gênero, entre outras, também surpreende a ação "ao vivo", a tal ponto que não seria difícil escolher obras de pintores, inclusive totalmente diferentes uns dos outros, e, se a coisa tivesse um sentido, justapô-las astuciosamente de maneira a construir montagens que também dêem a impressão de filmar, chegando mesmo ao detalhe, o desenvolvimento de determinados programas de ação ou de interação, cada uma das pinturas assim escolhidas figurando, em relação à totalidade da seqüência "catalisada" (como diriam certos lingüistas[8]), uma fase, um momento, um instante apreendido sobre um fundo de continuidade. Essa possibilidade, que tecnicamente nada exclui, sempre foi ignorada pela crítica de arte – o que não é de admirar: de acordo com um método adequado, comparam-se as obras entre si enquanto "variações (paradigmáticas) sobre um tema", mas não ocorre a ninguém pôr artificialmente lado a lado uma série de quadros pela simples diversão de considerá-los como se formassem juntos, sintagmaticamente, uma seqüência algorítmica reconhecível. Contudo, tal procedimento, que seria efetivamente estranho se aplicado à pintura, parece-nos pertinente para dar conta do modo de recepção do gênero de iconografia que nos interessa aqui. Porém, para justificá-lo, cumpre levar em consideração aquilo que funda, nesse caso particular, nossa relação específica com a imagem.

Diferentemente do que se passa no domínio da pintura ou mesmo da fotografia de arte, em que se pode definir uma obra como uma totalidade auto-suficiente que não precisa significar nada mais do que ela mesma, estamos, no caso que nos ocupa, diante de um desfile de imagens que, oferecendo sistematicamente ao olhar belas anatomias, reenviam indefinidamente a outra coisa que elas mesmas. Mais precisamente, dado que se trata de encenações do corpo, elas remetem a seres de carne e osso postulados *por trás da imagem,* a corpos "reais" por definição inacessíveis e, no entanto, supostamente mais reais que as suas imagens. Nessas condições, se essas produções nos impõem

social de leitura nos parece ilusória, assim também, como se vê, consideramos, pelo contrário, metodologicamente indispensável analisar o objeto (aqui a imagem, ali o texto) em sua relação com o contexto interdiscursivo que lhe confere sentido. Uma análise das práticas de leitura não é separável, para nós, de uma semiótica das situações de leitura. Cf. E. Landowski, "Para uma abordagem sociossemiótica da literatura", *Significação,* 11-12, São Paulo, Anna Blume, 1996, pp. 22-43.

8. Cf. L. Hjelmslev, *Prolégomènes à une théorie du langage,* Paris, Minuit, 1958, cap. 19, trad. port., São Paulo, Perspectiva, 1975.

(de uma maneira quase obsessiva) sua "presença", essa presença não pode, constitutivamente, ser outra que a de uma falta indefinidamente reexperimentada, em oposição ao sentimento de plenitude que se impõe diante da obra de arte. Isso equivale a dizer que o que aqui se opera não é apenas uma sintaxe que poderíamos qualificar de formal e que se aplicaria um pouco a tudo, tendo em vista seu grau de generalidade. De fato, se a imagem (publicitária) exige sempre outras imagens (publicitárias) é em razão do tipo específico de busca que sua sintaxe comanda: uma busca que podemos reconhecer como da ordem do "desejo", entendendo que a dinâmica que se objetiva nesse caso desencadear está relacionada menos a uma *intencionalidade* que procuraria apreender o mundo enquanto mundo significante (graças a sua plasmação pictural), e mais a uma *pulsão* voltada para a apropriação imediata de uma "realidade" concebida por princípio como aquém do sentido, ou como além do simulacro.

Encadeamento sintagmático de imagens no plano do enunciado e, no plano da enunciação, programação fundada numa dinâmica do desejo, esses dois elementos se combinam como as duas faces de uma mesma busca, como duas tendências complementares que contribuem para a produção da mesma falta perpétua a suprir: busca obviamente erótica em seu princípio, bem mais do que estética, e busca ilusória por construção, mas cuja lógica explica o aspecto bulímico – essa necessidade de constante renovação – que regula tanto a produção quanto o consumo do tipo de imagens com o qual lidamos. Porque o que está na base do simulacro publicitário é uma ausência bem real, um vazio constitutivo que ele designa na medida mesma em que só se faz presente para chamar uma presença "outra" para além da figuração que lhe dá. Assim, essa falta estruturalmente programada, não podemos esperar supri-la a não ser imaginariamente, por meio do consumo de outros simulacros da mesma natureza, seguindo sempre os mesmos percursos de leitura propostos como promessas de um gozo que eventualmente será real e que, por essa mesma razão, é sempre adiado.

5.3. O OLHAR APRISIONADO

Claro está que, nessa linha, a pornografia nunca fica muito distante, não fosse a lei proibi-la. A vulgaridade, em contrapartida, talvez por ser difícil defini-la de forma rigorosa (estaria ela vinculada àquilo que é mostrado ou às condições da encenação?), não é em princípio o objeto de nenhuma limitação. No tocante a isso, a figura 10 fornece um bom exemplo no qual a provocação, livre de restrições, concilia-se, ainda assim, com a manutenção de uma certa qualidade de apresentação no plano estilístico.

5.3.1. O Dispositivo

Apesar da evidente mudança de tonalidade introduzida pelo lado "ousado" dessa tomada, são numerosos os paralelismos com o anúncio de duas páginas examinado no começo (fig. 4a-b). Entre outros elementos comuns, é a *luz* que atrai de início a atenção.

Num e noutro caso, a luz não se limita a impor-se do ponto de vista da organização plástica por sua intensidade e seu poder seletivo (ela só ilumina, a cada vez, o "essencial", enfatizado pela nitidez do contraste contra um fundo deixado na penumbra), mas ela desempenha ao mesmo tempo, narrativamente, o papel de um adjuvante indispensável nos dois casos. Aliada ao perfume, era ela que, em 4a, determinava para o sujeito o instante de beatitude em que a alma se fundia no contato com as coisas. Agora (fig. 10), mediante a transparência de um outro véu tão diáfano quanto o perfume e que, como ele, envolve o corpo – que o "esculpe" e o "embeleza", diz o *slogan* –, é ainda sob seu efeito e como que ao seu contato irradiante que se dissemina uma outra forma de euforia, dessa vez, ao que parece, exclusivamente ligada à tomada de consciência, pelo sujeito, do seu "corpo próprio" como corpo irradiado, quase se poderia dizer como corpo "glorioso".

Todavia, além do seu poder euforizante, a luz exerce ainda uma outra função, de ordem estrutural, que não se vincula a sua intensidade, mas a sua orientação. Tendo por fonte algum ponto à direita da imagem, ela é detida, tanto na figura 10 como em 4a e 4b, pela superfície

Fig. 10
Madame Figaro, 1991.

refletora do modelo fotografado, no qual nosso próprio olhar frontal também se concentra, perpendicularmente à direção tomada pelos raios luminosos. Tem-se, assim, dois eixos, dois vetores orientados de maneira distinta, porém convergentes, resultando o primeiro da disposição dos componentes do enunciado, enquanto o segundo designa, no plano da enunciação, a possibilidade de um encontro entre sujeitos pela mediação do olhar.

Mas, além desse sistema de coordenadas simples, uma terceira dimensão intervém e completa o dispositivo, fazendo-nos passar da geometria plana a uma geometria "no espaço". Para se dar conta disso, é suficiente traçar uma vertical que passa pelo ponto de interseção dos dois eixos precedentes. E, mais uma vez, é à luz que cabe, nos três exemplos considerados, nos incitar a construir esse terceiro eixo. O procedimento plástico usado consiste num alinhamento de áreas iluminadas, todas mais ou menos longiformes, dispostas de maneira tal que o olhar é levado a deslizar ao longo do eixo vertical. Aqui (fig. 10), o movimento se faz remontando de baixo para cima – do tornozelo estendido à barriga da perna, depois, acompanhando o ritmo das paralelas ascendentes traçadas pelas pernas e coxas dobradas em forma de V invertido sobre o busto, do arredondado dos quadris à ponta levantada do joelho e daí, por fim, ao rosto, não sem antes transitar pela linha do pescoço. No exemplo precedente, e ali igualmente em virtude de coerções de leitura imanentes à distribuição dos valores luminosos sobre as formas, a subida final até o nível dos olhos (em 4b) foi precedida (em 4a) pelo percurso no sentido inverso, partindo do rosto e descendo na direção dos volumes do vestido, de acordo com o caminho indicado pela linha do braço e pela chanfradura do decote, essa zona de passagem decididamente obrigatória.

5.3.2. A Programação

Em si mesmo, como dispositivo organizador de um espaço plástico, o sistema composto por esses três eixos ortogonais nada apresenta de inesperado. O que, em contrapartida, chama a atenção em seu uso presente é o fato de a rigidez, por definição inerente a essa armadura geométrica subjacente, manifestar-se, na superfície, sem a menor atenuação, atingindo até o posicionamento dos mais ínfimos detalhes de ordem figurativa: respeitado em todos os níveis, o princípio de uma ortogonalidade quase perfeita preside a um só tempo à articulação (no plano do enunciado) das poses nas quais se acham apreendidas nossas duas "iluminadas" – Mlle. Herrera, Miss Elastivoile – e à programação (enunciativa) do nosso olhar sobre suas imagens.

Reexaminemos brevemente, dessa perspectiva, o encadeamento das figuras 4a e 4b, antes descrito como a passagem de uma situação inicial dissimétrica, marcada pela suspensão de toda comunicação in-

144 PRESENÇAS DO OUTRO

tersubjetiva, a uma incitação à troca entre dois sujeitos que se reconhecem como tais. Ao se "virar para nós", a moça fazia, dizíamos, um ato de embreagem que, por definição, a levava a "sair de si mesma" (ou de seus sonhos ou do monólogo interior que a ocupava) e que, no mesmo momento, interrompia o estado contemplativo ("debreado") no qual ela permanecia até então encerrada; em contrapartida, estabelecia-se imediatamente, no plano da enunciação, um contato mínimo, de ordem visual, simples reconhecimento da presença do outro, mas suficiente para abrir a possibilidade ulterior de um diálogo, qualquer que tenha de ser o seu teor. Contudo, se olharmos bem, o gesto, deveras discreto, pelo qual se exprime essa súbita abertura não se realiza sem muita reserva, como se, em vez de se engajar por inteiro no plano da comunicação intersubjetiva que se esboça, o sujeito acabasse de se desdobrar. Trata-se, com efeito, de um discreto movimento de cabeça sobre o eixo de rotação do pescoço, em contraste com a rigidez do restante do corpo, que por sua parte se dispensa de acompanhar o movimento do rosto: permanecendo na sua posição inicial, ele continua, por sua vez, tanto em 4b como em 4a, a "olhar" para alhures, na direção da fonte de luz, isto é, sempre para algum lugar *no enunciado*. O que equivale a dizer que, *enunciativamente*, esse corpo continua a nos ignorar. Advém daí, sem dúvida, o sentimento mitigado que vivenciamos no final desse percurso, como se a "pessoa" cujo olhar subitamente cruzamos nos dirigisse esse olhar somente para defender seu próprio corpo diante da indiscrição do nosso olhar.

Ora, é justamente o inverso que se produz na figura 10, a tal ponto que não se resistirá à tentação de ler o programa que aí se desenvolve como uma seqüência, por certo fictícia, mas formalmente plausível, daquilo que acaba de ocorrer (de resto, não menos ficticiamente) no curso das duas etapas anteriores. No plano gestual, tudo se passa de fato como se a configuração apreendida pelo anúncio 10 não fosse senão o ponto de chegada, talvez provisório, de uma programação rigorosa instaurada desde o começo, quer dizer, desde 4a. O encadeamento é particularmente evidente no que se refere ao rosto: para começar, ele se mostrou a nós de perfil, do lado esquerdo; efetuando em seguida uma primeira rotação de 90º, ele se colocou, um pouco inopinadamente, virado de frente; e agora, graças a um segundo movimento no mesmo sentido e da mesma amplitude, ei-lo virado de novo, para apresentar-se dessa vez no ângulo oposto, do lado direito. Quanto ao resto do corpo, que, de 4a a 4b, mantinha-se fora do foco de atenção, ele termina por acompanhar esse mesmo movimento: de 4b a 10, ele se vira na nossa direção. Mas esse corpo, como se tivesse de compensar seu atraso (pois só decide nos encarar no momento em que o rosto desiste de fazê-lo), adiciona à rotação frontal uma rotação suplementar, dessa feita sobre o eixo vertical, que – no enunciado-imagem – tem por efeito incontestável colocá-lo em plena luz e – enunciativamente – deslumbrar-nos, se nos atrevemos a dizê-lo.

MASCULINO, FEMININO, SOCIAL

Dessa forma, a um rosto que, no instante precedente, percebia nossa presença e a possibilidade de uma comunicação que o corpo queria ignorar, sucede agora o inverso, um rosto de perfil fugidio que pretende não querer saber que, nesse mesmo momento, o corpo, que agora saiu de sua caixa tal como, um pouco antes, o perfume o fizera, está ali a nos "falar".

5.3.3. O Engodo

Sem pretender chegar a amplas generalizações a partir de algumas observações pontuais, constata-se ao menos que, se as fórmulas plásticas empregadas pelas imagens publicitárias do tipo que examinamos são indubitavelmente engenhosas, nem por isso são particularmente sofisticadas. Não se trata de configurações estéticas eruditas que se dirigiriam a leitores dispostos a delas extrair pacientemente os princípios de organização interna. Longe de tais pretensões, os anunciantes e suas agências publicitárias preferem nos oferecer imagens instantaneamente legíveis. Em forma de simulacros tão transparentes e, portanto, aparentemente tão "verídicos" quanto possível, eles nos apresentam objetos dotados de um poder de enfeitiçamento imediato: corpos exemplarmente desejáveis que, para além da simples contemplação icônica, poderíamos diretamente ver, alcançar, tocar, se nos fosse concedido passar ao ato – ao ato da compra das mercadorias ou do consumo dos serviços de toda espécie assim propostos.

Nesse regime, valendo a imagem como substituto de uma presença real, é preciso simular essa presença – tanto a dos objetos como a dos sujeitos oferecidos – naquilo que ela pode ter de mais *palpável*: no próprio exercício de seus poderes sobre nossos cinco sentidos. Assim ocorre com o perfume, figurado como uma força irresistível que se apodera inteiramente do sujeito, ou com o invólucro transparente que recobre o corpo e parece transfigurá-lo como o faria uma segunda pele, mais perfeita, mais sensível. Em outros termos, na impossibilidade de tornar presente o próprio objeto, a imagem encarregada de promovê--lo visa nos fazer sentir, como por empatia ou contágio, aquilo que o sujeito figurado no enunciado supostamente sente graças ao seu contato[9]. A figuração dos sujeitos enquanto *corpos comovidos* mediatiza assim nossa própria apreensão do poder dos objetos encenados (fig. 11a-b-c). Conseqüentemente, não é por acaso que as estratégias de persuasão, ou melhor, de sedução publicitária privilegiam com tanta freqüência o espetáculo da intimidade: trata-se de presentificar estados

---

9. Para uma abordagem semiótica da noção de "contágio", cf. E. Landowski, "Viagem às Nascentes do Sentido", em I. Assis da Silva (ed.), *Corpo e Sentido*, São Paulo, Edunesp, 1996, pp. 21-43 e "Sobre el Contagio", em E. Landowski, R. Dorra e A. C. de Oliveira (eds.), *Semiótica, Estesis, Estética,* México-São Paulo, UAP-Educ, 1999, pp. 269-278.

de "possessão", ou, ao menos, se a expressão parecer exagerada, de atrair nosso olhar e de tocar nossa sensibilidade recorrendo ao que talvez seja, intersubjetivamente, o mais "perturbador", isto é, precisamente mediante a evidenciação da *perturbação* reconhecível no outro quando ele se sente como puro e simples corpo, inteiramente absorvido pela presença imediata, efetiva ou fantasmática, do objeto, qualquer que seja a natureza deste.

a b c

Fig. 11a-b-c
Le Nouvel Observateur, 1990; *Le Figaro Magazine*, 1989; *Madame Figaro*, 1989.

Mas a astúcia da imagem ficaria demasiado grosseira se se tratasse somente disso. Porque essas exibições nas quais o outro nos é dado a ver – ou se oferece à contemplação – "em todos os seus estados" exigem, para que possamos nelas deter "honestamente" nosso olhar, que em contrapartida elas nos digam que esse outro, de certa maneira, se *sabe* olhado e até *quer* que o olhemos. Na ausência desse mínimo de reciprocidade, instalar-se-ia um voyeurismo explícito e, no limite, a figuração sádica da dor do sujeito poderia desempenhar, a título de engodo, o mesmo papel que a representação do seu gozo[10]. Inversamente, no quadro de uma iconografia que exclui em princípio a licenciosidade pura e simples, é imperioso que, mesmo "possuídos",

---

10. Sobre a correlação entre voyeurismo e obscenidade, encontrar-se-ão amplas informações, por exemplo, em H. Parret, *Le sublime du quotidien,* Paris-Amsterdã, Hadès-Benjamins, 1988, pp. 225-231. Sobre um modelo global que procura articular entre si os diferentes "regimes de visibilidade" *a priori* possíveis entre sujeitos, cf. E. Landowski, "Jogos Ópticos: Situações e Posições de Comunicação", em *A Sociedade Refletida,* ob. cit., pp. 85-101.

os *corpos-objetos* apresentados sejam ao mesmo tempo, paradoxalmente, corpos de *sujeitos falantes* que nos interpelam. Assim, através da exposição de um prazer manifesto em que o corpo encenado parece encontrar em si mesmo, narcisisticamente, seu próprio fim (e poder, por conseguinte, prescindir de nós) deve, porém, se enunciar o apelo de um desejo que autoriza, melhor do que isso, que espera o despertar do nosso, ou até o pressupõe, como se fosse de nós que o outro extraísse o seu gozo presente: sejamos, pois, um bom público e entremos no jogo sem segundas intenções, diz-nos de alguma maneira a imagem, visto que, ao contemplar a si mesmo, Narciso evidentemente entra em contato conosco (fig. 12).

a   b

Fig. 12a-b
Madame Figaro, 1990; *Madame Figaro*, 1993.

5.4. ESTADOS DE COMUNICAÇÃO

No fundo, o mundo das imagens é mais ou menos como o mundo propriamente dito. Neste como naquele, somos constantemente expostos a dois tipos de encontros: seja com presenças plenas, que, bastando a si mesmas, nos deixam soberanamente livres para ignorá-las ou, ao contrário, para delas nos aproximarmos, a fim de conhecê-las melhor ou de admirá-las – seja com figuras mais instigadoras que não nos deixam passar sem nos forçar a parar diante delas, ainda que por um instante, e só para nos *iludir*. As imagens pertencentes à primeira categoria são, propriamente falando, formas estéticas cujo valor coincide exatamente com aquilo que elas significam em sua identidade presente, *hic et nunc,* ao passo que as da segunda, quer dizer, as imagens do tipo que nos ocupa aqui, longe de atualizar o que quer que seja, virtualizam

148 PRESENÇAS DO OUTRO

a conjunção com o valor (ou a fusão com o objeto), remetendo-nos indefinidamente a uma outra coisa, a um gozo diferido e, afinal, a algum Outro cujo simulacro promissor elas constroem e com o qual fingem nos pôr em comunicação.

5.4.1. Flagrantes Delitos

Todavia, nesse dispositivo, e inclusive de maneira mais geral, o que é exatamente esse "Outro" cuja presença-ausência nos provoca – desde que entramos no jogo das ilusões programadas? O que cremos saber sobre ele, ou ao menos o que imaginamos conhecer de suas expectativas ou de suas metas com relação a nós (e que determina, pelo menos em parte, nossos comportamentos com relação a ele), esse "saber" depende realmente daquilo que ele, diante de nós (em pessoa ou em efígie) nos mostra ou nos diz de si mesmo? Ou, pelo contrário, as "intenções" de comunicação que nele reconhecemos não seriam por acaso simplesmente as que lhe emprestamos em função de nossas próprias disposições em relação a ele? Quem então *erotiza* a relação com o outro?

Sejamos por um momento ingênuos, com o risco de nos tornarmos, talvez, grosseiramente "corretos": todas essas amáveis solicitações de que nos cremos objeto, advindas daquelas que tomamos por nossas interlocutoras, podemos ter total certeza de que não são simplesmente vinculadas àquilo que nós mesmos inferimos do seu *parecer*, projetando unilateralmente sobre aquilo que delas se apresenta ao nosso olhar um esquema de leitura pelo qual talvez sejamos no fundo os únicos responsáveis? Em suma, é a presença do outro que nos provoca *fazendo-nos sinal*, ou não convocamos nós mesmos a *presença do sentido* – e, por aí, aquela do outro, como fazendo sentido de uma certa maneira e não de outra – ao tomar por "signos" intencionais o que não passaria de sua mera presença no mundo? Sabendo que, mesmo nas situações reais de comunicação face a face, nem sempre é fácil escolher sem hesitar entre os dois termos dessa alternativa, não seria uma das principais artimanhas do saber-fazer publicitário justamente procurar, por jogo ou por cálculo, nos colocar, naturalmente em termos fictícios, diante de um tipo de situação construída com o propósito de fornecer sistematicamente a nós, leitores, razões para não escolher? Basta para esse fim reunir tomadas que consigam capturar entre os modelos fotografados "expressões", tanto corporais como fisionômicas, que, de um lado, sejam tão claras no tocante às codificações comuns da comunicação não-verbal para justificar que as lemos como convites, mas que, do outro, sejam simultaneamente, apesar de tudo, suficientemente equívocas – como se os sujeitos que as exibem não assumissem de fato todas as suas implicações – para que não possamos, sem o risco de nos enganarmos, considerá-las marcas explícitas de uma espera da qual seríamos o objeto. Uma lógica da comunicação bastante estranha inicia-se então, ordenada como que para tornar, por princípio, indecidível a parte de responsabilidade que nos cabe na leitura que fazemos do outro e, em conseqüência, impor à significação da interação prevista para desenrolar o caráter, contraditório nos próprios termos, de uma *evidência* sempre *incerta*.

Os princípios nos quais repousa a operacionalização dessa estratégia antiga como o mundo – aquela já da mulher de Putifar[11] – dependem das condições gerais da própria emergência da *significação,* que transcendem os quadros empíricos da *comunicação.* Acrescentemos, se necessário for, alguns testemunhos complementares aos exemplos 10-12: nesse caso, o "sujeito possuído", tal como nos é mostrado (fig. 13a-b-c), abandona-se de corpo e alma a puros estados de euforia e desejo que, vinculados com a presença fantasmal de algum parceiro (ou, mais verossimilmente, do gênero solitário), parecem tirar literalmente o fôlego do sujeito que transportam, e portanto abolir momentaneamente nele toda intenção de "comunicar-se" com outrem. Porém, o parecer do sujeito que se ausenta dessa maneira continua – ainda assim e apesar dele mesmo – a *significar*: é a nós que todos esses corpos comovidos se "dão", pois é diante de nós que eles se abandonam dessa maneira... Enquanto figura visível, o outro, em todo caso, permanece incluído no mundo do qual se exclui,

a b c

Fig. 13a-b-c
Elle, 1987; *Le Nouvel Observateur,* 1991; *Madame Figaro,* 1991.

---

11. "All her comfort, as to Joseph, was that she hoped he did not understand her meaning; at least, she could say for herself, she had not plainly express'd anything to him" (Henry Fielding, *Joseph Andrews,* I, IX).

150 PRESENÇAS DO OUTRO

e seus comportamentos, observados de fora – do ponto de vista de uma eventual testemunha (nesse caso, sem dúvida, necessária) – em nenhum momento cessam de ser interpretáveis. Tudo, da parte do sujeito observado, faz sentido para aquele que o olha, inclusive a manifestação de estados passionais ou somáticos de que ele talvez se sinta prisioneiro, exatamente como se, em sua pura contingência, a expressão física dos estados em questão (aqui, a máscara do gozo, ou equivalentemente, noutros contextos, a da fadiga ou ainda a do sofrimento) remetesse ainda a uma certa forma de agir comunicativo que se dirige a algum receptor sempre possível.

Para que as coisas se passassem de outra maneira, a "discrição", o "tato", da nossa parte, nós espectadores, não bastariam: seria necessária praticamente uma nova ética da comunicação. O regime de intercâmbio mais comum entre sujeitos é fundado no postulado, geralmente tido por evidente, de que todo comportamento – o mínimo gesto, a mais ínfima atitude, o próprio jeito de se contrair ou de se relaxar – quer dizer alguma coisa e tem, pois, valor de "mensagem". Poderia então esse regime ser substituído por um modo distinto de presença ao Outro, que seria fundado, ao contrário, na aceitação do fato de que o sujeito, mesmo na presença de outrem, tem o direito de ser reconhecido como sendo simplesmente, aqui e agora, em si e por si, aquilo que ele é e que ele pode, num dado momento, *cessar* de *significar*? Com isso, que liberação não haveria para as duas partes: ser visto sem ser "lido"; ver sem ser obrigado a inferir!

Todavia, seria preciso ser mais do que inocente para ignorar o fato de que o próprio da "publicidade", no caso tão bem nomeada, é precisamente criar um espaço semiótico em que se torna quase impossível abordar em primeiro grau esse gênero de questões. Por construção, o voltar-se do sujeito para si mesmo só pode ser aí simulado, quer o pretexto seja o esquecimento narcísico da presença de outrem (como nas encenações do "devaneio" ou do "êxtase"), ou, pelo contrário, a vívida consciência do olhar do outro (como quando as poses exibidas são as do "pudor" ou da "modéstia", elas também generosamente exploradas: figura 14a-b-c). Bem sabemos que aquilo que nos é dado a ver em tais casos são, no máximo, os gestos de uma falsa suspensão da comunicação, por definição feitos diante de testemunhas, tanto diretamente, sob os olhos do fotógrafo, como indiretamente, pela mediação deste, sob o olhar diferido porém inumerável do "público". Para tomar de empréstimo aos etnometodólogos norte-americanos uma de suas noções-chave em matéria de análise de táticas discursivas, é claro o sentido da *injunção paradoxal*[12] endereçada ao leitor por todos esses

---

12. Cf. P. Watzlawick, J. Beavin, D. Jackson, *Logique de la communication*, trad. Paris, Seuil, 1972.

graciosos modelos que o solicitam ao ignorá-lo: deixando-se de lado os circunlóquios e todo o decoro, ela é expressa nestas poucas palavras de galante intimação: "Faça-me aquilo que eu te proíbo!" Ou seria um simples mal-entendido?[13]

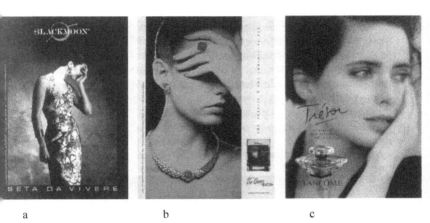

a b c

Fig. 14a-b-c
L'Espresso, 1991; Madame Figaro, 1991; Madame Figaro, 1991.

Não se trata, evidentemente, de grande descoberta o fato de o bombardeio publicitário – essa exposição sistemática e paradoxal do "proprioceptivo" agitado – não passar nessas condições de uma forma entre outras de encenação[14]. Nem por isso essa forma deixa de apresentar um caráter deveras singular, visto ser claro que há, por outro lado, toda espécie de espetáculos que não têm como recurso favorito organizar os simulacros de uma intimidade (física ou moral) com o único objetivo de violá-la, nem, correlativamente, têm como alvo fornecer aos espectadores oportunidades de se surpreenderem em flagrante delito de indiscrição ou de voyeurismo – por mais ilusoriamente que seja, e sabendo disso, já que nenhuma relação intersubjetiva além da imaginária está envolvida nessa interminável paródia do flerte.

---

13. "At which Joseph blushed... – You misunderstand me, says she" (*Joseph Andrews*, ob. cit., I, V).
14. Designa-se por "proprioceptividade", termo de origem psicofisiológica, o conjunto dos traços semânticos usados para denotar a percepção (eufórica ou disfórica) que o sujeito tem do seu próprio corpo. Cf. A. J. Greimas e J. Courtés, *Dicionário de Semiótica*, ob. cit., p. 357.

5.4.2. Virtudes do Oblíquo

Por mais enganoso que seja todo esse jogo, por mais artificial que seja por definição o "natural" – o "ser si mesmo" – uma vez exibido, e, pelas mesmas circunstâncias, por mais forçada que seja a alusão erótica de alguns ou mesmo de muitos anúncios, essa maneira insistente de reter a atenção não exclui, por outro lado, o recurso a diversas outras espécies de manipulações que, igualmente explorando a encenação do corpo, apelam contudo para outras modalidades do ver. Alguns anúncios novos, e em especial as figuras 15 e 16, vão nos fazer passar por regimes em parte distintos de tudo o que precede, algo que nos levará a reexaminar por fim a questão da unidade do "gênero" que pensamos, apesar de tudo, ter nas mãos.

Partamos, como antes, dos dados plásticos mais elementares. Sem

Fig. 15
Elle (Nova York), 1989.

Fig. 16
Elle (Paris), 1987.

buscar no momento identificar aquilo que, do ponto de vista figurativo, os anúncios 15 e 16 de fato representam como gênero de coisas ou de personagens, percebe-se de imediato que o elemento distintivo entre essas duas imagens e as anteriores é uma construção totalmente diferente do *espaço*. Ao sistema referencial estritamente ortogonal, característico das fórmulas examinadas com relativo detalhe até agora, superpõe-se aqui outra estruturação, fundada no uso sistemático de perspectivas diagonais. Na figura 15, o ponto de convergência das linhas de força – o rosto da jovem – situa-se no topo de uma espécie de pirâmide virtual cujos lados, como se pode notar, não coincidem exatamente com nenhum dos planos constitutivos de um espaço quadrangular do tipo identificado a partir dos exemplos 4 e 10. A base dessa pirâmide, formada pelo triângulo que reúne, na altura dos olhos, os três rostos masculinos voltados para o modelo, determina, com relação ao eixo de leitura da imagem, um plano horizontal nitidamente deslocado, no caso erguido, e abaixando-se da frente para trás. Além disso, esse efeito de deslocamento é reforçado pelo aparecimento, em outro nível, de um segundo plano horizontal, estabelecido por sua vez pela superfície da mesa e pela divisória na qual encosta, e que difere do precedente ao aparecer ligeiramente rebaixado e como que se elevando na direção do ponto de fuga e, por conseguinte, como que se demarcando no outro sentido com relação ao nível da perspectiva. E se seguirmos agora a linha do olhar de cada um dos três comensais que estão cumprimentando sua convidada retardatária, isto é, se nos erguermos a vista ao longo dos limites do poliedro virtualmente desenhado, constataremos que nenhuma dessas três linhas obedece, por sua orientação, ao princípio de uma frontalidade ou de uma lateralidade francas, mas que, à sua maneira, cada uma delas se faz sistematicamente oblíqua, em diagonal ou no sentido da profundidade, com relação aos eixos ortogonais.

Na figura 16, o procedimento utilizado é diferente, mas tem um resultado análogo. Aqui, são os braços e as pernas do próprio modelo que servem para quadricular obliquamente o espaço, de modo tal que o centro de gravidade da imagem se acha, desta feita, localizado não mais no topo de uma série de linhas transversais, mas sim em algum lugar no entrecruzamento de duas diagonais. Desse modo, adiciona-se às coordenadas abruptas da verticalidade e da horizontalidade – que nem por isso desaparecem – uma dimensão suplementar, mais "humana", poder-se-ia dizer, com relação às liberdades – aos *vieses* – que ela autoriza na própria maneira de *se manter,* quer se trate, se retomamos a figura 15, da discreta flexão impressa ao busto da "mulher que se esperava" ou, na figura seguinte, da inclinação claramente forçada da "boneca" que vemos, mais uma vez, sair de sua caixa. E mais: no movimento geral de desmultiplicação de eixos e de planos ao qual assistimos, a própria caixa (motivo recorrente em grande número de anúncios) muda bruscamente de posição com relação aos exemplos precedentes e, conseqüentemente, também de forma e de função: suporte maciço, cúbico, perfeitamente estável em sua base na figura 10, ela se põe agora (fig. 16) a "valsar", e, tal como a cadeira, também ela negligentemente virada nesse turbilhão geral (e que convém, desse ponto de vista, remeter à pesada poltrona aparatosa da cena 4a-b), a caixa contribui doravante para perturbar os equilíbrios geométricos antes assinalados. Tudo concorre, assim, para sobrepor, no plano da organização plástica, uma triangulação um tanto barroca do espaço à sua organização quadrangular de base[15].

As conseqüências que esse enriquecimento constatável no plano da expressão desencadeia no plano da significação são muito claras. Até agora, dispondo para se mover de apenas dois eixos, nossas interlocutoras instaladas no enunciado eram reduzidas, a fim de traduzir seus estados d'alma ou suas "intenções", à mais simples alternativa possível: aquiescer à presença do nosso olhar com um gesto de cabeça, ou de corpo, no eixo *alto-baixo*, ou fingir ignorá-la mediante a rotação no eixo *esquerda-direita*. E o terceiro eixo, frontal, o da *profundidade,* ficava reservado ao estabelecimento de relações enunciativas diretas e explícitas, das quais a franca provocação – ora exibida em primeiro grau (como na figura 17b), ora encenada com uma pitada de humor (17c) ou de ironia (17a) – poderia representar o protótipo. O único refinamento um pouco mais sutil que estava estruturalmente autorizado num tal quadro era, como observamos, o "sim *e* não", tornado possível graças a esse pivô discursivo que é o pescoço (assegurando a autonomia relativa dos movimentos da cabeça com

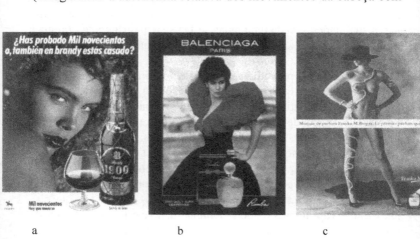

a b c

Fig. 17a-b-c
Tiempo (Madri), 1989; *Le Nouvel Observateur*, 1990; *Le Monde*, 1991.

---

15. Num magnífico trabalho de análise e de teoria da fotografia, J.-M. Floch, retomando as categorias propostas por H. Wölfflin (em *Principes fondamentaux de l'histoire de l'art),* nos recorda que, se a "visão clássica" se faz por planos distintos e frontais, a visão barroca, por sua vez, "pede ao contemplador que absorva toda a profundidade de um só fôlego, como uma realidade única. Para isso, ela privilegia a diagonal e a brusca redução de grandezas, decorrente da proximidade imediata de pontos de vista". (J.-M. Floch, *Les formes de l'empreinte* (Brandt, Cartier-Bresson, Doisneau, Stieglitz, Strand), Périgueux, P. Fanlac, 1986, p. 93).

MASCULINO, FEMININO, SOCIAL   155

relação às gesticulações do resto do corpo): insinuar, pela pose, que se oferece, quando o rosto proclama que se recusa... ou o inverso. Claro que, tanto na publicidade como noutros campos, os recursos estratégicos oferecidos por essa "dúplice linguagem" – a mesma da coqueteria – não são negligenciáveis, como vimos acima; todavia, constatamos também que esses recursos mostram-se sobremodo esquemáticos, como é inevitavelmente o caso quando uma prática significante se apoia num uso demasiadamente rudimentar daquilo que se convenciona chamar uma linguagem "semi-simbólica", isto é, quando o discurso se reduz ao uso sistemático de algumas correlações entre pares de oposições pré-codificadas, umas no plano da expressão (como, em nosso caso, certas posições do corpo) e outras no plano do conteúdo (como, aqui, as correspondentes disposições, volitivas ou passionais, do sujeito)[16].

Em contrapartida, por pouco que a organização do espaço se complexifique e que, como nos dois últimos exemplos (15 e 16), corpos e rostos se encontrem posicionados na interseção de uma rede suficientemente intrincada de perpendiculares e oblíquas, os atores figurados no enunciado adquirem logo uma outra mobilidade, e se oferece por essa via, enunciativamente, a possibilidade de passar a uma outra forma de diálogo, menos rudimentar. Efetivamente, ao lado do simples "sim" ou do simples "não" (atos discursivos pontuais, dotados respectivamente de valor de embreagem ou de debreagem e destinados a traduzir, no máximo, por assim dizer num piscar de olhos, a aceitação ou a recusa para desenrolar uma relação de comunicação determinada), tem lugar, inclusive no interior do espaço publicitário, pela encenação de *estados de comunicação* "embreados" (ou de não-comunicação, "debreados", como logo veremos), com caráter durável, ou, mais tecnicamente (e mais precisamente), com aspecto "durativo", isto é, apreendidos como situações ou processos *em curso*. O modelo da figura 16, tal como o da figura 15 (ou, recuando ainda mais, os dos anúncios 2a-b-c) apresenta-se, desse ponto de vista, como sujeito "em estado de comunicação". O ato de embreagem que isso pressupõe já ocorreu; o "contato" não é, portanto, para ser estabelecido (sobre o modo do convite ou da provocação) entre um *eu* e um *tu*, mas um tipo de intercâmbio de caráter social está se desenrolando de acordo com uma certa "normalidade" pre-estabelecida. As identidades sociais e, correlativamente, o estilo de relação, não precisam tampouco ser definidos: no caso, entre pessoas "distintas", há um entendimento implícito acerca de um certo modo de presença diante do outro, que é de início um modo de sociabilidade tácito: uma certa "mundanidade". Se essa observação parece trivial a propósito da figura 15, ou de 2b-c, que apresentam explicitamente, e

16. Cf. J.-M. Floch, *Les formes de l'empreinte*, ob. cit., p. 27 e *passim*.

156 PRESENÇAS DO OUTRO

até de maneira deveras enfática, todos os elementos – cenário, roupa, posturas – de um espaço público de civilidade, ela parecerá talvez mais discutível no caso da figura 16 e de 2a, pois o mostrar-se de pessoas tão pouco vestidas pode à primeira vista parecer remeter a algo oposto à idéia de um espaço "mundano", quer dizer, público.

Mas o nu em si, parcial ou integral, vamos ver, aí não faz diferença. Pelo contrário, como sempre ocorre em matéria de apresentação do corpo, tudo depende, quanto aos efeitos de sentido induzidos, do dispositivo cenográfico global, isto é, figurativo e plástico, que o circunda. Ora, no tocante a isso, além dos jogos de luz e de espaço sobre os quais tivemos ocasião de insistir, há ainda um último recurso disponível. Esse recurso é a *cor*. Se bem que tenha sido possível fazer dela abstração até aqui sem grandes inconvenientes, o jeito como ela é utilizada torna-se agora diretamente pertinente, ao abordar a questão específica, metodologicamente rica de ensinamentos, à qual acabamos de chegar e que vamos examinar com algum detalhe para terminar: a da pluralidade dos regimes de visibilidade do "nu". Um breve exame das diferenças entre como são apresentados esses regimes no presente contexto nos permitirá completar o sistema das variantes constitutivas do gênero cuja unidade buscamos estabelecer.

5.4.3. *Quadra de Damas*

Quando se empreende a análise de um material como o que acabou por acumular-se diante de nós por ocasião deste trabalho, composto de várias centenas de itens diferentes (cujas ilustrações aqui incluídas representam apenas uma diminuta proporção), a primeira necessidade, somente para poder encontrar na massa um dado caso já entrevisto, mas que se precisaria examinar mais de perto, é evidentemente classificar de alguma maneira esses itens. De um ponto de vista estritamente prático, todos os procedimentos de indexação podem no começo parecer bons, inclusive aquele que consiste em colocar cada anúncio "em seu lugar" segundo a ordem alfabética (de acordo com o nome do anunciante): solução simples, mas que não caberia aqui, já que deixaria escapar o essencial, isto é, o fato de que nossos itens são *imagens*. Ora, o problema não é novo: como classificar imagens *enquanto tais*?

Sem descartar por princípio os critérios de ordem figurativa, embora eles conduzam a levar em conta mais aquilo que a imagem mostra, o que ela "diz" ou "conta", do que aquilo que ela *é* em si mesma, preferimos ao longo do trabalho privilegiar os critérios de identificação propriamente plásticos. A variável cromática por certo não constitui, desse ponto de vista, um parâmetro *a priori* mais negligenciável do que outro qualquer. Todavia, considerando os objetivos gerais deste estudo, não havia necessidade alguma de recorrer a distinções muito sofisticadas. Efetivamente, a mais elementar de todas as distinções que poderiam ser concebidas, aquela que opõe a *presença* à *ausência* da cor, basta para permitir observar como, numa iconografia no conjunto muito rica no plano cromático, se destaca, por assim dizer dele mesmo, um subconjunto de anúncios que, opondo-se aos outros por sua tendência ao monocromatismo ou ao simples preto e branco, também se distingue sistematicamente da massa no plano figurativo. De fato, no quadro do gênero considerado, a ausência (relativa, obviamente) da cor como característica plástica coincide quase sempre, *figurativamente* falando, com um modo específico de encenação do corpo: com aquilo que se poderia chamar de *nu em estado puro*, por oposição ao "despido". Os anúncios 18a-b-c (assim como o anúncio 3a) fornecem algumas ilustrações desse efeito de "pureza".

Para explicar essa correlação *a priori* inesperada (e que diz respeito de novo, porém em outro nível, ao "semi-simbolismo"), faz-se necessário precisar o estatuto e, por meio disso, a significação, daquilo que recobre a própria noção de "nu". Ao menos no universo que aqui exploramos, o aparecimento do nu não se define necessariamente como o resultado de um processo, em curso ou concluído, de desvelamento – negação de uma negação que revelaria o que se achava oculto ou suspenderia algum interdito. Pois a nudez pode também apresentar-se, *positivamente*, como se fosse uma forma de *vestimenta* – uma entre outras possíveis. Dito de outra maneira, e isso não espantará os especialistas dedicados à teorização dessa mesma questão com relação ao universo da pintura, a "nudez", tomada de maneira literal (medida realisticamente por centímetro quadrado de pele visível), não governa por si mesma um regime de leitura preciso – não mais do que o seu contrário, o "vestido"; e ela tampouco exclui nenhum deles. Sua significação depende por inteiro, caso a caso, da maneira como é "usada", isto é, encenada (ou posta em imagem).

A prova disso é o fato de que nosso olhar muda por completo conforme o despir "vista" aquilo que denominamos um corpo *comovido* (ou "possuído"), como na figura 10, por exemplo, ou um sujeito *provocante* (fig. 17c), ou ainda aquilo que há pouco reconhecemos como um sujeito *socializado* (fig. 16). A nudez, tal como é aqui ou ali oferecida, não é portanto um estado de coisas objetivo, monossêmico e dado de antemão, que a fotografia se limitaria a apreender e a restituir tal qual; temos diante dos olhos, pelo contrário, todo um degradê de efeitos de sentido distintos que, longe de depender diretamente do fato de ordem referencial de que certos modelos estão, é verdade, mais "despidos" do que outros, resultam, cada um à sua maneira, do tipo específico de regime de presença – ou, como veremos, de não-presença – que emana das figuras inscritas no enunciado, em função da organização global dos componentes formais próprios a cada tipo de imagens. Nesse quadro, a modalidade específica do *fazer ver* que corresponde ao efeito de sentido "nu em estado puro" será por nós definida, em oposição ao conjunto dos outros tipos de manipulações do olhar sobre a imagem antes encontrados, como uma visão *estetizante* que tem como uma de suas principais características a tendência a excluir, no plano da "leitura", todo programa de busca que se orientaria em direção a um para-além do enunciado-imagem.

a　　　　　　　　　　b　　　　　　　　　　c

Fig. 18a-b-c
Elle (Nova York), 1989; *Cosmopolitan*, 1991; *Madame Figaro*, 1988.

Essas considerações justificam que, ao lado dos anúncios 18a e 18c (e, mais adiante, 19a-b), nos quais desfilam tantos *corpos,* retenhamos também, a fim de sustentar a presente proposta, uma série de anúncios nos quais aparece somente um *rosto* (como no exemplo 18b e suas variantes, mais acima 3a, e adiante, 20b), isto é, uma parte da anatomia que, sendo despojada de toda vocação para ser "vestida" (ela pode no máximo ser "maquiada"), não poderia apresentar-se como "despida". Isso não impede que tanto os rostos como os corpos acabem produzindo o mesmo efeito de sentido, a mesma impressão de desnudamento do motivo fotografado, a partir do momento em que se acham submetidos a um tratamento cromático bem definido: tintas "frias" uniformemente distribuídas (o azul-metálico, o verde-desbotado, o amarelecido ou acinzentado), implicando o mais das vezes a redução ao mínimo dos contrastes de valores entre planos. Assim sendo, se o próprio rosto parece então expor-se em sua pura nudez, nem mais nem menos que o resto do corpo, é que a dominância de certo tipo de luz branca, rasante e crua, que constitui o traço plástico comum a esse tipo de fotografias – e que exclui toda e qualquer cintilação da cor – implica, e por assim dizer *significa* o desaparecimento correlativo de todo *halo de presença* (por outro lado, tão constantemente buscado) ao redor dos modelos enquanto "sujeitos" potenciais. É como se, uma vez que a luz cessasse de *irisar*, o modelo não tivesse mais condições de *irradiar* sua "presença", e só lhe restasse a opção de calar-se. Da mesma maneira, por mais que se voltem ainda na nossa direção – em 18a –, esses olhos na realidade estão privados de visão e seu possuidor não nos vê. Reciprocamente, e pela primeira vez, o que de nossa parte olhamos não são mais "interlocutoras", nem sequer simulacros de parceiras *possíveis*, mas doravante puras formas. Corpos e rostos de aço, silhuetas atléticas cujos contornos rimam com a geometria de um cenário de pedra (19a) ou de um mobiliário de um rigor "funcional" (19b), perfis de estátuas, máscaras perfeitas, peles asseptizadas: estamos na presença apenas de não-sujeitos – corpos objetivados ou objetos estetizados, estando a *estetização* do motivo indissociavelmente aliada à sua *objetivação*.

a b

Fig. 19a-b
L'Espresso, 1990; *Madame Figaro*, 1990.

O mesmo acontece, como já constatamos, com a figura 20b (p. 161), outro exemplo do mesmo regime de visão objetivante-estetizante, mas dessa vez – e para concluir – relacionado com uma série de anúncios que contrastam sistematicamente uns com os outros, na medida em que cada qual remete exemplarmente a um dos diferentes tipos de manifestações encontrados ao longo do caminho. Relacionada às vizinhas, a composição 20b marca uma das posições limítrofes do sistema iconográfico cuja coerência temos procurado apreender. Ela corresponde, nesse quadro, ao que poderíamos caracterizar como o

O sujeito socializado
(estados "embreados")

O corpo estetizado
(estados "debreados")

O sujeito provocante
(simulacros de "embreagens")

O corpo possuído
(simulacros de "debreagens")

Fig. 20a-b-c-d
Nouvel Observateur, 1992; *Marie Claire*, 1989; *Elle*, 1988; *Le Point*, 1989.

grau zero da relação com o Outro. Por trás da máscara que o modelo acaba de retirar, não há senão outra máscara, isto é, uma *ausência* explícita. Figura em estado de *significar esteticamente*, mas que em nenhuma instância pretende nos "falar", o modelo não joga mais aqui o jogo de uma falsa comunicação conosco, enunciatários. Nesse sentido, a debreagem enunciativa deixa de ser somente simulada como o era acima (e como ainda é no exemplo 20d): ela se acha agora plenamente realizada.

A imagem nos coloca então, como se diz, na posição de contempladores "desinteressados", fato de que se pode deduzir que, do ponto de vista da ideologia que funda o uso dessa antífrase – "antífrase", já que é justamente nesse momento que ficamos interessados, mas pela imagem enquanto tal –, a imagem no fundo não seria "nada", ou, seja como for, ela não seria propriamente o lugar do valor, por oposição àquilo a que remete (única realidade digna de um verdadeiro "interesse"). A publicidade, que explora tão bem esse filão, todavia não o inventou. Porém, inclusive na publicidade, constatamos que existem, apesar de tudo, umas raras imagens que obedecem a um outro regime, isto é, que aceitam não ser nada mais – nada mais, nada menos – do que elas são: *imagens*. Imagens com valor ou com pretensão "artística" (20b, 18a, por exemplo) ou, talvez, simplesmente com caráter documentário (18b, 18c), pouco importa, mas que pelo menos, em lugar de sempre reenviar seus destinatários em direção não se sabe de quais presenças reais prometidas para além delas mesmas, nos convidam – enfim – a assumir a plena autonomia do simulacro ou, se se preferir, sua auto-referencialidade. Como se fosse necessário que o corpo, em geral tão vestido de artifícios em toda essa iconografia, fosse, num dado momento, ao contrário, desnudado, para que a imagem, por seu turno, pudesse sê-lo também, e ser reconhecida como tal, em sua natureza verídica: em sua pura presença de objeto plástico.

5.5. INTIMIDADES

Confirma-se, assim, que o álbum publicitário contém algo mais do que coisas "proibidas", e seria preciso levar muito a sério os jogos de cena e as cenas galantes que nele se organizam (ou, como se diz no *Tartufo* de Molière, "ser bastante sensível à tentação") para alguém se deixar ofuscar diante disso. Se, desde o começo, descartamos por princípio a atitude de denúncia moral, não é o caso, portanto, de retomá-la agora, visto que o que nos importa é principalmente, uma vez mais, responder à questão de saber o que, globalmente, essa iconografia "faz de nós" ao nos solicitar. E, nesse momento em que podemos enfim considerar o conjunto de regimes de visão envolvidos, assim como os diferentes tipos de encenação que lhes correspondem (os do corpo "possuído" e do sujeito "socializado", do sujeito "provocante" e do corpo "estetizado"), é ainda mais claro que a resposta não pode depender unicamente da dose, variável de um para outro regime, do "escabroso" disseminadamente incorporado à composição dessas imagens a fim de reforçar os pequenos prazeres visuais que delas tiramos. A exploração suavemente retorcida que a publicidade faz da veia erótica inscreve-se, na realidade, no âmbito de uma operação mais decisiva (e, talvez, de uma manipulação mais geral) que, mesmo que ela tenha certamente implicações do ponto de vista de uma deontologia (se não de uma ética) do olhar, tem relação, em primeiro lugar, com uma semiótica da presença.

É nesse plano que, segundo a perspectiva que adotamos, convém buscar aquilo que faz a unidade de todas essas imagens. Enquanto gênero, suas regularidades só marginalmente remetem aos cânones de uma estética; em contrapartida, parecem responder bem a certas exigências relativas à gestão do social. Levando em conta os diversos modos de presença induzidos entre os sujeitos e os objetos (incluída aí a imagem-objeto) pela organização figurativa e plástica do material considerado, o principal efeito de toda essa construção reside, a nosso ver, no fato de que, ao fazermos acreditar que penetramos (transgressivamente ou não) no círculo de uma "intimidade" pessoal (mais ou menos "perturbadora", dependendo do caso) com os pseudo-objetos cujas imagens nos são apresentadas, esse conjunto termina por criar ao nosso redor, por sua redundância, uma espécie de "mundo possível" que se sobrepõe à experiência vivida: uma surrealidade que nos engloba à feição de uma intimidade paradoxal, não exclusiva, mas de ordem coletiva e potencialmente partilhada por todos: aqui, somos todos íntimos das mesmas "mulheres-figuras". Nesse sentido, a publicidade produz sociabilidade ao moldar um universo povoado de entidades de papel tanto mais familiares quanto mais inacessíveis, mas que sabem nos prender, mediante a fibra sensível da figuratividade. Familiaridade com as mesmas presenças-ausências, capaz de engendrar a aparência de uma comunidade, de uma vasta "convivialidade" fundada na referência comum aos mesmos simulacros do Outro, publicamente oferecidos: não seria isso, afinal, a própria definição da "vulgaridade"?

Aqui só estiveram em questão as figuras de algumas "belas desconhecidas". Mas, por outro lado, não muito longe, e utilizando procedimentos comparáveis, poderia muito bem tratar-se de garantir efeitos de presença análogos em benefício das celebridades mais "conhecidas" ou mais "amadas", princesas e altezas, vedetes de todo gênero, inclusive personalidades do mundo político. Bastaria folhear as páginas das mesmas revistas e passar às partes ditas de informação para encontrá-las, sempre prontas a se oferecer, elas também, conforme a nossa necessidade – o nosso desejo – de presença, a se incluir, por meio dos serviços de outros encenadores (ou até dos mesmos), na mesma intimidade simulada em que cada um se oferece, "tal como é", a todos. Equivaleria isso a dizer que, na falta de algo melhor, só um *despudor comum* sustentaria doravante o escasso vínculo social que ainda nos pode reunir, e que não mais poderíamos fugir dos espaços publicitários propriamente ditos senão para entrar no espaço sem fronteiras de uma *publicidade* generalizada?

6. A Carta como Ato de Presença

6.1. PARA UMA SEMIÓTICA DAS SITUAÇÕES

É admitido correntemente hoje, no domínio das análises de discurso, opor uma à outra duas grandes famílias de abordagens, em função dos princípios de explicação, internos ou externos, que elas retêm respectivamente ao mesmo tempo com vistas a dar conta da produção dos objetos de sentido, e especialmente dos textos, e para fundar teoricamente as condições de sua leitura ou de sua "interpretação". De um lado, para os herdeiros mais diretos de Saussure e de Hjelmslev, da mesma maneira que a língua é um puro sistema de diferenças internas, um discurso, verbal ou de outro tipo, constitui uma totalidade auto-suficiente, cujos efeitos de sentido não poderiam se originar de nada a não ser de suas propriedades estruturais imanentes, tais como resultam das operações semióticas que engendraram aquele discurso. Segundo essa perspectiva, o objeto de uma teoria do discurso será, por conseguinte, elaborar uma gramática que explique os processos de engendramento dos objetos significantes, sendo a hipótese que, em função de sua competência semiótica pressuposta, os "sujeitos enunciantes", ao enunciar (isto é, entre outras coisas, ao produzir "textos"), *constroem* o mundo externo enquanto *mundo significante*. Correlativamente, apreender o sentido de um discurso enunciado, o "ler", será refazer o mesmo percurso em sentido inverso, remontando, se assim se pode dizer, do plano discursivo manifesto em direção às operações semióticas que sua produção pressupõe, e que, uma vez o

166　　PRESENÇAS DO OUTRO

enunciado produzido, o tornam interpretável. A outra perspectiva consiste, ao contrário, em colocar o dado externo, os *estados de coisas* reais, como primeiros, e dotados de um poder explicativo. Aos princípios de imanência que fundamentam a óptica precedente, opor-se-á então a opção metodológica "realista", que consiste em relacionar os discursos com diferentes variáveis de caráter contextual ligadas à diversidade empírica das "situações de comunicação", e que supostamente são capazes de determinar o conteúdo das manifestações discursivas assim como, aliás, suas formas de expressão.

De preferência a nos sentirmos obrigados a escolher entre essas duas orientações como se se tratasse de dois paradigmas que excluem absolutamente qualquer meio-termo, tentaremos propor um outro caminho, pois é a isso que nos conduz o exame de um tipo específico de *práxis* enunciativa, ligada à expressão passional da relação com o Outro *enquanto ausente,* mas ao mesmo tempo apreendido como instância *presentificável.* Menos que o texto, como produto, como enunciado que *tem um sentido* (ou, por que não, vários), é o discurso, enquanto ato de enunciação efetuado em situação e *produzindo sentido,* que nos interessa neste quadro. Ora, considerar o discurso como uma atividade geradora de sentido exclui tanto a atitude caricaturalmente purista e, na prática, quase inaplicável que desejaria que se isolem completamente os textos de seus contextos, como aquela, aparentemente mais realista mas, desta feita, teoricamente insustentável, que consiste em postular uma relação de determinação de uns pelos outros. De fato, entre o que, "de dentro", faz que um discurso *tenha sentido,* e aquilo a que, "afora", ele *dá sentido,* as relações só podem ser da ordem da determinação recíproca e dialética: um discurso só adquire sentido enquanto reconstrói significativamente, como situação de interlocução, o próprio contexto no interior do qual se inscreve empiricamente sua produção ou sua apreensão. Por isso, é para a elaboração de uma *semiótica das situações* que é preciso, a nosso ver, se orientar[1].

O discurso da *carta* nos parece constituir, nessa óptica, um terreno de observação exemplar. Não certamente o discurso de não importa quais cartas, mas mais especialmente aquele ao qual dá lugar um

---

1. Cf. nessa direção, E. Landowski, "Quelques conditions sémiotiques de l'interaction", *La société réfléchie,* ob. cit. (trad. port., "Algumas Condições Semióticas da Interação", *A Sociedade Refletida,* ob. cit.); "Pour une problématique sociosémiotique de la littérature", em L. Milot e F. Roy (ed.), *La littérarité,* Sainte-Foy, Presses de l'Université Laval, 1991 (trad. port., "Para uma Abordagem Sociossemiótica da Literatura", revista *Significação,* 11-12, 1996); "Statut et pratiques du texte juridique", em D. Bourcier (ed.), *Lire le droit. Langue, texte, cognition,* Paris, LGDJ, 1992 (trad. port., "Estatuto e Práticas do Texto Jurídico Segundo uma Perspectiva Sociossemiótica", revista *Significação,* 14, 2000 (São Paulo, Anna Blume); "Étapes en sociosémiotique", em A. Decrosse (ed.), *L'esprit de société,* ob. cit.

A CARTA COMO ATO DE PRESENÇA

certo tipo de prática epistolar marcada pela vontade, por parte dos correspondentes, de fazer de suas mensagens o lugar de um verdadeiro encontro intersubjetivo, ou seja, de uma autêntica "presentificação" (*mise en présence*) recíproca. Por isso, deixando de lado o grosso do correio que se limita, como se sabe, a uma função modestamente veicular – *fazer saber* alguma coisa a alguém –, nós nos voltaremos principalmente para um tipo de cartas que, classificáveis seja nos confins das atividades de "comunicação comum", seja no limiar da produção propriamente literária, no fundo *nada dizem*: nada, a não ser designar, bem ou mal, e desajeitadamente quase sempre, a meta que visam, mesmo que elas só a alcancem raramente, e que consiste no cumprimento de um *fazer ser* entre sujeitos: fazer simplesmente que um deles – referencialmente, o *ausente* – torne-se, num outro nível, semioticamente, *presente* para o outro.

É esse efeito da prática semiótica, capaz, em última instância, pelo jogo interno de seus níveis, de redefinir, e até certo ponto, de inverter as determinações relativas aos assim chamados estados de coisas para transformá-los em situações intersubjetivamente carregadas de um segundo sentido, algumas vezes mais pregnante que aquele da realidade primeira que toma a seu cargo, que quereríamos examinar mais de perto. Pouco importa, desse ponto de vista, se o tipo de cartas que visamos só constitua uma espécie de tipo *ideal:* nosso objetivo é construir seu modelo e determinar seu lugar enquanto forma possível, não descrever, menos ainda avaliar certas ocorrências particulares.

6.2. REGIMES EPISTOLARES

6.2.1. Felicidades de Escritura

"Dirigida por mensageiro ou por correio a uma pessoa que está longe", como diz não o *Robert,* mas o *Dictionnaire Encyclopédique Quillet,* a carta, independentemente dos elementos que ela tem por função transmitir na dimensão cognitiva, é em si mesma, primeiramente, um *objeto* destinado, no sentido literal da expressão, a passar de mão em mão, a circular como uma simples coisa na dimensão pragmática[2]. À distinção entre enunciador e enunciatário que define a estrutura actantial mínima de toda comunicação discursiva, a prática da troca epistolar superpõe assim uma disjunção mais superficial, manifestada concretamente pela distância que separa o expedidor de seu destinatário, distância que se mede ao mesmo tempo no plano espacial, em termos de afastamento, e no eixo temporal, pois a comunicação

---

2. Cf. J. Courtés, "Le motif de la lettre", *Actes sémiotiques,* I, 9-10, 1979 (reed. em *Le conte populaire: poétique et mythologie,* Paris, PUF, 1986, pp. 42-57).

168 PRESENÇAS DO OUTRO

por cartas é, por definição, uma comunicação diferida (daí as paixões "aspectuais" que ela suscita: espera, impaciência, surpresa etc.). Ora, essa disjunção pragmática, que se pode considerar como definindo referencialmente a "situação de comunicação epistolar", é suscetível de ser diversamente assumida nos planos cognitivo e afetivo (ou "patêmico").

Em particular, a partir do momento em que a distância real entre correspondentes se encontra sentida afetivamente como uma *ausência*, nada exclui que ela venha logo a fazer as vezes, por si só, de conteúdo tópico principal das mensagens que vão ser trocadas: como se, enunciando-a e tematizando-a, a escrita pudesse preencher esse vazio que a motiva. Mas para que a separação de fato, base comum a toda relação epistolar, possa ser assim transformada em relação significante, apreendida e expressa no modo passional como falta intersubjetiva, é preciso pressupor uma relação logicamente anterior de *junção* entre os sujeitos comunicantes, relação original que fundamenta a intuição de uma *co-presença virtual* de um ao outro, seja qual for a importância quantitativa da distância espaço-temporal que, conjunturalmente, os mantém separados. É claro, com efeito, que aquele que, em nosso foro íntimo, denominamos o "ausente" (e cuja presença ao mesmo tempo evocamos) não poderia receber de nós esse estatuto – aquele, se assim se pode dizer, de *objeto presentificável* –, a não ser que, por oposição à multidão dos outros seres que tampouco estão (ou não estão mais) presentemente aqui, ele nos esteja, quanto a ele, já (ou ainda) de uma certa maneira inteiramente "presente". É que a própria ausência, como sublinhava Sartre, "*é um* elo existencial *entre duas ou várias realidades humanas*"; ela "*necessita uma* presença fundamental *dessas realidades umas para as outras*"; e mais, ela é apenas "*uma das concretizações particulares dessa presença*"[3].

Isso posto, se se admite, por outro lado, que o discurso e, mais especificamente a carta, tem valor de ato, será então concebível uma prática discursiva que teria justamente o poder de *atualizar* esse "elo existencial" pelo próprio fato de dizê-lo, ou mais precisamente, de *escrevê-lo*? Sob que tipo de regime de escritura a relação de co-presença enunciativa – teoricamente necessária, mas em si mesma puramente virtual – poderia encontrar as palavras suscetíveis de concretizar-lhe o poder conjuntivo no plano empírico? Graças a que modo de inscrição, no enunciado-carta, das partes envolvidas no ato de enunciação epistolar? Em outros termos, é dizível a "presença fundamental"? Pode ela se traduzir numa forma de *presentificação atual* dos sujeitos enquanto parceiros do ato semiótico vivido que consiste em "se escrever"?

3. J.-P. Sartre, *L'être et le néant*, Paris, Gallimard, 1943, p. 325 (sublinhado por nós).

A essas questões poder-se-ia evidentemente responder em termos puramente psicológicos: o outro, aquele a quem escrevemos ou aquele que nos escreveu e que estamos lendo, nos está presente "ao espírito", ou não, em função apenas de nosso poder de reminiscência ou de evocação, independentemente do fato de estarmos lhe escrevendo, ou lendo sua mensagem. Para engatar o mecanismo que nos restituirá o sentimento de seu *estar-diante-de-nós* – a própria definição da presença[4] –, não é de modo algum preciso passar pela mediação de pequenos pedaços de papel que, no máximo, atestariam referencialmente seu *estar ali*, alhures mas em alguma parte, enquanto aquele que escreveu o que neste momento eu leio, ou enquanto aquele que lerá o que atualmente escrevo. Por acaso, nossa imaginação, ou nossa memória, não seriam capazes de suscitar ou de ressuscitar o fantasma figurativo do outro, e até sua corporeidade palpável sem a ajuda de estímulos externos e contingentes? E se até nos acontece, algumas vezes, de alucinar a presença do ausente, é precisamente porque o psiquismo dispensa qualquer referência. Nessas condições, por que procurar relacionar os estados, puramente mentais, que fazem com que um sujeito "se sinta" presente a seu outro *in absentia* a uma prática discursiva específica, a da escritura ou da leitura de cartas?

É que, a nosso ver, os dados da questão não são tão simples, pelo menos se considerarmos que os estados ou os atos ditos "mentais" aos quais se refere desse modo não advêm, na realidade, tais quais *ex nihilo*, por uma espécie de automatismo inerente ao "psíquico". Eles se inscrevem, ao contrário, numa dinâmica cujo domínio pertence, ao menos parcialmente, ao sujeito. Se o outro me obseda, não é primeiramente na medida em que eu mesmo o invoco? E para invocá-lo, para fazer advir seu simulacro, bem o sei, de fato, a qual procedimento recorrer: a uma espécie de bricolagem, como se faz ao buscar uma idéia que não vem, tateante a partir de sobras de sentido, tentando iscas, procurando um "fio", manipulando figuras fragmentárias mas sensíveis, sabendo por experiência que, articulando-se umas às outras, elas vão talvez subitamente me restituir a totalidade que compõe, para mim, a imagem daquele que eu quero presente. Do mesmo modo que a intuição de uma forma nova, em matéria de criação artística ou científica, não se explica dizendo simplesmente que ela depende da "inspiração", assim também, seria se contentar com pouco dizer que, no plano do imaginário passional, o aparecimento do ícone do outro como presença depende simplesmente do encontro com o inefável. Nos dois casos, o acontecimento – "alucinatório" ou propriamente criador – só pode produzir-se graças a um verdadeiro *trabalho sobre figuras*, isto é, sobre formas semióticas – lingüísticas, plásticas ou

---

4. Cf. E. Benveniste, "Le système sublogique des prépositions en latin", *Problèmes de linguistique générale*, Paris, Gallimard, 1966.

170 PRESENÇAS DO OUTRO

outras – e, portanto, sobre uma *linguagem*: aquela, conscientemente manipulada ou que inconscientemente nos manipula (sendo a distinção aliás pouco pertinente, semioticamente falando), do "imaginário" e de suas configurações sensíveis.

Sem dúvida, a prática textual da carta, não mais que o resto, não produz milagres. Mas as operações de construção que ela implica, ou (o que dá no mesmo) o jogo sobre as figuras ao qual nos arrasta seu exercício conduz, contudo, algumas vezes, como outras pesquisas de mais conseqüência mas formalmente comparáveis, a felizes *acidentes de discurso*: por exemplo, a esses efeitos de presentificação que postulamos e que, talvez, são somente excepcionais sucessos de linguagem[5].

6.2.2. *"Eu é um Outro"*

Tentemos, para começar, caracterizar negativamente o regime de escritura-presentificação assim postulado especificando o que, seguramente, ele não é, mas que se pode supor corresponder a regimes mais comuns. Distinguir-se-á desse ponto de vista duas espécies de fórmulas, ambas facilmente localizáveis.

A primeira define o regime próprio de toda correspondência que se situa aquém do limiar onde a tematização da "distância" se efetua em termos de "ausência": do ponto de vista estatístico, é certamente o caso mais geral, aquele especialmente da correspondência de negócios, no mais lato sentido. Em conformidade com um certo número de regras definitórias do tipo em questão, os correspondentes cumprem ali uma tripla debreagem: actorial em primeiro lugar, marcada pelo menos pela assinatura e amiúde pelo cabeçalho, que objetivam a parte enunciadora ao reduzir a definição de sua identidade às coordenadas necessárias a sua localização enquanto *emissor*, assim como pelo endereço e pelo modo de se dirigir ao correspondente, que operam a mesma redução no que se refere ao outro, ao enunciatário, limitando-lhe seu papel no enunciado apenas àquele do agente *receptor*; debreagens espacial e temporal em seguida, não menos fortemente marcadas com a ajuda de fórmulas congeladas pelo uso: "Em resposta à sua correspondência *de tanto...*", "Quando a presente *chegar até o senhor...*", que têm como objetivo indicar, com toda a precisão requerida, a amplitude exata da defasagem instalada entre o momento e o lugar da redação e os da leitura.

---

5. Cf. A. J. Greimas, "Des accidents dans les sciences dites humaines", em A. J. Greimas e E. Landowski (eds.), *Introduction à l'analyse du discours en sciences sociales*, Paris, Hachette, 1979 (trad. port., *Análise do Discurso em Ciências Sociais*, São Paulo, Global, 1986).

A CARTA COMO ATO DE PRESENÇA   171

Tantos indícios de uma distância assumida como tal por ambas as partes: em negócios, quando se escreve, é certamente em geral com o objetivo de aproximar os pontos de vista respectivos dos correspondentes, mas raramente para *se aproximar* um do outro. Além disso, cada um se limitando então ao exercício do papel funcional que lhe atribui a distribuição (reversível) das posições de emissor e de receptor marcadas no enunciado, ambas as partes aceitam, desde o início e por princípio, a não-correspondência que se estabelece inevitavelmente entre, de um lado, a imagem segundo a qual cada um representa sua própria identidade e a vive, e, por outro lado, a figura esquemática e parcial, à qual essa mesma identidade se reduz uma vez objetivada no papel. Isso não impede, seguramente, os escritores de falar, entre outras coisas e de certo modo, de si mesmos; não do modo intransitivo de um eu que se diria enquanto tal, mas antes para falar transitivamente *de* "si", isto é, de si como objeto para outrem, como "figura do Outro" *para o outro*, esforçando-se por adotar diante de si mesmo, se não o ponto de vista exato do destinatário (ou o do "Outro" em geral – seria pedir demais), pelo menos aquele de um "Ele" relativamente impessoal. Na carta administrativa, por exemplo, para "pleitear seu dossiê", é possível que o solicitante tenha que exibir sua "situação pessoal", suas "intenções", até seus "sentimentos", mas será sempre preciso ao mesmo tempo que ele – ginástica difícil e até penosa para as naturezas espontâneas – saiba apresentar tudo isso como elementos objetivamente constatáveis, como se ele próprio os descobrisse somente ao colocar-se, relativamente a seu próprio caso, na posição de um observador neutro e independente.

Composta, em outras palavras, de enunciados sistematicamente debreados, e portanto, longe de ser concebida como um espaço em que os correspondentes teriam vocação para se exprimir por si mesmos enquanto sujeitos, a carta serve apenas, em caso semelhante, como suporte para a construção de uma visão comum em relação a um mundo-objeto no interior do qual cada um se inclui a si mesmo e se põe em cena segundo uma perspectiva que visa integrar o ponto de vista do outro, de seu interlocutor. O conteúdo objetivo da mensagem, única dimensão pertinente, reveste por conseqüência uma preponderância tal que não haveria nada mais inconveniente nesse quadro, por parte de um ou outro dos correspondentes, que, dado o afastamento de seu interlocutor, pretender substituir o princípio de um intercâmbio estritamente instrumental por uma escritura que procuraria fazer aflorar um "elo existencial" qualquer entre remetente e destinatário da mensagem. Imagina-se o efeito que produziria a declaração, por parte do remetente, dos estados de alma (inclusive eufóricos) que pode eventualmente fazer nascer nele o correlacionamento *hic et nunc* (pelo próprio ato de escrever) com o outro – com o "ausente" ao qual ele se dirige – quando se trata, admitamos, de seu perceptor: "Meu Tesouro,

172 PRESENÇAS DO OUTRO

obrigado por sua gentil carta P14B76524, ela me deu muito prazer..."[6]. Ironia à parte, as fórmulas de cortesia e de saudação convencionais têm precisamente como utilidade assinalar aos parceiros seus lugares exatos, fixando entre eles uma *boa distância* que, se não exclui, como se diz, as marcas de atenção recíproca, não poderia, em compensação, autorizar as efusões líricas de uma *escrita da falta* (intersubjetiva).

6.2.3. Dois em Um

Para passar ao segundo tipo de configuração, que, ao contrário, autoriza esses tipos de efusões em todos os registros possíveis – ou até os prescreve, do *lamento* ao *allegro (ma non troppo)* –, retomemos o dicionário e completemos a definição parcialmente citada mais acima: "*Carta: escrito,* em forma de conversação, *dirigido por mensageiro ou por correio a uma pessoa distante*".

Definição estranha se se considera que, totalmente ao contrário do regime diferido característico da comunicação por escrito, a oralidade da *conversa* implica a imediatez das relações entre locutores, sua proximidade física no interior de um mesmo espaço (pois é preciso estar "ao alcance de voz" para se falarem, embora o alcance da voz possa ser artificialmente ampliado, como no caso da conversa telefônica) e sobretudo um regime de turnos de palavra que pressupõe a concomitância das temporalidades enunciadoras respectivas dos interlocutores. Nada parecido acontece com as escalas e as demoras do correio, ainda que reduzidas à quase instantaneidade do fax! E, no entanto, a comparação com a conversa parece se justificar em certos aspectos, de maneira ao mesmo tempo muito banal e bastante paradoxal. Banal porque, do mesmo modo que não há conversação se eu sou o único a animá-la, não existe correspondência se existir apenas eu empunhando a pena! Paradoxal porque indica que, portanto, para produzir um único discurso, é preciso ser dois, pelo menos, se esse discurso tiver de ser uma "correspondência" ou uma "conversação". Mas o mesmo acontece, na realidade, no caso de muitos outros regimes de trocas sociais, e particularmente no conjunto desses jogos de linguagem que são os jogos de sociedade. Ali, uma só sintagmática significante, legível depois como um único relato que forma totalidade, constitui-se também no entrecruzamento necessário de duas ou várias vozes: na mesa de jogo, há evidentemente *dois* jogadores, mas *uma só* partida de xadrez, ou no estádio, dois times mas uma única partida[7].

---

6. P. Desproges, *Manuel de savoir-vivre à l'usage des rustres et des malpolis,* Paris, Seuil, 1981, p. 145. Cf. também, sobre uma exploração romanesca do mesmo princípio, J. Saramago, *História do Cerco de Lisboa,* São Paulo, Companhia das Letras, 1993.

7. Cf. "Explorações Estratégicas", *A Sociedade Refletida,* ob. cit., pp. 173-182.

A CARTA COMO ATO DE PRESENÇA 173

A problemática semiótica da enunciação propõe uma perspectiva heuristicamente fecunda para trabalhar nesse tipo de caso: considera-se por postulado a disjunção empírica entre interlocutores (ou "jogadores", ou "correspondentes", ou, em geral, entre enunciador e enunciatário) como a resultante da partição de uma totalidade actancial indivisa, logicamente pressuposta, a situar num plano virtual em que o sentido se fomenta antes de toda manifestação e que, por ocasião da colocação em discurso, projeta-se em duas posições atoriais distintas[8]. O que conduz a reconsiderar o próprio estatuto da *distância* entre enunciadores, ora suposta como máxima (entre correspondentes que se escrevem), ora suposta como mínima (entre interlocutores que se falam). Em lugar de concebê-la como um dado contextual de ordem puramente empírica – como um estado de coisas que condicionaria *a priori* a natureza das relações de comunicação possíveis –, é preciso, acreditemos, ver aí a maneira, variável, pela qual se traduz no plano figurativo, no caso da carta, da conversa, dos jogos etc., o fenômeno de alcance geral que consiste na explosão, por ocasião da manifestação discursiva, de uma instância de enunciação pressuposta, a ser pensada como *totalidade* estrutural.

Ora, vista por esse ângulo, a prática da carta implica não uma, mas de fato, duas espécies de distâncias, de natureza distinta. Ela não supõe apenas o afastamento de ordem espacial, isto é, físico, entre correspondentes, e correlativamente a não-coincidência de seus presentes respectivos; ela tende também a impor uma distância mais irredutível ainda, separando cada um, não mais do outro, mas de si mesmo enquanto instância discursiva. Pois o discurso, ao se enunciar, não só introduz as não-coincidências espaciais e temporais, ele "actorializa" também, e com isso faz "explodir" os próprios actantes que o produzem: enunciar, e em particular escrever, é sempre, de certo modo, *desdobrar-se*. É projetar para fora de si, fora do eu que enuncia, um outro "eu", enunciado: si mesmo ainda, mas aparecendo já "como um outro", a tal ponto que, com muita freqüência, o primeiro mal chega a se reconhecer no segundo, nesse "eu" escrito, objetivado, "em papel", e que uma vez posto em discurso escapa irremediavelmente a seu "autor"[9].

Vê-se, a partir daí, o leque das escolhas que estão teoricamente abertas aos correspondentes e cujo reconhecimento funda nossa tipologia. Pode-se definir primeiro a carta padrão como a que se escreve assumindo ao mesmo tempo tanto a *distância intersubjetiva,*

---

8. Cf. A. J. Greimas & J. Courtés, *Dicionário de Semiótica,* ob. cit., em particular a entrada "Discurso", pp. 125-130, § 7. Cf. também *La mise en discours, Langages,* 70, 1983.

9. Cf. P. Ricœur, *Soi-même comme un autre,* Paris, Seuil, 1990; e "Le sémioticien et son double", em E. Landowski (ed.), *Lire Greimas,* Limoges, Presses Universitaires de Limoges, 1997 (trad. port., "O Semioticista e seu Duplo", em A. C. de Oliveira e E. Landowski (org.), *Do Inteligível ao Sensível,* São Paulo, Educ, 1995).

174 PRESENÇAS DO OUTRO

mensurável espaço-temporalmente, em relação ao outro, como o que se poderia chamar a *diferença intra-subjetiva* que instaura, em relação a si mesmo, o simples fato de escrever, isto é, de enunciar. A carta "pessoal", "sentimental", entre "íntimos" – segundo tipo – seria então aquela que se escreve sobretudo para tentar remediar a "distância" tal como acabamos de a definir, mas dessa vez vivida como *falta em relação ao ausente*. Resta, nesse caso, lugar enfim para um terceiro tipo – a ser denominado –, cujo objetivo seria apagar também, ou talvez primeiramente, a "diferença" que a escritura instala *entre si mesmo*, que escreve, *e si*, escrito.

A primeira dessas três possibilidades se reduz a tomar nota das condições empíricas que enquadram a prática epistolar e a assumi-las tais quais, por assim dizer *mostrando*-as: a carta, enquanto discurso debreado, limita-se, como vimos, a relacionar as figuras actoriais do expedidor e do receptor objetivando, na perspectiva de um fazer puramente enuncivo e de caráter informativo, a distância que, para comunicar, os leva ou até os obriga a se escrever (transitivamente) um *ao* outro. A segunda atitude, que procede, ao contrário, da vontade de abolir essa distância, conduz paradoxalmente a *dizer a ausência*, e duplamente: ao mesmo tempo narrativamente, tornando-a um dos temas explícitos, e tendencialmente dominantes, de narrativas nas quais o enunciador conta sua própria "solidão", e discursivamente, pelo recurso aos procedimentos da enunciação enunciada: assim a "*saudade*" da religiosa portuguesa, sua "dor" só é dita para dizer que se está a dizê-la. Nesse caso, aquele que escreve "se escreve" (reflexivamente), primeiro para si mesmo, somente aumentando ainda mais o vazio da ausência que ele pretende preencher, e em seguida, talvez ainda assim um pouco para o outro também, na medida em que, enunciando o discurso de seu sofrimento, ele informa seu destinatário de seu próprio presente – sem por isso jamais estar seguro, todavia, de fazê-lo partilhar pelo outro, visto que, como escreve Barthes, "a palavra 'sofrimento' não exprime sofrimento algum"[10].

Resta uma última eventualidade, em princípio menos vã, na qual a paixão pelo outro, dessa vez sustentada pela própria paixão *pela escritura* (com o risco, no caso, de a primeira não se distinguir verdadeiramente da segunda), traduzir-se-ia enfim, num discurso capaz de dizer, acima de tudo, a parte de *presença* – a si mesmo, ao outro – que implica o próprio ato de *produzir sentido* mediante o simples fato de *enunciar* um discurso.

---

10. "Empregá-lo, não somente é não comunicar coisa alguma, mas ainda, muito rapidamente, é irritar (sem falar do ridículo)" (R. Barthes, *Fragments d'un discours amoureux*, Paris, Seuil, 1977, pp. 114-115).

A CARTA COMO ATO DE PRESENÇA 175

6.3. A PRESENÇA CONSTRUÍDA

6.3.1. A Relação com o Valor

Mas de que *presença* pode se tratar? A não ser para se desviar para um plano metafísico, presença e ausência só podem ser concebidas como remetendo aos modos de existência semiótica suscetíveis de afetar seja o estatuto dos próprios sujeitos, seja o das relações que eles mantêm. Ora, a carta, pela simples virtude de suas propriedades materiais – forma e cor do papel, inclusive e até primeiramente as do envelope que se recebe, em que vem se inscrever como uma confirmação o traço de uma escrita imediatamente reconhecível – em suma, a carta enquanto objeto pragmático que vale, aos olhos do receptor, como representante metonímico do expedidor realiza bem, antes mesmo de ser lida (ou melhor, antes de ser simplesmente aberta), uma quase colocação em presença "real" dos parceiros da comunicação. Concebe-se que sua recepção possa acarretar certos efeitos passionais, pois a variação das posições do objeto de valor é precisamente o que determina as transformações dos "estados de alma" do sujeito "patêmico". No caso, transformações tão desejadas que, para quem vive, noite e dia, apenas à espera desses reencontros por papel interposto, o comércio epistolar acabaria quase por depender menos de uma lógica do sentido do que da lei da necessidade e de sua frustração:

> Duas cartas sem resposta...
> Por que esse silêncio, você que devia me falar com tanta freqüência?[11]

Mas o que acontece, deixando a perspectiva do receptor, se nos colocarmos do lado do escritor? A "presença" não pode mais, nesse caso, ser tomada em termos de conjunção pragmática, ainda que fosse com o equivalente metonímico do outro sujeito. Ao contrário, supondo-se que aquele que escreve seja impelido a isso apenas por seu desejo de uma co-presença ao outro, e que não haja, por conseguinte, nada de tão essencial, nada de mais urgente a dizer a seu correspondente que o próprio fato que ele se dirige, *aqui, agora, a ele*, ser-lhe-á preciso então – para chegar a dizer isso mesmo ao ausente, e portanto para *poder escrever* – construir ele mesmo a presença do outro, torná-lo "presente" a si mesmo por um ato que só pode depender de sua própria competência semiótica.

E o mesmo acontece do lado do destinatário, uma vez passado o tempo de sua "frustração", isto é, quando ao "silêncio" sucede uma carta finalmente recebida. Com efeito, as oscilações de ordem tímica

---

11. M. de Guérin, *Journal, lettres et poèmes*, Paris, J. Gabalda, 1922, pp. 155 e 366.

176 PRESENÇAS DO OUTRO

provocadas num sentido ou no outro – da extrema euforia à pior disforia – pela simples distribuição da correspondência segundo a carta desejada esteja "finalmente ali" ou "ainda não tenha chegado" só se compreendem na medida em que a conjunção que o correio por vezes permite é o acidente catalisador, num outro plano – que só poderia ser reconstruído dedutivamente – de uma transformação paralela, relativa ao modo de existência, para o receptor, de sua *relação* com o outro sujeito. A carta em si mesma não é, evidentemente, quase nada, ou pelo menos ela é apenas uma coisa, mas uma coisa cuja presença, a única presença real, tem o poder de atualizar a relação com o valor propriamente dito que aí se investe figurativamente, ou seja, de atualizar o "elo existencial" que reúne seu leitor ao seu autor ausente. Então, diante dessa coisa cuja magia se deve toda precisamente a isso, a relação intersubjetiva, de virtual que era, transforma-se, por um momento talvez efêmero – mas singularmente intenso –, numa *relação atual*: comoção alternativamente pressuposta (para fazer ser a carta) e induzida (em sua recepção) que constitui uma das formas da própria *presença semiótica*.

Entretanto, para apoiar essa proposição, não nos foi ainda, paradoxalmente, necessário aproveitar a mais evidente de todas as qualidades de nosso objeto, a saber, o fato de que uma carta é também, é primeiramente, *discurso*. O que nos reconduz, aparentemente, a nosso ponto de partida: então, uma carta seria apenas um "sinal de vida", uma espécie de marca vazia, simples superfície de inscrição do valor e cujo conteúdo não importa: em última instância, uma espécie de objeto-fetiche dado ao outro? E é um fato, muitos outros objetos além de modestos pedaços de papel rabiscados, podem eficazmente preencher, em parte, o ofício de um discurso epistolar em forma. Se se trata, por exemplo, de se fazer lembrado por outrem – eventualidade que depende do tipo de discurso não informativo aqui visado –, praticamente qualquer significante poderá ser utilizado. Basta para isso que ele tenha sido colocado previamente como valor de comunicação, seja por convenção sociolectal (a "linguagem das flores") ou por acordo idiolectal entre enunciador e enunciatário (a semiótica dos pequenos presentes atenciosos).

E, no entanto, uma carta vale, muitas vezes, mais que tudo isso: não apenas ela exerce a função de signo, mas pode ter também valor de ato. Se for esse o caso, a quais estratégias, a quais disposições formais específicas, relativas à maneira de convocar no discurso os sujeitos que o enunciam, pode-se relacionar sua eficácia enquanto instrumento de presentificação recíproca?

6.3.2. *Um Ato Semiótico*

Curiosamente, a escritura "do desejo", aquela em que o desejo de escrever é inteiramente determinado pelo desejo *do outro*, parece, por

A CARTA COMO ATO DE PRESENÇA

natureza, estrategicamente contraproducente. Na intenção de se tornar presente a seu longínquo destinatário, o que escreve se esgota em dar conta de seu próprio *presente*; não de um presente relativamente extensível como aquele de que se fala quando se trata, no máximo, de enviar a alguém "notícias", pois o desejo é mais exigente que isso. É de um presente "absolutamente presente" que ele pede que se fale: um presente pontual, candente, se assim se pode dizer, o mais imediato que se possa conceber relativamente ao sujeito: o próprio presente de sua enunciação. Daí essa deontologia muito particular em relação a todos os outros gêneros de discursos, que acaba por fazer que tudo o que pode e deve ser dito seja contido nesta pequena frase: "Aqui, agora, eu estou te *escrevendo*, a ti".

Por mais simples, por mais trivial que ela seja, tal fórmula é de fato suficiente enquanto matriz de produção textual. Tratada em expansão, ela pode até dar lugar a um dispêndio potencialmente infinito de energia e de papel: o enunciador, colocando-se pessoalmente em cena, só precisa dizer, em todos os registros possíveis, a intenção de enunciar que o mobiliza – ou que o paralisa; como numa espécie de diário aberto ou de confissão sentimental, basta-lhe declinar a gama dos estados de alma sucessivos que alternadamente o "fazem escrever" em função das modulações pelas quais passa seu desejo de presença: do sentimento de sua solidão à certeza de um "estar-com" – com o Ausente –, ou da lembrança e da nostalgia à alucinação de sua presença como corpo – e assim por diante; em suma, escrever significa então contar indefinidamente os circunstantes imediatos do próprio ato de escrever ou, na falta de coisa melhor, de sua dolorosa impossibilidade.

Organizado dessa maneira, pode-se conceber que o discurso epistolar tem, infelizmente, pouca chance de fazer sobressair, para um e outro parceiro, outra coisa que não, justamente, o afastamento bem real do enunciador em relação a seu destinatário. Isso, a despeito, ou talvez exatamente em razão de todos os esforços do primeiro para inscrever no presente de sua enunciação, numa espécie de negação simbólica da ausência física de seu destinatário, pelo menos sua presença semiótica, como enunciatário. Ou, num estilo mais elegante:

O outro está ausente como referente, presente como alocutário. Dessa distorção singular, nasce uma espécie de presente insustentável; eu estou pinçado entre dois tempos, o tempo da referência e o tempo da alocução: você partiu (do que me queixo), você está ali (pois eu me dirijo a você). Eu sei então o que é o presente, esse tempo difícil: um puro pedaço de angústia[12].

É possível que não haja nenhuma solução para isso. Pode ser até que, não mais que a escritura, nem a palavra nem, em última instância,

12. R. Barthes, ob. cit., pp. 20-21.

178 PRESENÇAS DO OUTRO

o contato interpessoal direto permitam tampouco *dizer a presença*, o estado partilhado de adesão a um mesmo aqui-agora. A intimidade do diálogo não garante efetivamente jamais que sejam realmente os sujeitos que se reúnem – ou os corpos que se comunicam – num mesmo ato de presença a si mesmo através do outro, e não seus simulacros ou, pior, somente a linguagem – a das palavras ou a dos gestos – que fala em seu lugar. E, no entanto, a questão, insensata talvez, mas irreprimível, irrecusável, necessária no plano passional, persiste: não haveria meio, apesar de tudo, de passar além desses limites, ainda que eles sejam inerentes a nosso estatuto de seres de linguagem? Não haveria um meio de se escrever de modo a dizer, se não a verdade definitiva de seu "ser", pelo menos esse estado presente e comum que se pode chamar "estado de comunicação?"[13] Um meio de enunciar a co-presença, ou de criá-la, como efeito de um ato produtor de sentido, a despeito tanto da "distância" como da "diferença"?

Considerando-se o que precede, esse regime de enunciação deveria certamente proscrever primeiro toda forma de colocação em discurso do espaço-tempo real que separa aquele que escreve de seu destinatário enquanto "referente" – como o chama Barthes –, mas também impedir qualquer vã proclamação de sua pretensa presença enquanto "alocutário". Será até preciso, de maneira geral, que seja um discurso desprovido de qualquer indício actorial, espacial ou temporal que implicaria uma "narrativização da enunciação"[14]. Apenas essas restrições, com efeito, permitirão evitar que o discurso manifesto se apresente como puro e simples enunciado, já debreado de sua relação originária com o dizer, e ao mesmo tempo separado da instância enunciante que ele pressupõe. Nenhum "Eu", por conseguinte, que viria enunciar o próprio fato que ele está se enunciando:

Eu não posso *me escrever.* Qual é esse eu que se escreveria?

mas também nenhuma convocação direta do "Tu":

...escrever sobre alguma coisa, é invalidá-la[15].

Tanto uma como a outra dessas facilidades discursivas teriam como efeito imediato substituir a unicidade da instância de enunciação,

---

13. Segundo a expressão utilizada por J. Geninasca em "Notes sur la communication épistolaire", em Cl. Calame *et al.* (eds.), *La lettre. Approches sémiotiques,* Friburgo, Éditions Universitaires de Fribourg, 1988, p. 46.

14. Segundo a expressão introduzida, aquela, por Cl. Calame, em "Énonciation: véracité ou convention de poète?", *Actes sémiotiques – Documents,* IV, 34, 1982 (reed. em Cl. Calame, *Le récit en Grèce ancienne. Énonciations et représentations de poètes,* Paris, Méridiens-Klincksieck, 1986).

15. R. Barthes, ob. cit., p. 114.

A CARTA COMO ATO DE PRESENÇA

imanente no próprio texto, por um desdobramento diretamente calcado na dualidade das posições extratextuais: o emissor aqui, o receptor lá. E articular desse modo o discurso reproduzindo nele, tal qual, a diferença das situações referenciais teria como único resultado, evidentemente, reintroduzir no interior da carta a separação de fato, que, precisamente, a troca epistolar visa neutralizar.

Portanto, é preciso que, ao contrário, imaginemos um discurso por princípio sem referência constante com a "situação de comunicação", e por isso, logo de início, redatores capazes de romper, de uma vez por todas, com a obsessão de enunciar os circunstantes de uma separação vivida como falta e como ausência de sentido. Pois esse dado contingente tem justamente vocação – contanto, todavia, que não se faça referência sem cessar a ele – para ser semioticamente reconstruído, isto é, para dar sentido. Nessas condições, na falta de transmitir "informações" ou de se transformar, por exemplo, em questionamento do outro ou em confissão de si mesmo – dependendo, por conseguinte, de um tipo de fazer discursivo cuja função não poderia ser nem de ordem informativa nem de ordem persuasiva ou *a fortiori* manipulatória –, tal tipo de escritura só pode ser concebido, na realidade, como uma variante particular do discurso *poético*. Para dizer o que ele diz, ou melhor, para fazer ser o que ele enuncia, isto é, para atualizar uma presença imediata de sujeito a sujeito (um pouco da mesma maneira que, no *credo,* uma presença se atualiza num puro *ato* de fé), ele deve se desenvolver como um discurso perfeitamente autárquico, "desreal" – aquilo com que um pouco de humor só pode contribuir –, e, portanto, em ruptura com os procedimentos usuais da colocação em discurso da subjetividade.

Tudo isso dito para fingir conversar e beijá-la durante esse tempo; você se dá conta disso?[16]

Em geral, uma carta, mesmo "aberta", isto é, dirigida a um destinatário coletivo (mas nem por isso a um público qualquer), é escrita "para alguém", e seu conteúdo depende estritamente de sua destinação particular. Caso que não se verifica quando o ato de escrever se torna a produção desse objeto autárquico que aproximamos do objeto poético: destacada, por necessidade interna, dos atores ocorrenciais entre os quais ela transita e não dizendo em definitivo nada sobre a intimidade deles, a carta, se ela se faz efetivamente ato de presença, não pertence mais a um destinatário singular, mas dirige-se potencialmente a todos. Pois o que o texto atualiza, nessas condições, é em definitivo a própria presença do sentido, além da presença do outro.

16. S. Mallarmé, *Lettres à Méry Laurent*, Paris, Gallimard, 1996, p. 111.

180 PRESENÇAS DO OUTRO

6.3.3. Modos de Escritura e Modos de Existência

Tal modo de expressão passional, se ainda faz parte do gênero epistolar, representa seguramente um caso extremo. Acabamos de ver que a relação entre correspondentes não depende mais, sob esse regime, da estrutura dialógica habitualmente admitida: em lugar de ser dirigida ao ausente na espera de sua resposta, a carta pode aqui, sem inconveniente, perder em grande parte seu caráter transitivo. Cada um pára de "contar" a própria vida ao outro, de modo que a carta se torna de repente um *texto* legível.

Mas sobretudo, com a passagem a esse regime de escritura, o que muda é o regime de existência semiótica dos correspondentes enquanto sujeitos. Vimos o que acontecia no caso dessas cartas sentimentais, nas quais a regra era, ao contrário, falar de si – de si, evidentemente, enquanto aquele a quem o outro falta. Sua característica estrutural comum consiste, em definitivo, no fato de que remetem todas ao mesmo *estado de coisas*, àquela "situação" de fato, independente do discurso e anterior a ele, que é que efetivamente os correspondentes – quer eles se escrevam um pouco, muito ou de modo algum – por hipótese vivem presentemente cada um de seu lado, e que a maneira como vivem (bem ou mal, tristes ou felizes) depende, em parte, de sua atual separação. O estranho é então que a tarefa que eles se impõem mutuamente seja justamente tratar *dessa* situação de referência, de preferência a qualquer outra coisa. Pois, a partir desse momento, é o próprio regime de interlocução que adotam que lhes impede, por construção, de sair dos limites em que se encerram, isso na mesma medida em que o estado de disjunção que deploram, longe de somente os separar no plano referencial, torna-se, ainda por cima, por convenção, a isotopia narrativa e discursiva obrigatória de seu diálogo.

Em relação a tudo isso, o que supõe a fórmula alternativa – a "escapatória" – que procuramos esboçar, é, na realidade uma mudança relativa à maneira de conceber a linguagem: pequena ruptura "epistemológica" que não oferece, de resto, nada de inesperado na perspectiva semiótica. Para abrir essa possibilidade de um outro modo de relação e de presença ao Outro, basta com efeito admitir que, em lugar de sempre dever refletir estados de coisas já dados, a linguagem *constrói* seus próprios efeitos de sentido; que em lugar de tematizar por necessidade situações de referência pré-definidas, o discurso tem vocação para *produzir* configurações significantes novas; que longe de ser adstrita a exprimir ou a manifestar apenas identidades constituídas de antemão, a enunciação é capaz de *fazer nascer*, como tantas formas semióticas, verdadeiros sujeitos que "não existiam" previamente e que, por conseguinte, não "se conheciam" tampouco. Isso posto, é obviamente aos atores reais que cabe optar em favor de um regime ou de outro e se situar, ou não, no plano imanente onde o mundo, semiotica-

A CARTA COMO ATO DE PRESENÇA 181

mente, reconfigura-se como conjunto significante, e a partir daí se reconhecer, ou não, nas figuras que ali se constituem. Pertence portanto aos dois parceiros da troca epistolar negociar entre eles (ainda que implicitamente, é claro!) a definição de um *regime de relação com o sentido* que lhes seja mais ou menos comum, de tal modo que às estratégias de escritura adotadas por cada parceiro correspondam posições de leitura compatíveis quando se tratará, para cada um deles, dessa vez em posição de enunciatário, de reconstruir o sentido, não tanto da "mensagem", como do ato enunciativo que o subtende.

É, em todo caso, essa perspectiva que nos autoriza a afirmar que, em vez de dever reproduzir inelutavelmente uma disjunção manifesta, o discurso da carta, se os interessados o quiserem, pode também atualizar uma forma de *co-presença* entre eles; não talvez diretamente como indivíduos em carne e osso, mas pelo menos em seu estatuto de actantes sujeitos, isto é, para retomar a expressão de Sartre, de "realidades humanas" cuja existência, semioticamente construída, *resultará* de sua própria prática de enunciação em lugar de a preceder. Nessa óptica, é portanto o ato de escrever (e correlativamente, o de ler) que, livre de todo excesso de carga referencial, faz advir à existência os dois parceiros num puro ato de criação de sentido. Ambos, se a troca consegue se constituir como espaço de enunciação poética ("poética", no sentido de ato criador de significação), são substituídos então por uma instância discursiva única e metapessoal que os transcende e os conjuga. Essa instância é apenas aquela do próprio texto enquanto espaço em que a presença do sentido, configurando-se e deixando-se apreender, presentifica os dois co-enunciadores. O comércio epistolar transcende a partir desse momento o domínio da pura comunicação intersubjetiva e torna-se, possivelmente, "literatura": outro lugar, outras formas discursivas para tentar atingir, através da construção do sentido, sempre esse mesmo objeto problemático que se chama, por eufemismo, a identidade, mas que, de fato, nada mais é que a "verdade do sujeito"[17].

17. A. J. Greimas, "Préface" a Cl. Calame *et al, La lettre,* ob. cit., p. 7.

Parte III

Representações

7. Regimes de Presença e Formas de Popularidade

7.1. UM ESPAÇO CÊNICO

Se para conhecer a si mesmo é preciso, como se diz, saber dedicar algum "tempo à reflexão", as sociedades, para se analisarem e se compreenderem, sabem, por seu lado, reservar para si certos *espaços de reflexão*. O teatro é um desses lugares privilegiados.

Concebido de modo a permitir que a coletividade nele se reconheça, é um espaço que se articula, se nos referirmos às normas arquitetônicas clássicas, em torno da separação entre duas zonas tão nitidamente distintas quanto estreitamente imbricadas. Primeiro, um *palco*, zona marcada ao mesmo tempo por sua centralidade, pois tudo – iluminação, percursos da platéia, olhares – converge para ela; por sua autonomia, na medida em que, separada do que a cerca, e, ademais, figurativamente organizada graças ao cenário, ela se apresenta como uma espécie de lugar utópico ou de outro mundo possível; enfim, por seu encerramento, dado que seus limites espaciais serão também os da ação destinada a ser ali colocada como espetáculo, "representada" em forma de intriga. E de resto, em volta ou diante desse palco, os degraus, a platéia, a *sala*, zona dificilmente visível durante a ação dramática, mas sob cuja sombra é convocada a se desenrolar, em meio a um silêncio pontuado de sussurros diversos (exclamações, risos e cochichos, suspiros, vozerio, aplausos ou assobios etc.), uma interação de segundo nível, de caráter especular mais do que espetacular, e que – se efetivamente a sala "adere" – será vivida intersubje-

186   PRESENÇAS DO OUTRO

tivamente, num modo participativo próximo ao da celebração ritual, como numa espécie de comunhão entre os que *representam* e os que *assistem* ao espetáculo, estes últimos se reconhecendo através dos primeiros, na melhor das hipóteses, pelo menos.

Desse modo, tal como o palco fica diante da sala, duas classes de sujeitos se interdefinem nesse quadro, pela complementaridade de seus estatutos e de suas funções: de um lado, um grupo restrito de atores que as luzes da ribalta permitirão identificar um a um enquanto intérpretes de tantos papéis distintos; do outro, uma classe mais numerosa (em geral) de indivíduos anônimos, confundidos na posição de receptores e de testemunhas, e tendo vocação para endossar coletivamente as funções do público: olhar, escutar, sentir, avaliar, e finalmente sancionar, nem que seja pela própria qualidade de uma "presença" que jamais é inteiramente adquirida de antemão, o valor do espetáculo considerado sob seus diversos aspectos, ao mesmo tempo como ação representada e como comunhão vivida.

7.1.1. Teatralização e Significação

Se tal ordenação nos interessa, é porque ela não vale unicamente como princípio de organização do dispositivo teatral *stricto sensu*. Ao contrário, ela constitui um modelo elementar, de alcance muito genérico, disponível para "ler", isto é, para reconstruir ou, segundo expressão de Paul Ricœur, para *configurar* os mais diversos aspectos de nossas relações tanto conosco como com o outro, tais como elas se organizam e como as vivemos cotidianamente no plano social e, mais particularmente, quanto ao que vai nos ocupar aqui, no âmbito da "vida política".

Pois, para tornar inteligível o mundo que nos cerca, nós o "teatralizamos" a todo instante colocando-nos, relativamente ao real, numa posição homóloga à do público diante da cena da comédia. A emergência do sentido pressupõe sempre, com efeito, um movimento de recuo relativamente à imediatez do dado. Assim, no teatro, embora seja, evidentemente, no palco que a ação se desenrola, não é ali, mas *na sala* que ela toma verdadeiramente seu sentido: um sentido estruturalmente mediatizado pelo afastamento arranjado entre atores e espectadores, por essa distância instalada entre *"eles"* lá ao longe, que do outro lado da ribalta se debatem no interior de uma intriga programada pelos deuses (ou seu substituto, o autor), e *nós* que, em recuo, nem demasiado perto nem demasiado longe, os olhamos viver (ficticiamente) seu destino. De modo que mesmo que, talvez, eles "não saibam o que fazem", nós que os observamos, podemos sabê-lo. Do mesmo modo, para "nós" ainda, mas dessa vez enquanto testemunhas-participantes envolvidos no encadeamento das peripécias reais de nossa própria cotidianidade, é também a possibilidade de uma tomada de distância objetivante que condiciona, em relação aos fatos e gestos, aos acidentes e às situações com os quais estamos socialmente comprometidos, nossa capacidade de lhes atribuir um certo sentido, de transformar os "fatos brutos" em seqüências de um devir ou de uma História mais ou menos compreensíveis, quase à maneira de uma narrativa que, como no teatro, construir-se-ia por si mesma sob nossos olhos.

Mas nesse caso, se o significado não vem às coisas, às situações e aos acontecimentos a não ser na medida em que os olhamos de fora, se o que acontece só se torna significante com a condição de se passar num "palco" ou num espaço que possamos objetivar (e que, por conseqüência, seria estruturalmente o equivalente dele), e se finalmente nosso próprio vivido só adquire sentido no âmbito de uma espécie de teatralização, qual diferença existe então entre olhar a atuação do Outro e olhar nosso próprio atuar, como se fosse o atuar do outro? Enquanto no segundo caso é o desdobramento de si mesmo – uma disjunção – que prevalece, no primeiro, ao contrário, nós nos reconhecemos mediante uma conjunção com o outro: espectadores sentados em algum lugar na sala e olhando o que diante de nós se representa de nós mesmos, estamos então presentes também em cena, pelo menos desde o momento em que começamos a nos "identificar" com os atores que vemos atuar ali.

Em que condições e a que grau tais processos de identificação são suscetíveis de se produzirem, mais especialmente, no "teatro" da *política*? Através da definição das modalidades cênicas de seu jogo, quais tipos diversificados de relações com o corpo político – quais *regimes de presença* – os atores políticos, expondo-se na cena do poder, podem visar instaurar em seu face-a-face com os espectadores-cidadãos que somos nós? Com quais resultados se pode contar caso por caso – regime por regime – do ponto de vista de nosso modo de percepção *do* político como sistema no seio do qual somos convidados a nos "reconhecer", e *da* política como processo, como aventura coletiva na qual somos solicitados a "participar", se possível ativamente, e segundo certas formas prescritas? São essas as perguntas que tentaremos esclarecer comparando diferentes *estratégias cenográficas* referentes à maneira como um ator, em geral, pode se esforçar por gerar as modalidades de sua presença – feita ao mesmo tempo de distância e de adesão – diante de seu público.

7.1.2. A Dupla Representação

Certamente, os atores *políticos* não são, ou não são apenas, *atores*. Pôr em paralelo seus percursos com aqueles dos comediantes considerando-os, uns e outros, como profissionais da exposição pública de si mesmo deveria, entretanto, permitir esclarecer o funcionamento de uma das componentes da vida pública que comandam o modo como se constrói nossa relação com o político, a saber, sua dimensão figurativa. A comparação se justifica, portanto, essencialmente em termos heurísticos.

Isso significa que não adotamos a posição dos teóricos da "política-espetáculo" que estimam em substância (para felicitar-se ou deplorar) que a vida política perdeu toda ancoragem na realidade, que, sob o efeito da "inflação comunicacional" das últimas décadas, ela se transformou num puro jogo de simulacros, numa vasta comédia que governantes e governados representam uns para os outros, e que, para captar a atenção dos cidadãos (e os sufrágios dos eleitores), a classe política não tem, doravante, outro recurso a não ser superar-se sempre mais no artifício por novas façanhas no plano da encenação. Mas tampouco acreditamos que se possa resolver a questão de nosso modo de relação com o político e com as figuras particulares que o encarnam passando para outro extremo, que consistiria em se apoiar simplesmente no fato (um pouco trivial, mas pelo menos positivo) que, nos sistemas de "democracia representativa" que conhecemos, os eleitos continuam a ser, apesar de tudo, ao menos no sentido jurídico-político do termo, nossos "representantes", nossos mandatários. Por si só, isso não basta para que nós, seus mandantes, que certamente os elegemos e em nome de quem eles agem, sintamo-nos implicados pelo que eles fazem no exercício de seu mandato, ou para que nos reconheçamos no que fazem.

Na realidade, nem uma nem outra dessas teses é suficiente para explicar a complexidade do que determina nosso modo e nosso grau de adesão ao político. A análise das diferentes formas que pode revestir o que se chama a "popularidade" o confirmará: quer se trate de compreender como o político se constitui num nível de realidade no qual se *crê*, ou de apreender as condições nas quais ele pode, ao contrário, vir a se *desrealizar* enquanto universo de sentido (o que se chama a "crise do político"), é preciso reconhecer a parte irredutível de teatralidade inerente ao jogo do poder, sem, porém, reduzi-lo a essa. A política é, com efeito, ao mesmo tempo *sistema de relações* entre sujeitos – entre representados e representantes –, e *encenação* – colocação em representação – dessas relações. À lógica da representação contratual que supostamente liga eleitores e eleitos uns aos outros, ela superpõe figurativamente a estética de um jogo teatral cotidiano em que cada "representante" se afirma e, em última instância, constitui-se como tal, *dando a ver* teatralmente ao público que ele o representa. A política, nesse sentido, é representação (dramática) de uma representação (jurídica).

Segundo essa perspectiva, falar de "cena", de "atores", de "papéis", e assim por diante convocando ao mesmo tempo as duas famílias de acepções desses termos – umas remetendo a uma conceitualização jurídico-política das relações entre cidadãos e dirigentes, as

REGIMES DE PRESENÇA E FORMAS DE POPULARIDADE   189

outras ao universo da dramaturgia – não se reduz a um simples jogo de palavras nem constitui um uso inconsiderado da metáfora. As duas dimensões em causa não se excluem, mas articulam-se uma à outra: uma abordagem semiótica das práticas políticas deve, conseqüentemente, integrá-las ou, pelo menos, ir nessa direção.

7.2. A MÁSCARA E A PERSONA

Entretanto, nem a representação teatral propriamente dita nem, com mais forte razão, a "representação" política limitam-se à colocação em presença pontual dos atores e do público no interior de espaços dramatúrgicos fechados, especificamente arrumados para que ali se possa interpretar uma intriga ou se representar uma ação definidas. Teatral ou política, a representação prolonga-se sempre para lá dos limites do palco e da sala.

Para começar, consideremos a representação dos comediantes profissionais. Evidentemente, é primeiro através das personagens que encarnam e das máscaras que tomam emprestado em cena, isto é, no próprio exercício de seu ofício de intérpretes recompondo certos papéis precisos extraídos do repertório, que eles adquirem um primeiro grau – elementar, funcional – de visibilidade. Mas a grande arte exige mais que isso. Inclusive após o fim do espetáculo propriamente dito, os verdadeiros comediantes (os comediantes "de coração") continuam, quer o queiram ou não, a estar ainda, e quase em todas as circunstâncias, embora de outra maneira, *em representação*. Todos os tipos de solicitações os impelem a isso, como se, para quem quer conquistar a fama, não fosse possível haver trégua jamais: triunfar num papel na comédia não basta, é preciso ainda trabalhar, na cidade, para se compor uma "personagem". Retirado em seu camarote, tratar-se-á primeiramente, para agradar mais a alguns admiradores privilegiados, de se mostrar um pouco mais de perto, sem maquiagem e como que "sem véus"; mas desde que a mídia o permita, nosso comediante tampouco deverá hesitar em expor a "verdade" de seu "ser" diante dos microfones e das câmeras, isto é, aos olhares de todos. São outras tantas ocasiões bem-vindas para a encenação de sua própria intimidade, como num movimento de oferenda de si à pressuposta curiosidade do público: gesto de abertura ao Outro aparentemente requerido para emergir do lote comum. Do comediante médio, com efeito, nada se sabe, a não ser como ele se comporta em cena. Da vedete, ao contrário, nenhum estado de espírito, nenhuma opinião, nada sobre sua vida em geral deve escapar aos olhares de seus fãs. E claro, o que vale, a esse respeito, para o homem de teatro vale, da mesma maneira, para os destaques das outras profissões do "espetáculo" no amplo sentido (do esporte ao jornalismo televisionado, por exemplo), em que o êxito pessoal se

190 PRESENÇAS DO OUTRO

mede, pelo menos em parte, pelo grau do reconhecimento público que se consegue adquirir. Por que a função política escaparia à regra?

Como diz o dicionário, ser "popular" é ser "conhecido e amado pelo povo, pelo maior número" (*Petit Robert*). "Conhecido", segundo duas acepções complementares, como decorre do que precede. Para ter sucesso, para fazer um "nome", é preciso evidentemente em primeiro lugar chegar ao menos a se fazer conhecer, nem mais nem menos como se dá a conhecer a uma clientela potencial a existência de um novo produto no mercado: é a *notoriedade*. Mas, em seguida, para se tornar realmente o que, com razão ou não, se chama um "grande" ator, um escritor "importante", uma personalidade "que conta", é preciso saber também, e talvez sobretudo, *deixar-se* conhecer, saber abrir-se suficientemente para dar a cada um o sentimento de que ele o "conhece", no sentido em que dizemos conhecer nossos amigos ou próximos e – o que é quase a mesma coisa – que os "amamos" (ou os detestamos), a proximidade no plano cognitivo traduzindo-se então por si mesma num elo (valorizado positiva ou negativamente) no plano afetivo. Mostrar-se aberto a todos, apresentar-se para o maior número possível sem a máscara profissional, deixar-se perceber em sua verdadeira identidade ou pelo menos dar a impressão disso: assim se cultiva, além da notoriedade, uma forma de adesão fundada no sentimento de uma *familiaridade* interindividual, se possível matizada de "simpatia". Por isso, para nós, espectadores, não é de forma alguma necessário que tenhamos algum dia encontrado pessoalmente nenhuma das celebridades do momento para que um número muito grande dentre elas nos apareçam, uma a uma, e cada uma à sua maneira, como quase tão "conhecidas" de nós quanto os mais *íntimos* de nossos "íntimos". Vozes e fisionomias às vezes irritantes por terem se tornado familiares demais, elas estão ali, em volta de nós, perto de nós, diante de nós, entre nós, como tantas presenças ao mesmo tempo inacessíveis e bem próximas que freqüentam cotidianamente o círculo da "família" e que fazem, por assim dizer, parte dele.

O mesmo se dá, de maneira formalmente comparável, no que se refere ao homem político e ao que ele mostra de si mesmo. Ele também, se aspirar a se fazer "amar", precisará, primeiramente, no mínimo, se "fazer conhecer". Ele dispõe para isso de espaços relativamente bem delimitados, de caráter ao mesmo tempo institucional e cênico, dispostos de modo a lhe assegurar o máximo de visibilidade: outrora a praça pública, hoje a tribuna parlamentar, o estúdio de gravação da televisão, o estrado da sala de reunião ou de conferência de imprensa, a mesa de negociação internacional ou, em outros planos, a manifestação a conduzir, o banquete a presidir, o salão a inaugurar etc. É ali que, a exemplo do comediante que todas as noites faz seu ofício representando seu papel em cena, o político faz cotidianamente o seu executando, diante de um determinado público (mas extensível por inter-

REGIMES DE PRESENÇA E FORMAS DE POPULARIDADE   191

médio da mídia), um certo número de performances em grande parte pré-definidas, cada uma dependendo de um gênero específico, com suas regras de ordem cenográfica e retórica bem estabelecidas, mesmo que permaneçam em geral implícitas: a *alocução*, a *entrevista*, o *debate* etc.

Evidentemente, por oposição ao comediante obrigado a recitar um texto estabelecido fora dele e cuja margem de invenção limita-se à maneira de dizê-lo, o homem político, pelo menos à primeira vista, tem toda liberdade para determinar como quiser o teor dos enunciados que profere em público, sejam quais forem, aliás, as convenções estilísticas e processuais da encenação. Entretanto, além de seu repertório de ações programadas, de ritos protocolares e de motivos formalmente estereotipados (a campanha eleitoral, a entrega de condecoração, a recepção dos corpos constituídos), a vida política possui também seu lote de discursos substancialmente pré-construídos. Presa entre as exigências que impõe, no plano do conteúdo, a fidelidade a uma ideologia e, em geral, a um partido, e as facilidades que oferece, no plano da expressão, o recurso a uma língua pré-fabricada justamente para expressar essa fidelidade, o "politiquês", a palavra do homem político não é em média tão menos previsível – ou o que dá no mesmo, tão mais livre – quanto a do comediante interpretando docilmente seu papel. Em política também, há por conseguinte bons e maus atores, capazes de encarnar com mais ou menos talento, cada um em seu "emprego", a figura típica do "político", de *representar o papel* num certo número de circunstâncias convencionadas.

Ao mesmo tempo, no entanto, é claro que saber desempenhar esse papel no que ele tem de mais convencional, saber, por exemplo, realizar com perfeição (de acordo com o figurino) os ritos que devem presidir à inauguração de um monumento ou ao desenrolar de um banquete dominical, tudo isso seria notoriamente insuficiente para ser bem-sucedido em política. Diferentemente do comediante do interior, que enverga seu terno e se coloca na pele de sua personagem apenas enquanto dura a representação ou, *a fortiori*, do garçom de café que se transforma em "garçom de café" para as necessidades e nos limites de seu serviço, um político, seja ele ministro ou deputado, notável local ou presidente, não pode se contentar em assumir em horas fixas a aparência e as maneiras do "responsável político". Pois, se há alguma verdade na idéia muito batida de que esse ofício não é absolutamente como os outros, é antes de tudo na medida em que, por oposição às ocupações profissionais mais comuns, o campo onde ele se exerce não conhece limites certos, nem no tempo nem no espaço. Mesmo a vedete do cinema mais vista, mesmo a estrela mais adulada tem ainda direito a uma pequena parte de "privacidade". Em compensação, ser homem político não é apenas aparecer circunstancialmente nos trajes oficiais da função, é exatamente, como diz a célebre fórmula, "fazer dom de sua pessoa", o tempo todo e em toda parte. Não que entrar na carreira seja necessariamente empenhar-se no exercício de um sacerdócio, mas porque uma pessoa não se torna personagem público tendo a seu cargo a gestão do bem comum sem aceitar de antemão que a menor de suas palavras ou de suas ações e gestos, que para outros dependeriam do domínio extraprofissional ou da vida privada, possam ser consideradas por outrem – pela opinião pública ou por um de seus porta-vozes patenteados – como profissionalmente, isto é, no caso, como *politicamente* significativos.

Dessa situação à primeira vista constrangedora, há na verdade poucos políticos que se queixam. Alguns, certamente, prestam-se a isso visivelmente contra a vontade, tentando bem ou mal manter uma fronteira entre a parte respectiva da personalidade pública e a do "quanto a si mesmo", reservado à pessoa enquanto tal. Mas há também os que, ao contrário, a exageram até o exibicionismo, ou quase, como se o desnudamento de sua individualidade pudesse por si só substituir a mensagem política. Seja como for, aceita de bom ou de mau grado, há ali – hoje ainda mais, sem dúvida, do que no passado – uma dimensão do ofício que ninguém pode impunemente negligenciar: comediante ou homem político, não se alcança o ponto mais alto sem mostrar – sem *deixar conhecer*, ingênua ou cinicamente – pelo menos uma pequena parcela de seu "eu".

Dessas observações gerais, o ponto que vamos isolar para testá-lo no que segue é que todo ator, qualquer que seja o registro, dramatúrgico ou político, no qual ele se produz, pode procurar se tornar visível, reconhecível e "amável" se possível, em todo caso *presente* diante de seu público, mediante a apresentação de si em três planos teoricamente distintos: em primeiro lugar fazendo-se ver *em cena,* no cumprimento de um papel funcional inscrito no interior de uma trama narrativa ou de uma ação institucionalmente circunscrita e previamente programada; em seguida, intervindo no espaço *da sala,* como parceiro de uma interação que tem a vocação para ser vivida em união estreita com a assistência; e finalmente mostrando-se *para a cidade,* como individualidade disposta a revelar diante da mais ampla audiência a "autenticidade" de sua pessoa por trás da máscara da função.

Cada uma dessas variantes posicionais oferecidas no espaço global da representação implica preferencialmente certas estratégias em termos de aquisição e de gestão de um capital de "popularidade" e tende correlativamente a excluir algumas outras. Disso resultam diferentes regimes de visibilidade, de publicidade, e finalmente, sobretudo, de *presença para o outro* – para o público. Vamos examiná-los passando em revista três tipos de figuras que correspondem respectivamente a cada uma das posições indicadas.

7.3. O HOMEM DE AÇÃO

No sistema topológico tripartite que acabamos de descrever, o *forum* (no sentido latino da palavra), a "cena" política – o próprio lugar da ação – constitui o espaço de visibilidade institucionalmente delimitado onde, por definição, o sujeito político, em especial se ele preenche um cargo governamental, aparece no próprio exercício de suas funções. O que se espera, por conseguinte, dele, nesse plano, é que "aja", que ele se apresente como um autêntico *sujeito operador*, capaz de se impor pela eficácia de seu *fazer*, antes, por exemplo, que pela colocação em evidência deste ou daquele traço de personalidade original que o desvelamento de seu "ser" íntimo poderia revelar (dimensão complementar que se tornará, em compensação, essencial num outro plano, como se verá a seguir).

Do ponto de vista ético e estético (pondo de lado, portanto, qualquer psicologia), o efeito de sentido induzido pelo estilo de comportamento do ator político que, por preferência, dever ou calculismo, se restringisse a atuar apenas no âmbito dessa primeira posição se relaciona basicamente ao que se pode chamar o *pudor* que parece inspirá-lo. Enquanto as responsabilidades que lhe cabem o colocam no ponto de convergência de todos os olhares, não lhe parece necessário, nem mesmo decente, atrair a atenção das multidões para os traços específicos que caracterizam a singularidade de seu eu. Sua vida privada, claro, mas também sua vida interior, e em geral tudo o que depende daquilo que em si ele "é", pertence só a ele e, segundo ele mesmo, não interessa – não deve ou não deveria interessar – a ninguém. Por sua conta e risco! Pois, num contexto midiático fundado, ao contrário, numa estética da indiscrição e até numa "estesia" do *contato* direto e da "corrente" que passa, não se deixará de encontrá-lo pelo menos avaro de confidências, guindado, um pouco bem "orgulhoso", a menos – mais grave ainda – que suspeitem que se ele se mostra tão distante, é simplesmente porque ele se sente "mal em sua pele": *Noli me tangere.*

Isso não quer dizer que um ator político que apresenta esse tipo de perfil não possa, se o julgar útil, revelar-se eventualmente tão volúvel quanto um outro. Simplesmente, se ele tende em geral a se mostrar menos discursador que muitos de seus confrades, é que para ele o discurso vale sobretudo enquanto *meio de agir*. Pragmático à sua maneira, ele considera que "dizer é fazer". Ele reservaria certamente de bom grado suas intervenções, orais ou escritas, à execução de um número limitado de atos de linguagem com valor "performativo" ("eu declaro", "eu ordeno" etc.), não fosse pelo fato de, um pouco semioticista à sua moda, estar bem consciente de que não se age, em política ainda menos que em outros lugares, sem *fazer agir*. Puramente performativo, seu discurso seria apenas autoritário, mas ele sabe

194 PRESENÇAS DO OUTRO

também mostrar-se persuasivo quando necessário – não tanto para fazer *crer* quanto para fazer *fazer*.

Assim, ele se dirige de preferência aos outros atores colocados no palco, isto é, a seus parceiros ou a adversários que intervêm no mesmo nível na ação, mais do que diretamente ao público. Sua estratégia é, com efeito, mais obter o concurso de um número restrito, mas suficiente de pessoas influentes – aquelas de que depende a realização dos objetivos que ele visa –, que fazer aderir uma massa indiferenciada de testemunhos (a "sala") a seu sistema de valores, ainda menos a sua pessoa. Se por isso é preciso que ele saiba convencer seus interlocutores, em compensação, não é absolutamente necessário, a seu ver, procurar seduzir quem quer que seja. Comprometido, com todo o rigor de sua fé na Razão (único fundamento de sua ética política), na realização do programa que ele associa a seu cargo, um responsável dessa têmpera é feito para decidir, ordenar, prever, recomendar, incitar, nomear, dispor, mas ele deixará a outros, sem arrependimento, o cuidado de glosar sobre as motivações de suas escolhas. E se, de tempos em tempos, consentir em se explicar diante do público, seu propósito conservará então um caráter bem impessoal, um pouquinho professoral, pois trata-se, para ele, apenas de permitir que se julgue sua ação sob plena luz. Cabe a outros a obsessão de agradar e as concessões – os trejeitos! – que isso implica. Homem pudico se se quiser, mas cuja aparente reserva, dirão os sondadores de almas, talvez não passe, no fundo, da tradução de um orgulho desmedido...

A escolha de tal estilo minimalista na encenação pública de si mesmo remete, sem dúvida, a uma visão muito objetivante da política. Se é preciso, a título ilustrativo, indicar aqui os nomes de alguns atores célebres, digamos que a França, de Jules Ferry a Pierre Mendès-France (e àqueles que em seguida se inspiraram em seu exemplo), honrosamente produziu seu lote de grandes mestres da performatividade e de estetas da distância em política. Tudo, em torno do homem de Estado assim caracterizado, deve se desenrolar sob o signo da transparência e da racionalidade. A conduta dos negócios, como ele a apresenta, desenvolve-se num espaço público um pouco etéreo em que os atores, desprovidos de estados de alma e sem mais complacência em relação a si mesmos que em relação a outrem, agem na base de considerações de ordem técnica, explícitas ou explicitáveis, diante de um auditório que, por sua vez, é supostamente capaz de ver, de analisar e compreender, e, se preciso, de criticar com relevância. Se o "contato" não é necessário, é que a *comunicação* deve passar, supostamente, sem o menor ruído que possa parasitá-la e torná-la opaca. E isso tanto melhor quanto a separação que se encontra mantida deliberadamente, nessa configuração, entre a zona circunscrita onde se concentra a ação, e o espaço social que a engloba permite ao auditório, por construção localizado a boa distância do palco, tomar uma visão de conjunto so-

REGIMES DE PRESENÇA E FORMAS DE POPULARIDADE 195

bre o que ali se desenrola, e portanto medir, com pleno conhecimento de causa, a parte de iniciativa que cabe a cada um dos protagonistas.

Isso significa que à vocação estritamente operatória da competência do homem de ação deve corresponder, do lado do público, uma competência judicatória simétrica, de caráter não menos objetivo, que exclui em princípio as apreciações puramente reativas que recairiam no caráter da pessoa dos dirigentes ou na imagem que se faz deles: uma competência racional feita, em compensação, para se exprimir sob forma de avaliações especializadas relativas à qualidade do fazer dos dirigentes ou de julgamentos ponderados destinados a sancionar os resultados de sua ação. A questão pertinente a se fazer diante desse tipo de figuras políticas não seria, portanto, nem "Você gosta de X?" nem "Você se sente próximo dele?", nem mesmo "Você tem confiança nele?", mas simplesmente: "Você está satisfeito com sua ação (ou com suas proposições) em tal domínio?"

Ora, é exatamente em torno dessa última formulação (ou de suas variantes possíveis) que se articula a problemática das pesquisas estatísticas relativas à popularidade política. Isso significa que há, portanto, uma adequação profunda, estrutural, entre esse tipo de investigações e o regime de presença política ilustrado e defendido pelo "homem de ação". Como veremos, não acontecerá necessariamente o mesmo nos outros casos que vamos examinar em seguida. Mas, pelo menos no caso presente, observa-se um estrito paralelismo entre a racionalidade pragmática que inspira o estilo político de um tipo de governantes desejosos de se objetivarem num agir fundamentado puramente na razão (ou que escolhem estrategicamente mostrar-se como tais), e a filosofia utilitarista implícita em nome da qual os pesquisadores convidam os governados a objetivarem, por sua vez, sua relação com o político pela expressão pontual de seu grau de satisfação diante da ação diretamente observável dos detentores de poderes de decisão.

Entretanto, não é óbvio que o que se mede então mereça verdadeiramente o nome de *popularidade*, pelo menos enquanto se ativer à acepção corrente do termo, aquela que registra o dicionário citado mais acima. De tanto se mostrar competente e eficaz (e ademais, moralmente irrepreensível), aquele para quem a política se resume assim à eficácia prática de um fazer guiado apenas pela razão pode, certamente, ganhar a *estima*, a *consideração*, talvez, o *respeito*, em última instância até a *admiração* de alguns, ou de muitos – ou, ao contrário, tornar-se francamente impopular à força de "ter razão" e de impor em tudo, por seu rigor, níveis de exigência intelectual, ética e até prática, que ultrapassam os comumente admitidos. Visto que todos esses sentimentos supõem uma grande distância, quase uma hierarquia, entre os que os experimentam e aquele que é objeto deles (como, aliás, o quer a estrita demarcação colocada entre o palco e a sala, no caso de figura), seria totalmente ilusório por parte de um homem público que

196 PRESENÇAS DO OUTRO

se ativesse a um modo de presença tão desencarnado esperar tornar-se com isso uma figura "conhecida" e "amada" pelo povo.

Na realidade, mesmo supondo que a maioria dos cidadãos diretamente interessados, ou devidamente esclarecidos, aprovassem sua ação, disso não resultaria o estabelecimento de um elo qualquer de caráter intersubjetivo entre o homem que a conduz dessa maneira e os membros da coletividade diante da qual ele preenche, assim, nem mais nem menos, sua "função".

7.4. O HERÓI MEDIADOR

A orquestração da vida pública muda inteiramente, contanto que, em vez de se concentrar na ação na qual ele participa em cena, o ator (político), voltando sua atenção para a sala, consiga *dar corpo* à relação de interação que virtualmente o liga a seu público. Enquanto até aqui a ação política, reduzida à conduta racional dos negócios, aparecia como dependente puramente da ordem do inteligível, uma nova dimensão, da ordem do *sensível*, vai a partir desse momento poder se manifestar: a de um *ato político* vivido coletivamente no modo passional, algumas vezes de maneira pontual, por vezes num período mais prolongado, à maneira de uma verdadeira gesta política.

Nesse caso, porém, não é mais ao mesmo público que nos referimos. Pois ao mesmo tempo que muda o estilo do jogo adotado em cena, a assistência também tende a mudar de estatuto. Para acompanhar as evoluções do político "performático", puro homem de ação e de razão, só havia na sala uma simples coleção de indivíduos intercambiáveis que constituíam um auditório de algum modo ainda abstrato: a impessoalidade da ação levada em cena, a universalidade da racionalidade que se supunha subtender o agir dos protagonistas e, se assim se pode dizer, a imaterialidade do público enquanto coletividade andavam então lado a lado. O espetáculo, no fundo, dirigia-se menos a um grupo de destinatários determinados que, efetivamente reunidos, teriam formado uma multidão presente em carne e osso, massificada diante do palco, que a uma coletividade evanescente, puramente virtual, "ideal", composta de indivíduos quaisquer, potencialmente muito numerosos, sem nenhuma dúvida, mas que tomados isoladamente um a um representavam apenas outros tantos exemplares de um tipo de *homo politicus* de caráter transcendental, para não dizer fictício.

Ao contrário, é agora uma verdadeira *unidade orgânica*, que vale mais que a soma de suas partes, que poderá constituir-se no momento em que entra em cena um tipo de atores totalmente diferente – digamos, do tipo "gaulliano" ou "churchilliano", para sublinhar de uma vez a mudança de tonalidade relativamente ao que precede. Agora, o sentido da história não se construirá mais por meio da manutenção de uma distância necessária entre atores e espectadores (entre objeto de conhecimento e sujeito que conhece). Ao contrário, o lugar de emergência do político como fazendo sentido identificar-se-á doravante com o próprio espaço de uma *presentificação* imediata da sala e do palco; e no interior desse espaço comum, a coincidência exata entre o tempo vivido dos "atores" e dos "espectadores" tenderá a neutralizar o intervalo que os separa, a reunir e a confundir na própria realização do ato que se representa aqueles que "fazem" a política e os que "assistem" a ela.

Certamente, não mais que os políticos do alto de suas tribunas, nem todos os comediantes têm, nem em todas as noites, em cena, o mesmo grau de "presença". É, no entanto, dessa qualidade difícil de definir que depende o milagre das "boas salas", aquelas nas quais o público "adere", aquelas em que se sente que não há simplesmente nos bancos um número determinado de indivíduos justapostos, mas, da platéia aos balcões, uma única massa humana compacta respirando no mesmo ritmo e pronta a reagir num só bloco. Numa outra escala, em circunstâncias históricas excepcionais e diante de certas personalidades políticas de grande envergadura é, ao que parece, em condições análogas que às vezes a assistência "embarca", que o público – o "povo" – de súbito se constitui, por assim dizer, num só e único *corpo*. Em termos semióticos, dir-se-á, então, que a assistência adquire o estatuto de um autêntico *sujeito coletivo*, entidade a conceber se não como uma unidade homogênea em todos os pontos, pelo menos como um todo que manifesta enquanto tal uma identidade própria, que transcende as individualidades de que se compõe. Sem dúvida, basta em princípio um conjunto de interesses convergentes, de valores e de referências implicitamente partilhadas para que tal comunidade exista em estado virtual; mas para que ela se atualize, para que o corpo político se reconheça dessa maneira quase fusional, é preciso que ele encontre efetivamente a ocasião concreta de se apreender reflexivamente como totalidade singular, integral (e não mais partitiva), unida na experiência emocional de uma presença imediata para si mesma.

É a esse tipo de experiência coletiva e "patêmica" que alguns grandes atores políticos sabem servir como catalisadores. Diante deles, o público se transforma verdadeiramente num *ser vivente* que se descobre (ou se redescobre, após períodos de latência feitos de atonia ou de "morosidade"), habitado por crenças e gostos comuns, carregado de memória, e suscetível de atrações assim como de repulsões coletivas imediatas. Em resumo, é então um Nós-sujeito, um e sensível, que se revela a si mesmo e que, de corpo e alma, espera a afirmação de uma presença efetiva – quase sensorialmente palpável – por parte das individualidades que pretendem "representá"-lo e dirigi-lo. Ser de carne e de paixão tanto quanto de razão, o actante coletivo, o público – o povo – aparece em semelhante caso como outra coisa, como mais que o "maior número", como diz um pouco abstratamente o dicionário. E é

PRESENÇAS DO OUTRO

a ele, apenas a ele, com todas as determinações concretas que contribuem para moldar em sua singularidade o que se chama sua "alma" (um passado, uma paisagem, um universo figurativo comuns), que cabe consagrar tal figura pública, e não outra, como verdadeiramente "popular".

Agora, para quem aspira a tal promoção, há pelo menos duas maneiras possíveis de tentar produzir esse *efeito de presença* que é sua condição necessária, embora nem sempre suficiente. Uma depende de uma concepção radicalmente profana, até mesmo cínica da política: voltaremos a isso no final. A outra inscreve-se, ao contrário, na perspectiva de uma *mística* do político. A aparição, nesse estágio, da dimensão religiosa deve-se ao fato que, na configuração que estamos definindo, a presença do dirigente tende efetivamente a se afirmar num modo próximo do sagrado. Além do mais, antes que de dirigentes, de líderes ou de responsáveis, seria mais justo falar no caso de *herói*, no sentido em que os gregos *acreditavam* nos deles. De fato, a idéia de culto – de um culto no qual o ator político serviria, antes de mais nada, como um oficiante, com o risco de ele mesmo tornar-se seu objeto, mas por assim dizer acessoriamente, e como por desvio – vem aqui inevitavelmente ao espírito: ver-se-á imediatamente por que procedendo por comparação.

No primeiro caso de figura analisado, a pessoa do dirigente apagava-se quase completamente por trás da objetividade de sua ação; ao contrário, é ela, ela exclusivamente, que será colocada como vedete na configuração que examinaremos daqui a pouco, para terminar. No momento, em compensação, encontramo-nos diante de uma situação intermediária entre esses dois extremos. Ainda que tenhamos acabado de falar de herói e que aquele que desempenha esse papel se coloque seguramente bem mais à vista que o sujeito operador reconhecido precedentemente, não é ainda, apesar de tudo, sua própria *pessoa* que está essencialmente em jogo. Tentemos, para definir melhor esse ponto, ampliar um instante o horizonte de nossas referências e pensar numa sociedade que estaria perfeitamente de acordo consigo mesma, como aquelas de que os antropólogos nos fornecem exemplos vindos de longe, mas não menos reais, sem dúvida.

Naquele caso, a popularidade, ou pelo menos o que poderia substituí-la, isto é, a capacidade do chefe – do herói-soberano – de cristalizar ao seu redor a existência de todo o grupo como unidade orgânica, não poderia aparentemente resultar de nada além de uma perfeita coalescência entre, de um lado, as características manifestas, ocorrenciais e como que acidentais, de sua *pessoa* e, de outro lado, a concepção apriorística, imanente e impessoal que o grupo se faz da *função* com que investe um dos seus, reconhecendo-o como seu chefe. De um lado, para que essa função, na espécie da ordem do poder, se exerça, é preciso que ela se encarne num certo indivíduo, num sujeito determinado, que lhe dará inevitavelmente sua marca pessoal – mais ou menos como, num outro contexto, se pode ver uma outra transcendência, de ordem divina, encarnar-se *num homem* que, em troca, pela própria forma de sua "humanidade", modela nossa representação do Deus do qual ele é supostamente o Filho. Mas ao mesmo tempo, de outro lado, uma vez instituído, e embora ele mesmo não seja no fundo senão "um homem", trivialmente reconhecível, entre outros, por sua fisionomia, por sua linguagem, por uma maneira de ser que por definição pertence "apenas a ele", o sujeito de poder, enquanto encarnação de uma realidade que o transcende – ou, o que dá no mesmo, enquanto instância convocada pelo grupo para atualizar e, literalmente, dar corpo à imagem que ele se dá de sua própria identidade –, esse sujeito, ao mesmo tempo pessoa singular e símbolo impessoal, não pode deixar de aparecer de uma vez como outra coisa e mais que uma simples individualidade particular. Em sua singularidade, ele figura paradoxalmente a *totalidade*, a tal ponto que seu próprio corpo, por mais individual que seja por definição, torna-se o bem de todos e encontra-se santificado; e que seu nome (aí também, o que pode haver de mais "pessoal") se torna, em última instância, o da comunidade dos adeptos em seu conjunto.

Do mesmo modo, embora mais prosaicamente, em nossas sociedades dessacralizadas, pode acontecer algumas vezes que o que a nação espera de seus dirigentes – de seus "representantes" – não seja sempre um nível de competência excepcional, posta a serviço de uma ação, nem tampouco um carisma individual, especialmente marcado. Supondo que ainda seja preciso que a coletividade "ame" um certo número de personagens públicos, é bem possível que, algumas vezes, sua preferência recaia primeiro naqueles que, a seus olhos, manifestam simplesmente a maior aptidão para figurativizar, por seu estilo de comportamento, seu discurso, e, sem dúvida, até por seu corpo (graças a uma atitude, a uma postura, a uma "hexis" determinadas) uma certa *maneira de estar junto* enquanto corpo social. Teriam então especialmente vocação para se tornar "populares" as personalidades que, sabendo cultivar a conformidade de seu parecer relativamente a certas disposições estético-éticas coletivas difusas (mas todas prontas a se transformar em expectativas perfeitamente articuladas, uma vez colocadas em presença de formas precisas nas quais possam se investir), prestam-se da melhor forma possível a encarnar a visão que a coletividade se faz globalmente de si mesma enquanto comunidade, ao mesmo tempo inscrita no mundo presente e herdeira de uma história que ela assume.

Vale dizer que, nessas condições, o *heroísmo,* entendido como grandeza de alma em estado puro, nem sempre nem necessariamente será a qualidade primordial do "herói" no sentido em que o entendemos aqui. Figura guerreira ou pacífica, exemplo da coragem ou mode-

PRESENÇAS DO OUTRO

lo da astúcia, da sabedoria ou da piedade, herói virtuoso ou maligno –
e freqüentemente de fato ambos esses dois complementares juntos –, é
a cada cultura em particular que cabe forjar a imagem complexa desses tipos de semideuses na Terra em que cada uma crê se reconhecer e
gosta de celebrar suas próprias virtudes. Simples sobrevivência do
passado ou produto de um imaginário coletivo sempre vivo, a *rainha
da Inglaterra* – ou, antes, o simulacro que é constituído em torno de
sua pessoa e da família real – faz talvez, ainda hoje, exemplarmente
parte desse tipo de figuras emblemáticas às quais um povo não pede
quase nada além de se prestar ao cumprimento desse tipo de liturgia.
Mas o que se espera exatamente a mais, na República, de um bom, de
um *grande* presidente?

Basta que governantes e governados comuniquem juntamente sobre o modo de encantação, que a nação reunida em volta de seu chefe
comungue na expressão de uma "certa idéia" de si mesma, isto é, no
culto de um corpo de crenças e de sentimentos partilhados que se tra-
taria de celebrar ritualmente? Ou será também preciso que o herói saiba traduzir tudo isso sob a forma de orientações e de decisões precisas,
em outros termos, numa *ação* política? Na verdade, em vez de opor
essas duas dimensões – uma reflexiva e estática, a outra orientada para
um agir, portanto transitiva e dinâmica – como se elas se excluíssem
mutuamente, será preferível considerá-las como as duas facetas complementares da figura genérica que aqui tentamos definir. Os exemplos
históricos o demonstram, com efeito, uma sociedade jamais encontra
em quem se *reconhecer* melhor do que nos períodos de crise, isto é,
quando a conjuntura, pondo à prova as capacidades de seus dirigentes,
revela um dentre eles como a encarnação da totalidade *em ação*; a tal
ponto que, uma vez passada a tempestade – uma vez tendo a História
retornado à calmaria –, aquele que acaba de fazer figura de último
recurso (de "salvador") cairá, com muita freqüência, por ocasião do
primeiro escrutínio. O herói, para impor-se como tal, deve por conseguinte beneficiar-se de uma conjuntura que lhe permita figurar ao
mesmo tempo tanto o "ser" como o "fazer" da coletividade – sua *identidade* para si mesma e seu *devir* –, ou melhor, um através do outro,
com a possibilidade de que as duas funções sejam ora distribuídas em
duas figuras distintas (a soberana, que reina – que "representa" –, e um
primeiro-ministro que "governa"), ora cumuladas num único ator capaz de dizer o *estar junto* através do discurso de uma *ação comum*.

Nessas condições, e contrariamente ao caso de figura anterior, em
que a ação se justificava inteiramente em termos de eficácia prática
no quadro de uma concepção quase caricaturalmente racionalista, compreende-se que aqui o exercício do poder valerá primeiro pela carga
simbólica e emocional que ele comporta. Eis por que a "representação" política não poderia nesse caso aparecer como encenada à distância, num terreno reservado a alguns especialistas considerados

como os únicos competentes; ela se torna, ao contrário, uma preocupação comum a todos, no sentido em que cada um doravante participa simbolicamente, por projeção, e lado a lado com os outros espectadores, naquilo que se realiza no palco. Em vez de uma assistência que se contentava em olhar seus dirigentes agirem (nem que fosse apenas para criticá-los), temos aqui um povo que, formando um único ser com seu chefe, vive através dele seu próprio destino.

Aquele ao qual damos o apelativo de "herói" aparece assim, em definitivo, como exercendo a função de um *mediador*: longe de monopolizar por conta própria ou em seu proveito exclusivo a atenção geral (como fará daqui a pouco a "vedete"), ele a mobiliza para remetê-la imediatamente a um outro plano, que engloba e ultrapassa sua pessoa: aquele de uma aventura política que é também a do próprio corpo social. Ele mediatiza, dessa maneira, a relação de seu povo com o político enquanto nível de realidade que oferece um sentido: ao mesmo tempo cognitivamente – a História "quer dizer" alguma coisa –, e afetivamente: é a todos nós, juntos, que ela conduz rumo a um determinado fim. A confiança depositada na palavra e na pessoa do mediador decorre disso, para o presente como para o futuro: nesse sentido, há quase sempre também, em profundidade, alguma coisa do *profeta,* e até, se as circunstâncias históricas forem favoráveis, do *revolucionário* na figura do herói.

Nada de tudo isso nos parece dessa vez incompatível com a acepção da palavra popularidade que tomamos como referência: o fato de ser conhecido e amado pelo povo. Todavia, se esta é, sem dúvida, a mais banal das definições que se apresentam, é paradoxalmente, ao mesmo tempo, a mais exigente: em relação aos atores da política primeiramente, em razão da estatura e do saber-fazer que ela pressupõe por parte deles; mas também, e provavelmente mais ainda em relação ao público ou, mais globalmente até, à sociedade política em seu conjunto. Pois essa acepção só pode remeter a um modo de relação efetivamente vivido entre governantes e governados em situações históricas nas quais a existência de um *crer coletivo* possibilita a adesão do corpo político (ou, pelo menos, de grupos importantes em seu seio) ao tipo de grandes figuras heróicas que evocamos.

Diante de um público que teria perdido a memória de seu passado, que não se experimentaria mais a si mesmo como unidade e que teria renunciado a construir um destino, as mesmas figuras perderiam toda consistência e toda credibilidade, ou simplesmente cairiam na indiferença, quando não no ridículo. Compreende-se assim que tais exemplos de grande estilo se tornem hoje cada vez mais raros, pois não é nas épocas de desencanto e de confusão que se pode esperar vê-los florescer.

7.5. A VEDETE E O BUFÃO

Mas então, a quem "amar" quando não existe mais nada em que acreditar? Duas categorias de profissionais da sedução parecem se encarregar de responder por nós.

Trata-se primeiramente da corporação dos *cosmeticistas* da política. Especialistas da encenação das pessoas como do condicionamento das mercadorias e dos serviços, *experts* na arte de promover uma celebridade, assim como de lançar uma marca ou uma moda, eles assumem a tarefa de recolocar a política "no gosto do dia", reensinando os homens políticos a "comunicar". Posto que o espetáculo político, representado segundo as formas clássicas, não consegue mais reter a atenção do público, é preciso com efeito inventar um novo regime de relações entre atores e espectadores: coisa de estilo e de linguagem, sem dúvida, mas também mais que isso. Pois, para instaurar uma comunicação mais "direta", mais "viva", mais "verdadeira", o que é preciso reordenar é o próprio contexto no interior do qual se enuncia a palavra política, ou pelo menos aquela suscetível·de ser reconhecida como tal num determinado momento histórico. É o que se vê hoje, quando, para que os atores políticos não possam mais, como usualmente lhes é censurado, ocultar-se atrás de suas máscaras, congelando-se em papéis convencionais, a solução proposta consiste em privilegiar um novo espaço de visibilidade abrindo, ao lado da cena institucional, uma outra cena, mais "íntima", menos "formal". Forçados, nesse novo terreno, a se revelarem enfim tais como em si mesmos em sua "autenticidade", tornando-se "comunicadores" – e os "melhores" dentre eles, *vedetes* reconhecidas – os políticos saberão logo tornar-se pessoalmente presentes a cada um de seus destinatários, deixando de estar somente "em representação" diante de um auditório anônimo. Eis, pelo menos, o que nos anunciam os profissionais do marketing político.

Quanto à outra categoria de sedutores profissionais, mais reduzida e à primeira vista mais marginal, trata-se dos *cínicos* propriamente ditos. Tirando partido deliberadamente da indiferença, da rejeição, quando não da repugnância que o funcionamento tradicional do sistema representativo supostamente provoca, doravante, numa fração crescente do público, é a essa classe de decepcionados que eles se dirigem. E para fazê-lo, instalam-se taticamente no único papel que resta: aquele de *bufões* da política – sem nem por isso, evidentemente, renunciar a tirar disso, politicamente apesar de tudo (e esse será o paradoxo), certos lucros. Seremos assim levados a encarar dessa vez, contrariamente aos casos precedentes, não uma, mas duas figuras distintas, com o risco, olhando um pouco mais de perto, de ter logo de reconhecer que na realidade vedetes e bufões reúnem-se numa só e única figura.

REGIMES DE PRESENÇA E FORMAS DE POPULARIDADE   203

No mundo do espetáculo, uma estrela deve tudo a seu empresário. Em política, uma vedete é o produto – problemático – do *marketing*. Em oposição ao herói que acabamos de deixar, que *significava* alguma coisa em razão das relações que mantinha com uma História (ela mesma fixada e recitada a título de referência comum a todos), e cuja popularidade baseava-se na permanência dos valores, a vedete, na ausência de qualquer valor seguro, nada significa – nada a não ser ela mesma, aqui e agora. Ela se coloca na frente, mostra tudo de sua pessoa, brilha de frente e de perfil: ela *agrada*, pelo que ela é, ou mais exatamente, por aquilo que parece ser, e que pode seduzir por um momento. Como todos os fenômenos da moda, seu êxito depende em seu princípio de uma estética, mas no sentido mais trivial do termo: de uma sócio-estética do *gosto*; nessa mesma medida, seu favor será necessariamente local – ligado à distribuição social dos gostos – e por construção efêmero, pois, por natureza, os gostos evoluem. Ao contrário ainda do herói, que tinha vocação para a eternidade e cuja efígie só podia se romper de um golpe, sob o efeito de uma brusca crise de confiança capaz de afetar em profundidade o credo da coletividade, a vedete, cuja existência pressupõe um regime de renovação constante das formas na moda, nasce de repente, por assim dizer, do nada, mas morre gradualmente, por *desgaste,* sob o efeito do cansaço que sua singularidade rapidamente engendra. Uma vez passado o período de paixonite que suscita a aparente novidade de sua personalidade, de sua linguagem ou até de suas idéias, ela cairá pura e simplesmente no *esquecimento*, enquanto a sociedade que muda de herói deverá provavelmente renegar, pelo menos por um tempo, aquele que ela faz morrer, mas que nem por isso deixará de freqüentar sua memória.

Pode-se, contudo, considerar como politicamente muito significativo o tipo de figura cuja silhueta aqui esboçamos? Seguramente, as pessoas do marketing e da publicidade têm pelo menos um resultado global em seu ativo: o de terem conseguido "vedetizar" a maior parte do pessoal político impondo em toda parte, nas ondas e nas telas, um estilo de comunicação e de apresentação de si que, cada vez mais bem dominado, permite doravante ao menor dos responsáveis pela coisa pública se exprimir quase em uníssono com as estrelas da canção: regime do sorriso e da confidência generalizada, retórica do "falar a verdade", confusão dos limiares de transição entre as zonas respectivas da vida privada e do ofício, conformidade com os cânones do momento em matéria de elegância e de postura corporal etc. A tal ponto que, nos casos extremos, a formatação (ou a reparação) de um perfil político poderia até, ao que parece, passar pelos cuidados da cirurgia estética. Ora, apesar de tudo isso, fato bastante curioso, enquanto, mais acima – do performático "rocardiano" ao mediador "gaulliano" –, era fácil apor nomes às figuras genéricas que propúnhamos, teríamos dificuldade para fazer o mesmo no caso presente.

204   PRESENÇAS DO OUTRO

Não por falta de exemplos, mas porque eles seriam, ao contrário, demasiado numerosos: não se pode citar todo mundo. E, contudo, mesmo que todo mundo, em política, tenha doravante, em graus certamente variados, seu lado *star*, não se vê ninguém que encarne a *vedete* propriamente dita: o tipo serve uniformemente de referência, mas em parte alguma está atualizado em estado puro.

Em compensação, o que, na mesma ordem de idéias, se deixa imediatamente captar, são os contra-exemplos: os que nos fornecem um pequeno número de personagens empenhadas em cultivar com o maior cuidado não sua conformidade, mas justamente sua *excentricidade* em relação às características da vedete política típica. São o que se poderia chamar os *antistars*, ou melhor, os *clowns* – os bufões – da arena política. Como uma discussão séria sobre as formas da popularidade poderia hoje ignorá-los? Embora tenhamos constantemente evitado personalizar demais nossas categorias, avancemos aqui um ou dois nomes: Jean-Marie Le Pen, Coluche. Mesmo que, em diversos aspectos, se possa considerar que os perfis respectivos desses dois homens opõem-se como a noite e o dia (como a França da recusa àquela da utopia, para resumir), cenograficamente falando, nem por isso deixam ambos de pertencer à mesma classe de atores, a dos bufões. Inúmeros traços comuns merecem destaque. À parte o fato de que sua ascensão à celebridade efetuou-se, nos dois casos, sem nada dever às agências de marketing, é adotando posições e estratégias similares em relação ao espaço e às convenções da representação política que ambos, descobertos quase simultaneamente pelo grande público em meados dos anos 1980 (enquanto que a temática da política-espetáculo conhecia sua maior voga), conseguiram se impor, pelo menos como desmancha-prazeres, seja no interior da esfera política propriamente dita, seja na periferia imediata – cada qual usando, é verdade, um registro um pouco diferente: um de preferência melodramático, ou outro (tragi)cômico.

Trocadilhos pífios, vulgaridade deliberada na expressão e na atitude, crueza ou até inconveniência do propósito (até o limite do permitido e, algumas vezes, além dele), ambos só reconhecem a etiqueta do meio político, e de forma mais geral, as convenções do debate público, na intenção calculada de violá-las. Se com isso se tratasse apenas de atrair a atenção das pessoas honestas sobre sua pessoa, só estaríamos no fundo lidando com duas "vedetes" quase como as outras, perseguindo os mesmos objetivos de sedução por outros meios, seguramente menos refinados e, entretanto, não menos eficazes, subentendendo-se que há também um fascínio pelo baixo, pelo feio, pelo inconveniente. Mas há mais. Pois se a maneira como eles exploram essa veia para se singularizar os coloca decididamente à parte, é que aí existe algo mais que uma simples divergência de estilo. De que estratégia se trata então especificamente, em que contexto ela adquire seu sentido, e quais são finalmente as apostas dela?

REGIMES DE PRESENÇA E FORMAS DE POPULARIDADE

É aproximadamente no início dos anos 1980 que os políticos "responsáveis", preocupados em ver sua função de tal modo desacreditada, da esquerda à direita se puseram implicitamente de acordo sobre a necessidade de fazer urgentemente tudo o que era possível para reabilitar aos olhos do público "a política" enquanto tal; e cada um começou, por isso, a tentar, à força de eufemismos, sorrisos e ares descontraídos, de dar pelo menos uma visão mais "civil", tranqüila e de bom-tom, quase agradável da política, esperando ao mesmo tempo tornar-se assim, individualmente, mais "amáveis". Ora, é precisamente nesse momento que nossos dois bufões, tomando disso tudo o exato contrapé, começaram por sua vez a escurecer o quadro a seu bel-prazer. Ridicularizando os colegas da maneira mais desleal ou pondo em causa a própria honorabilidade da profissão, eles se especializaram em distinguir-se em tudo da "pior" maneira: pela impertinência e pela grosseria. O "falar verdadeiro" bem temperado da vedete transforma-se em sua boca numa liberdade de expressão que não reconhece limite algum. A suas provocações misturam-se ao mesmo tempo uma parte de humor suficiente para deixar entender que, por trás das pretensões à seriedade do "sistema" que eles tomam como alvo, existe tão-somente falta de sentido, e uma forte dose de ironia: se as boas maneiras da classe política são apenas uma máscara enganosa, então é preciso ser mal-educado para devolver ao jogo político um mínimo de *autenticidade*. Daí o privilégio concedido ao somático, como modo de expressão "natural", não falsificado, por oposição aos artifícios da linguagem. O bufão não se limita, com efeito, a desmistificar dia a dia certos aspectos da atualidade política por propósitos (e, de preferência, brincadeiras) que revelam supostamente o absurdo, a insignificância ou as imposturas dela; ele tem sobretudo o gênio, por assim dizer físico, de rebaixar o jogo político em seu conjunto, representando-o de novo à sua maneira, ao mesmo tempo esteticamente (segundo uma estética do mau gosto, evidentemente) e no plano da estesia, traduzindo e, se possível, tornando contagiosa a própria repugnância pela adoção sistemática de uma hexis corporal voluntariamente chocante.

É aparentemente a essa combinação de elementos que ele deve seu poder de sedução, seu "carisma" diante dos descontentes ou dos excluídos da política: um carisma eminentemente paradoxal, pois repousa na aquisição de um crédito político pessoal (ou, ao menos, de uma aura tão semelhante a ele que poderia levar ao erro) extraído precisamente da obstinação em lançar o descrédito sobre "a política" em seu conjunto – sobre seu pessoal, seus costumes, seu discurso e tudo o mais. Certamente, não cabe a nós calcular na forma de porcentagens a que ponto tal tipo de personalidade é ou jamais foi realmente "amado pelo povo". Que o caso possa se apresentar, ainda que marginalmente (ou episodicamente), basta, contudo, para atestar que há também uma forma de popularidade própria ao *irresponsável* político. Como a do demagogo, com a qual ela se confunde, ela se apóia, com toda indiscrição e algumas vezes até a obscenidade, numa estratégia da autenticidade, por oposição à pretensa facticidade daquilo que se chamará então o universo da "política politiqueira".

Mas desse ponto de vista, a distância não é muito grande entre as caretas do bufão e o sorriso imutável da vedete. Mesmo que, para se tornar interessante, esta evite recorrer ao mesmo tipo de provocações que aquele, ela também pretende instaurar, entre cidadãos e dirigentes, uma relação direta, "de homem para homem", para lá da tela das convenções da representação. Ela também quer se tornar imediatamente presente para cada um dentre nós, fora de contexto, como se se pudesse fazer abstração da história, do peso das instituições, das relações entre forças antagônicas, das regras do jogo, em suma, do político enquanto nível de realidade imanente e em si mesmo inteligível. O bufão apenas vai um pouco mais longe colocando explicitamente em dúvida, no modo da irrisão, a própria possibilidade de reconhecer um sentido qualquer ao funcionamento dessa realidade, ou (na terminologia dele) desse "sistema". Se ele representa assim a forma limite, no estilo de Ubu, do vedetariado em política, corolariamente é claro que, em contrapartida, a vedete aí encarna por sua vez a forma minimal da bufoneria. Em outros termos, entre essas duas figuras não há uma diferença de natureza, mas de grau; exageros a menos, uma representa já, estruturalmente, o mesmo jogo populista que a outra leva até a caricatura – ainda que, na prática nem sempre seja fácil reconhecer qual das duas imita a outra, fazendo de conta ao mesmo tempo, superficialmente, ter como única preocupação distinguir-se dela.

Em definitivo, se uma parte do público se deixa encantar pelo tom de boa companhia que a vedete se esforça por introduzir na gestão dos negócios, e se uma outra (ou a mesma?) se deixa seduzir pela excentricidade corrosiva do bufão, restaria saber exatamente o que se exprime através dos aplausos distintos, mas no fundo concordantes que se ouvem à sua passagem. Trata-se verdadeiramente de uma adesão positiva a suas pessoas e ao que elas propõem? Ou será mais justo ver em sua relativa popularidade apenas a tradução de uma repulsa difusa no público, habilmente explorada e que talvez não tenha outro meio de se exprimir, diante de certa visão convencional do político, aquela precisamente que vedetes e bufões se esforçam por manter enquanto a esvaziam de seu sentido a fim de fazer entender melhor, por contraste, o que poderia ser uma prática política pretensamente diferente, "honesta", "verdadeira", livre dos constrangimentos herdados da tradição, liberta das complacências corporativistas, sem compromisso nem formalismo supérfluo? Seja como for, suscitando assim, segundo vias paralelas e complementares (de mansinho, no caso das vedetes, ou com grande alarde, no caso dos bufões), o sonho de outra forma de vida política que não seria mais representação "trucada" mas relção direta entre os cidadãos e seus representantes "autênticos", a única coisa que se faz, na melhor das hipóteses, é substituir uma convenção cenográfica por outra. A principal, se não a única diferença estrutural entre as duas, é que se a primeira se mostrava explicitamente como representação, a segunda, por sua vez, procura enganosamente negar-se como tal. O que, no primeiro grau, era tão-somente convenção transforma-se, então, no segundo, em ilusão. E, ao mesmo tempo, as condições dessa vez encontram-se reunidas para que a política se torne verdadeiramente "política-espetáculo", puro simulacro destacado do exercício efetivo do poder – de um poder que, seguramente, nem por isso deixa de se exercer, mas alhures.

Assim, das três grandes configurações que nos pareceram teoricamente possíveis, enquanto que a segunda, centrada na figura do herói mediador, colocava exigências às quais aparentemente não pode mais responder o estado moral da sociedade, a terceira, acabamos de ver, tende a pôr em questão a própria credibilidade do político enquanto universo de sentido. Permanece a primeira: entre a ameaça do simulacro vazio – do bufão entronizado – e a lembrança de uma presença plena, "heróica" ao excesso e, portanto, que se tornou anacrônica, pode-se conceber a possibilidade de uma volta à razão política e a suas figuras relativamente impessoais? Estaria ali, em definitivo, a única que permanece aberta para dar ainda um mínimo de sentido a nossa relação com esse Outro-que-é-Nós, isto é, com o político?

Bibliografia

OBRAS CITADAS

BACHELARD, Gaston. *L'intuition de l'instant (1932)*. Paris, Gonthier, 1966.

BARTHES, Roland. *Fragments d'un discours amoureux*. Paris, Seuil, 1977.

_____. *Système de la mode*. Paris, Seuil, 1967.

BASTIDE, Françoise. "Le traitement de la matière". *Actes sémiotiques*, IX, 89, 1987.

BEAUVOIR, Simone de. *Le deuxième sexe*. Paris, Gallimard, 1949.

BENVENISTE, Émile. *Problèmes de linguistique générale*. Paris, Gallimard, 2 vols., 1966, 1974.

_____. *Le vocabulaire des institutions indo-européennes*. Paris, Minuit, 2 vols., 1969.

BOURCIER, Danièle (ed.). *Lire le droit. Langue, texte, cognition*. Paris, LGDJ, 1992.

BOURDIEU, Pierre. *La distinction*. Paris, Minuit, 1979.

BOURDIEU, Pierre e DELSAULT, Y. "Le couturier et sa griffe: contribution à une théorie de la magie". *Actes de la recherche en sciences sociales*, 1, 1975.

BRANDT, Per Aage. "Les paliers de la véridiction". *Nouveaux Actes sémiotiques*, 21, 1995.

BUZZATI, Dino. *Le désert des Tartares*. Trad. M. Arnaud. Paris, Laffont, 1961.

CALAME, Claude. *Le récit en Grèce ancienne. Énonciations et représentations de poètes*. Paris, Méridiens-Klincksieck, 1986.

_____. "Pratiques discursives de l'asile en Suisse". *Revue suisse de sociologie*, 1, 1989.

_____. (ed.). *La lettre. Approches sémiotiques*. Fribourg, Éditions Universitaires de Fribourg, 1988.

210 PRESENÇAS DO OUTRO

CERTEAU, Michel de. *L'absent de l'histoire*. Paris, Mame, 1973.

CHABROL, Claude. *Le récit féminin*. Paris, Mouton, 1974.

COURTÉS, Joseph. *Le conte populaire: poétique et mythologie*. Paris, PUF, 1986.

DARDIGNA, Anne-Marie. *La presse féminine*. Paris, Maspero, 1978.

DECROSSE, Anne (ed.). *L'esprit de société*. Liège, Mardaga, 1993.

DESPROGES, Philippe. *Manuel de savoir-vivre à l'usage des rustres et des malpolis*. Paris, Seuil, 1981.

EXCOUSSEAU, Jean-Luc. "Objectivité et subjectivité en physique". *Actes sémiotiques*, VII, 66, 1985.

FABBRI, Paolo. "Nous sommes tous des agents doubles". *Le Genre humain*, 16-17, 1988.

———. "Il Magreb delle culture mediterranee". In CALABRESE, O. (ed.). *L'Italie aujourd'hui*. Paris, Casa Usher, 1985.

FIELDING, Henry. *Joseph Andrews, 1768*.

FIORIN, José Luiz. *O Regime de 1964*. São Paulo, Atual Editora, 1988.

FLEMING, Peter. *Un aventurier au Brésil (1933)*. Trad. I. Chapman. Paris, Phébus, 1990 (Payot, 1993).

FLOCH, Jean-Marie. *Identités visuelles*. Paris, PUF, 1995.

———. *Les formes de l'empreinte (Brandt, Cartier-Bresson, Doisneau, Stieglitz)*. Périgueux, Fanlac, 1986.

———. *Petites mythologies de l'oeil et de l'esprit*. Paris-Amsterdam, Hadès-Benjamins, 1985.

FÖGEN, Marie Thérèse. "Inimicus humani generis". *Die Enteignung der Wahrsager*. Frankfurt, Suhrkamp, 1993.

FONTANILLE, Jacques. "Les passions de l'asthme". *Nouveaux Actes Sémiotiques*, I, 6, 1989.

———. (ed.). *Le discours aspectualisé*. Limoges, Presses Universitaires de Limoges, 1991.

FOURNIER, Luc. *C'est nouveau, ça vient de sortir. Traité de néopathie*. Paris, Seuil, 1987.

GENINASCA, Jacques. "Le regard esthétique". *Actes sémiotiques*, VI, 58, 1984.

———. "Notes sur la communication épistolaire". In CALAME, Cl. (ed.). *La lettre*. Fribourg, 1988.

GILLE, Élisabeth. *Le mirador. Mémoires rêvées*. Paris, Presses de la Renaissance, 1992.

GOFFMAN, Erving. *La présentation de soi (1959)*. Trad. A. Accardo. Paris, Minuit, 1973.

———. *Gender Advertisements*. Chicago, The Society for the Anthropology of Visual Communication, 1976.

GREIMAS, Algirdas Julien. *De l'imperfection*. Périgueux, Fanlac, 1987 (trad. esp., *De la imperfección*, México, FC, 1992; trad. port., São Paulo, Hackens, 2002).

———. "Nouveaux développements dans les sciences du langage". Paris, Unesco, 1987 (texto inédito em francês; trad. port., Porto, *Cruzeiro Semiótico*, 11, 1989; reed. em Oliveira, 1995).

———. "Sémiotique figurative et sémiotique plastique". *Actes Sémiotiques*, VI, 60, 1984.

———. *Du sens*, II. Paris, Seuil, 1983.

———. *Sémiotique et sciences sociales*. Paris, Seuil, 1976.

BIBLIOGRAFIA 211

_____. *Sémantique structurale*. Paris, Larousse, 1966 (reed. Paris, PUF, 1986 (trad. port., *Semântica Estrutural*, São Paulo, Cultrix-Edusp, 1973).

GREIMAS, Algirdas Julien e FONTANILLE, J. *Sémiotique des passions. Des états de choses aux états d'âme*. Paris, Seuil, 1991 (trad. port., *Semiótica das Paixões*, São Paulo, Ática, 1993).

GREIMAS, Algirdas Julien e COURTÉS, J. *Sémiotique. Dictionnaire raisonné de la théorie du langage*. Paris, Hachette, vol. I. 1979 (trad. port., *Dicionário de Semiótica*, São Paulo, Cultrix, 1983).

GREIMAS, Algirdas Julien e LANDOWSKI, E. (eds.). *Introduction à l'analyse du discours en sciences sociales*. Paris, Hachette, 1979 (trad. port., *Análise do Discurso em Ciências Sociais*, São Paulo, Global, 1986).

GUÉRIN, Maurice de. *Journal, lettres et poèmes (1828-1839)*. Paris, J. Gabalda, 1922.

HJELMSLEV, Louis. *Prolégomènes à une théorie du langage*. Paris, Minuit, 1968. Trad. port., São Paulo, Perspectiva, 1975.

JACKSON, Bernard S. "The Construction of Jewish Identity in the Israel Supreme Court". *International Journal for the Semiotics of Law*, VI, 17, 1993.

KÖNIG, Richard. *Sociologie de la mode*. Paris, Payot, 1969.

KROEBER, Arthur L. "Order in Changes of Fashion". *The Nature of Culture*. Chicago, University of Chicago Press, 1952.

LAINÉ, Pascal. *La femme et ses images*. Paris, Stock, 1974.

LANDOWSKI, Eric. *La société réfléchie*. Paris, Seuil, 1989 (trad. port., *A Sociedade Refletida*, São Paulo, Campinas, Educ-Pontes, 1992).

_____. (ed.). *Lire Greimas*. Limoges, Presses Universitaires de Limoges, 1997.

LÉVI-STRAUSS, Claude. *Tristes Tropiques*. Paris, Plon, 1955.

_____. *Anthropologie structurale*. Paris, Plon, 1958.

_____. *La pensée sauvage*. Paris, Plon, 1962.

_____. *De près et de loin*. Paris, Seuil, 1990.

LICHTENSTEIN, Jacqueline. "Le coloris, ou l'interdit du toucher". In CARRAUD, Ch. (ed.), *Portrait de la couleur*. Orleans, Institut d'arts visuels, 1993.

MACCANNELL, Dean. *The Tourist. A New Theory of the Leisure Class*. Londres, Macmillan, 1976.

MALLARMÉ, Stéphane. *Lettres à Méry Laurent*. Paris, Gallimard, 1996.

MANN, Thomas. *Les confessions du chevalier d'industrie Félix Krull*. Trad. L. Servicen. Paris, A. Michel, 1956.

_____. *La montagne magique*. Trad. M. Betz. Paris, Fayard, 1961.

MENTRÉ, François. *Les générations sociales*. Paris, P. Bonnard, 1929.

MERLEAU-PONTY, Maurice. *L'œil et l'esprit*. Paris, Gallimard, 1964.

MOLIÈRE. *Tartuffe*, 1669.

MUSIL, Robert. *L'homme sans qualités (1931-1942)*. Trad. Ph. Jaccottet. Paris, Seuil, 1956.

OLIVEIRA, Ana C. e LANDOWSKI, E. (eds.). *Do Inteligível ao Sensível*. São Paulo, Educ, 1995.

OST, François e KERCHOVE, Michel van de. *Bonnes moeurs, discours pénal et rationalité juridique*. Bruxelles, Publications des Facultés Universitaires Saint-Louis, 1981.

PARRET, Herman. *Le sublime du quotidien*. Paris-Amsterdam, Hadès-Benjamins, 1988.

212 PRESENÇAS DO OUTRO

_____. (ed.). *La mise en discours, Langages,* 70, 1983.

PARRET, Herman & RUPRECHT, Hans G. (eds.). *Exigences et perspectives de la sémiotique.* Amsterdam, Benjamins, 1985.

PLATON. *Le banquet.*

PROUST, Marcel. *Le côté de Guermantes.* Paris, Gallimard (Pléiade), 1957.

SARTRE, Jean-Paul. *L'être et le néant.* Paris, Gallimard, 1943.

RICŒUR, Paul. *Soi-même comme un autre.* Paris, Seuil, 1990.

SARAMAGO, José. *História do Cerco de Lisboa.* São Paulo, Companhia das Letras, 1993.

SEGALEN, Victor. *Essai sur l'exotisme. Une esthétique du divers.* Paris, Fata Morgana, 1978.

SEMPRINI, Andrea. *L'objet comme procès et comme action. De la nature et de l'usage des objets dans la vie quotidienne.* Paris, L'Harmattan, 1995.

SEMPRINI, Andrea e LANDOWSKI, E. (eds.). *Le lieu commun.* Quebec, *Protée,* 27, 1994.

SILVA, Ignácio Assis da (ed.). *Corpo e Sentido.* São Paulo, Edunesp, 1996.

SIMMEL, Georg. *Philosophie de la modernité.* Paris, Payot, 2 vol. 1989-1990.

_____. *Tragédie de la culture et autres essais.* Trad. S. Cornille e Ph. Ivernel. Paris, Rivages, 1988.

_____. *Philosophie de l'amour.* Trad. S. Cornille e Ph. Ivernel. Paris, Rivages, 1988.

STERNE, Laurence. *A Sentimental Journey through France and Italy (1768).* Harmondsworth, Penguin Books, 1938.

TARDE, Gabriel de. *Les lois de l'imitation* (1895). Paris, Slatkine, 1979.

TOURNIER, Michel. *Vendredi ou les limbes du Pacifique.* Paris, Gallimard, 1969.

URBAIN, Jean-Didier. *L'idiot du voyage. Histoires de touristes.* Paris, Plon, 1991 (Payot, 1993).

VALÉRY, Paul. *Mélange,* Québec, Gallimard, 1941.

VOLKOFF, Vladimir. *Le retournement.* Paris, Julliard-L'Age d'Homme, 1979.

WATZLAWICK, Paul; BEAVIN, J. e JACKSON, D. *Logique de la communication,* trad., Paris, Seuil, 1972.

WÖLFFLIN, Heinrich. *Principes fondamentaux de l'histoire de l'art.* Trad. Cl. e M. Raymond. Paris, Montfort, 1992.

Índice Temático

adesão *vs.* rejeição – 117, 119, 189, 197

admissão – 15, 20, 22-24, 27, 49-77, 81-86

alteridade- 4, 10, 33-34, 49, 54, 100-101

aspecto – 27-28, 109-112, 168

assimilação – 5, 10, 15, 30-51, 85-86

ato – X, 175-178, 179, 194, 197

ausência –71-74, 106, 135-136, 141, 160, 167-168

autenticidade – 40-41, 54, 91, 192, 206

auto-referencialidade –160

auto-regulamentação – 122

banalização *vs.* distinção – 44-45, 95-97, 100-101

camaleão – 38-40, 42-43, 51, 55-58, 65, 86-87

centro – 38, 41, 45-46, 59-60, 64-65

como *vs.* com – 43-44, 66, 98

construção, construindo *vs.* dado 11-13, 67-71, 103, 180-181

contágio – 145, 205

contrários, subcontrários – 17, 25, 28-29, 48-50

co-presença enunciativa – 168-169, 178, 181

crer – 117, 120-121, 188, 193-194, 198

dândi – 38-40, 42-44, 51, 53, 85-86

desdobramento – 58, 144, 173, 179, 187

desgaste – 117-118, 203

devir – 26-29, 92-94, 98-99, 101-106, 200

diferença – 3-4, 11-12, 33-34, 43-44, 53-54, 104; inter-subjetiva – 173-174; posicional – 13, 68; produção da – 14, 95

dinâmica – 27, 37, 94-95, 97, 122, 141

discurso – X, 165-166, 168, 180

dissimulação – 55-58

distância – 23, 28, 61, 84, 167, 171-172, 173-174, 186-188, 194

duração – 28, 68, 76-77, 93, 117-118

embreagem –104-108, 131, 155, 160-161, 170-171

enunciado *vs.* enunciação – 132-136, 143-144, 154, 166, 170-171, 173

equilíbrio – 17, 21, 23, 50

214 PRESENÇAS DO OUTRO

esnobe – 38-40, 42-43, 50, 85-86
espacialização – 69-70, 152
espaço – 87; dramatúrgico – 185, 188-189, 190, 192-193, 202; plástico – 143-144; público – 195; social – 37-40, 46, 60-61, 94
estado: de comunicação – 106-107, 155, 177-178; de graça – 112-113; de possessão – 146-147, 149; passional – 116-118, 168, 174-176
esterótipo – 13, 25, 32, 43-44, 120-121, 126, 191
estética – 79-80, 86-87, 127, 140-141, 145, 147-148, 160, 193, 203
estilo: de vida – 5, 42, 47, 50-51; político – 193, 195-196, 203
exclusão – 9-10, 15, 49-51, 85-87

figuras (do outro) – 13-14, 33, 53, 171
figurativo: *vs.* plástico – 126-129, 142-143, 156-158; traço – 12-13, 95, 102-103; gosto – 95, 97, 120, 203; *vs.* repugnância – 117, 202, 205

gramática – 14-15, 35, 52, 135-136, 165

humor – 116-119

identidade – 4, 10, 25-27, 40-41, 95-97, 101-103, 181, 197; crise de – 19; localização *vs.* confusão das – 98; produção das – 46, 71, 93, 98; reprodução das – 122; sentimento de – 12, 92
identitária: estratégia – 31-34, 41-43, 51-52, 55-59, 85-87; imagem – 199-121; topografia – 61, 72-73
imagem – 126, 140-141, 145, 147-148, 160
interação – 45, 51-52, 58, 94-95, 121-122, 133, 136-137, 138, 148-149, 185, 196
intersubjetividade – 107; comunicação intersubjetiva – 131, 144, 181; configuração – 34, 51-52, 57; junção – 16-17, 38-39, 49-52, 84-85, 168

moda – 93-98, 103, 113-115, 120-122, 203
mudança – 36-37
mundanidade – 189-190

notoriedade *vs.* familiaridade – 189-190
novidade *vs.* renovação – 112-113, 115-116

objeto: semiótico – 67; *vs.* sujeito – 132-136, 146-147, 159-160

percurso *vs.* posição – 38-41
presença – 84, 169, 176; ato de – 177-178; efeito de – 162-163, 198; modo de – XII, 70-72, 82-86, 127, 150, 155-156, 180, 195;
presença-ausência – 65, 71, 76, 147-148, 162-163; para o mundo – 70, 148; para si – 71, 77-78, 92-93, 104, 197; regime de – 157, 187, 192-193; sensível – 74, 79-80, 145-146, 198; teatral – 186, 197
presente – 92-93, 103-104, 108-109, 123-124; da enunciação – 177-178
presentificação – X, 70, 104, 168-170, 181

quadrado semiótico – 21 (n. 14)

recepção (modo de) – 128, 140
reminiscência – 18-19, 20, 24
representação – 187-190, 200-201, 206-207
resistência – 21-22, 23-24

segregação – 14-20, 26-27, 48-51, 85-86
semi-simbólico – 155, 157
senha *vs.* regra – 99-100, 121
sensível – 69-70, 87-88, 130, 196
sentido – IX, XIV, 45, 102-103, 166, 186; crise do – 107; efeito de – 13-14, 24, 35, 51, 69, 130; fazer – 3, 68, 148-149, 166, 178-179
si *vs.* entre si – 41-42, 44, 162-163
significação *vs.* comunicação – 148-150
simulacro – 26, 33, 41, 48, 52, 59, 127, 130, 136, 141, 147-148, 159

ÍNDICE TEMÁTICO

sintaxe – 24, 36, 103, 119, 136-137

situação – 31-33, 52, 138, 148-149, 166-168, 178-179, 180, 199-200, 207

sujeito – 3, 23-24, 31-32, 41-42, 47, 103, 180-181, coletivo – 12-13, 36, 105, 197-198; operador – 193

suspeita – 54-55

tempo – 67-68, 104-105; social – 93-94, 97-98, 103

tensão –15-16, 20-21, 27, 49-50

urso – 38-40, 42-43, 50, 65, 86

uso – 14, 32, 94, 98

valor – 3, 95, 102-103, 160, 176

visão estetizante – 157-161

SEMIOLOGIA E SEMIÓTICA NA PERSPECTIVA

O Sistema dos Objetos – Jean Baudrillard (D070)
Introdução à Semanálise – Julia Kristeva (D084)
Semiótica Russa – Boris Schnaiderman (D162)
Semiótica, Informação e Comunicação – J. Teixeira Coelho Netto (D168)
Morfologia e Estrutura no Conto Folclórico – Alan Dundes (D252)
Semiótica – Charles S. Peirce (E046)
Tratado Geral de Semiótica – Umberto Eco (E073)
A Estratégia dos Signos – Lucrécia D'Aléssio Ferrara (E079)
Lector in Fabula – Umberto Eco (E089)
Poética em Ação – Roman Jakobson (E092)
Tradução Intersemiótica – Julio Plaza (E093)
O Signo de Três – Umberto Eco e Thomas A. Sebeok (E121)
O Significado do Ídiche – Benjamin Harshav (E134)
Os Limites da Interpretação – Umberto Eco (E135)
A Teoria Geral dos Signos – Elisabeth Walther-Bense (E164)
Imaginários Urbanos – Armando Silva (E173)
Presenças do Outro – Eric Landowski (E183)
Autopoiesis. Semiótica. Escritura – Eduardo de Oliveira Elias (E253)
Poética e Estruturalismo em Israel – Ziva Ben-Porat e Benjamin Hrushovski (EL28)

Este livro foi impresso na cidade de Cotia,
nas oficinas da Meta Brasil,
para a Editora Perspectiva.